U0362354

南开百年学术文库

陈晏清哲学文集

第八卷

我的哲学人生：回顾·回忆·回想

南开大学出版社

天　津

图书在版编目(CIP)数据

陈晏清哲学文集. 第八卷,我的哲学人生：回顾·回忆·回想 / 陈晏清著. —天津:南开大学出版社,2017.5
(南开百年学术文库)
ISBN 978-7-310-05363-6

Ⅰ.①陈… Ⅱ.①陈… Ⅲ.①陈晏清－回忆录 Ⅳ.
①B－53

中国版本图书馆 CIP 数据核字(2017)第 078774 号

南开大学出版社出版发行
出版人:刘立松
地址:天津市南开区卫津路 94 号　　邮政编码:300071
营销部电话:(022)23508339　23500755
营销部传真:(022)23508542　　邮购部电话:(022)23502200
*
三河市同力彩印有限公司印刷
全国各地新华书店经销
*
2017 年 5 月第 1 版　　2017 年 5 月第 1 次印刷
230×155 毫米　16 开本　25.75 印张　6 插页　301 千字
定价:95.00 元

如遇图书印装质量问题,请与本社营销部联系调换,电话:(022)23507125

（2015 年，《人民画报》记者 王蕾摄）

　　陈晏清（1938—　），湖南省新化县人，南开大学教授，马克思主义哲学家。1962 年于中国人民大学哲学系毕业后分配至南开大学任教。1985 年晋升教授，1986 年经国务院学位委员会批准为博士生导师。曾任南开大学哲学系系主任、人文学院院长、社会哲学研究所所长、当代中国问题研究院学术委员会主任，以及中国辩证唯物主义研究会常务理事、顾问，中国人学学会学术委员会委员、顾问，天津市哲学学会会长、名誉会长等。

关于导论

简单地说，就是把通常教科书绪论的内容，纳入
你由之处理问题的角度去阐述。

1) 哲学研究人和世界的关系（总体把握）。人和
世界关系中发生这些联系理解和存在的关系。而其最
深刻的实质则是必然和自由的关系。自由和必然关系
不仅是思维和存在关系的一方面，或属此范畴（如旧批判
所述），而是它的实质，由这一实质有反导着思维存在
关系，又会更宽阔、更深入。
　（使哲学思维和存在问题……考察）

2) "斯芬克斯之谜"。写哲学史。以至引汉语史的论证，
这个问题是像斯芬克斯一样向每一个想家提出来的，解不开
这个谜，就吃掉你的体系。是每个一思想体系之命运的问题，
即是否定能完成这个问题。事实上，历史上一个个哲学体系
都被这一吃掉了，你怎么解开这个谜，连接此思想等等。

3) 马主义哲学何以成为人类精神的长脉。马克思
哲学就是为人类精神而诞生，就是为解开自由必然问题而诞
生等等。进一步，实践论的辩证实践的辩证，（问题等）
样问题提出，当给人一种新的，马主本身以此改造问题改造
世界"的实践，乃是同他对于整个哲学精神的把握密切相关的

作者手迹：讨论《现代唯物主义导引》写作时的谈话提纲

本卷说明

本卷收录的是我近几年写成的回忆录，基本上是一个学术自传。初稿写出后曾十易其稿，几次修改都是在做减法，即删去一些与学术无关的内容，有的是整个事件、整个故事的删除。曾设立了"在'文化大革命'中"一目，写了近四万字，一直保留到书稿送印刷厂之前，最后还是决定删去。我在"文化大革命"中的经历是早期盲从，中期彷徨，后期觉醒。我写的《"四人帮"哲学批判》一书，无疑包含了"文化大革命"后期的一些思考。删去这一目，绝不是认为可以不论"文化大革命"的是非，不记"文化大革命"的教训。但是，分清是非，总结教训，都应站在国家民族的立场，而不可太纠结于个人的是非恩怨。不仅对待"文化大革命"中的事情如此，对待其他事情也应如此。有些曾在许多年里都耿耿于怀的事情，从纯粹"私人"的角度说确实难以放下，但把它们夹杂在哲学学术经历的叙述里，却很显琐屑，在逻辑上没有安放它们的位置，不如删去。这样改来改去，学术性是增强了，故事性、可读性却减弱了。

这几年，我一直想要对自己几十年的学术活动作做个总结，却没有想过出版一部比较全一点的文集，这个心愿只好通过撰写回忆录来实现。现在南开哲学院决定出版我的多卷本的文集，这同我写回忆录的动机是完全一致的，都是想为后人特别是南开哲学院的后继者们留下一点历史资料。因此，让回忆录搭文集的车，作为文集的最后一卷出版，也不算勉强，而且这一卷和前七卷还有非常密切的配合关系。前七卷记载了几十年里我在学术上做了一些什么事；这一卷则说明这些事我是怎样做的，做的时候是怎样想的，遇到过一些什么麻烦和问题，这些麻烦和问题是怎样排除和解决的，以及做这些事情的意义（或者说我理解到了的意义），包括实践意义、学术意义乃至学术史的意义，等等。这两种历史资料放在一起，便于有兴趣阅读这个文集的朋友将它们互相参照，这也许更有助于增强阅读效果。

我在南开的半个多世纪里，一直努力弘扬符合于马克思主义的实践批判本性的哲学精神，为我自己、为我的学生、为我所在的学科培育一种新的学风，即强调现实关怀、注重理论与实践相结合的学风。这是本卷的基本思想线索，也是整个文集的基本思想线索。

目　录

序　言 ……………………………………………… 1

我的故乡和我出生的家庭 ……………………………… 5

　一、我的故乡孟公桥 …………………………………… 5

　二、豆腐世家 …………………………………………… 11

人生起步时期（1944—1957） ……………………… 16

　一、我的启蒙老师 …………………………………… 16

　二、遭遇一个荒唐的诊断耽误了学业 ……………… 21

　三、以"备取生"的资格升高中 …………………… 28

　四、挑着行李上北京 ………………………………… 36

　五、惊险的一"漏" ………………………………… 42

　六、选择了哲学人生 ………………………………… 51

人大五年（1957—1962） …………………………… 56

　一、类似"半工半读"的教学秩序 ………………… 56

　二、人大的教育影响了我的一生 …………………… 85

初到南开（1962—1966） …………………………… 94

　一、南开最初印象 …………………………………… 94

　二、站稳三尺讲台 …………………………………… 102

　三、"反修防修"和"四清"运动 ………………… 109

社会大动荡后的沉思（1977—1983） ……………… 121

　一、对"四人帮"哲学的系统批判 ………………… 121

二、对 20 世纪 50 年代以来我国主要错误哲学思潮的
清理 ·······130

哲学教科书改革（1980—2001）·······153
一、"跪一条腿造反"·······153
二、中国哲学家考察团活动始末 ·······160
三、"哲学体系改革研究"课题组的天津会议 ·······173
四、"哲学体系改革研究"课题的最终成果 ·······183
五、编写《马克思主义哲学高级教程》·······191

在社会转型中推进哲学研究的"转型"（1984— ）·······203
一、哲学的困境 ·······203
二、社会哲学研究 ·······208
三、社会哲学研究的重点转向政治哲学 ·······235
四、参与创建当代中国问题研究院 ·······249

中央电大第一任哲学主讲（1982—1988）·······261

学术行政工作经历（1985—2000）·······273
一、民主选举的系主任 ·······273
二、系主任不是"官"·······277
三、沉重的责任 ·······300

学术家园的营造 ·······317
一、博士学位授权点的创建 ·······317
二、创造学科特色 ·······323
三、活跃、严谨、和谐的学术家园 ·······328

我的家庭生活 ·······342

附录一：陈晏清指导的研究生名录 ·······364

附录二：陈晏清年谱 ·······372

附录三：陈晏清学术成就简介 ·······388

后　记 ·······407

序 言

2007 年秋，学生们给我做 70 岁的生日，同时编了一个纪念性的论文集，收录了历届毕业研究生撰写的社会政治哲学方面的研究论文，由天津人民出版社出版。元敏①为这个论文集欣然作序，其中有一句话对我颇有触动。序言里说："对于一个辛勤耕耘的学者来说，70 岁可能意味着已经到了可以总结些什么的时候了。"这话似乎表达了学生和亲人们的一种期望。于是，我萌生了写点回忆文字的念头。

在人们的印象里，写回忆录的人都是一些叱咤风云的人物或传奇式的人物。我一个普普通通的教书匠写什么回忆录？写一点自己经历的个别事件或许还可以，要写自己的一生就不免有些不知天高地厚了。但我又想，从对于历史的认识来说，应是有多种维度的。处于历史事件核心即历史漩涡中的风云人物，他所做出的回顾和前瞻固然会有重要的价值，普通人的回顾与思考，也未尝没有独特的视角和独特的意义。任何有一定历史理解能力的个人，他叙述的经历和感受只要是真实的，就多少会有一些价值。把写回忆录作为一种总结自己工作、思想的方式，也不妨试一试。

我在旧社会生活了 11 年，随父母受过一些苦，所见所闻所历都留下了深刻的印象。这个时段不长，但对我的人生道路的

---

① 即邢元敏，时任中共天津市委副书记兼天津市政协主席。

影响却不小，尤其是在早年。中华人民共和国成立以后，我是跟着共和国的步伐行进的。大体上可以说，国家发展顺利的时候，我个人的发展也比较顺利；国家发展受到严重挫折的时候，我个人的发展也受到挫折。共和国经历的几个年代都在我的身上打下了烙印，但在哪个年代都没有太极端的表现，既没有飞黄腾达的时候，也没有真正遭受过大苦大难，所以我的回忆录"故事性"不强。但从另一方面看，我的成长过程和它的历史条件之间的关联反倒因此而显得简单明白。这一点，恐怕也正是这一类人的回忆录的可取之处。

我做了一辈子哲学教员，所以给这个回忆录取名为"我的哲学人生"。哲学的人生应是永不停歇地追寻意义和智慧的人生。因此，所谓"哲学人生"不仅指终生从事哲学事业，而且指用哲学指导自己的生活，指导自己的思想和行为。我教的是马克思主义哲学，它首先应当成为我自己的哲学，而不光是用来教别人的哲学。我写过一些研究和宣传马克思主义哲学的文章和书，这固然也是我拿来领取"皇粮"的凭证，但其首要的意义还在于表达我的信仰。我是由信仰马克思主义才自愿地走上哲学的道路的，因为当时我作为一个中学生所知道的哲学，主要的就是马克思主义哲学。这种信仰我一生都没有改变。

在"我的哲学人生"的标题后面，加了类似副标题的"回顾·回忆·回想"六个字。这是近年来向年轻人学到的一种书写方式，不知道合不合乎汉语的书写规范。"回顾""回忆""回想"这三个词含义几乎相同，只有一点难以说清的细微差别，这恰好可以用来表述回忆录的三个本来就无法清楚区分开来的维度。回顾主要是讲近 80 年来中国社会的历史变迁，是大背景的回顾；回忆主要是讲个人的经历，是在社会历史变迁的大背景下，在我自己身上或我周围发生的一些往事的记忆；回想则主要是讲思想的演变，特别是哲学认识的转变，这是整个回忆录的落脚点，也是它的核心内容。我力图把这三个维度结合得好一些，讲个人也是讲社会，从个人的经历讲社会的变化；从个人哲学认识的变化这一侧面讲国家哲学状况的变化，也从国家哲学状况的变化透视中国社会的历史变迁。

"我的哲学人生"的基本线索，就是讲我是怎样走上哲学的道路的，我在哲学的道路上是怎样走的。前面两题讲了我出生的家庭和我的童年、少年时期，这同我怎样走上哲学的道路有密切的关联；后面各题就基本上是讲我在哲学的道路上怎样走了。我的真正意义上的学术活动是从"文化大革命"结束之后才开始的。我曾经借用新儒家常用的"返本开新"这个词来概括我国改革开放以来哲学发展的历程。所谓"返本"就是恢复马克思主义哲学的真精神，所谓"开新"就是开创马克思主义哲学研究的新局面。这实际上也大体是我自己学术活动的历程。"文化大革命"结束后对"四人帮"哲学的系统批判，对 20 世纪 50 年代以来我国主要哲学思潮的清理，以及以清除苏联教科书哲学的消极影响为主要目标的哲学体系改革研究，基本上都是一种"返本"的工作。"返本"是为了"开新"。在我看来，"开新"应是一种原创性的研究，是新的研究领域的开拓，新的观念、新的理论原理的创造。20 世纪 90 年代开始的社会哲学、政治哲学的研究，我是将其作为"开新"之举来对待的。

我从不到 6 岁走进学校，由小学而中学而大学，由学生而教师，一辈子都没有离开过，但我从来不愿做一个两耳不闻窗外事的"纯粹"学人。进入大学的哲学系，受到马克思主义哲学的系统教育之后，我越来越懂得，关注社会现实，为改造社会、推动社会进步服务，正是哲学应有的宗旨。我的母校中国人民大学为我们培育的强调哲学的现实关怀、注重理论联系实际的学风，后来成为我治学的基本风格，几十年都坚守不变。我常常想，我这样的人，先天不足，后天失调，是注定成不了什么大学问家的。但是，努力去推动哲学的进步，使哲学变得更加有用、更加有益于社会，则是我应该做到，而且从原则上说也是可以做到的。几十年哲学生涯得到的最重要的体会是：现实生活是哲学这棵大树生长的厚土，只有扎根于现实生活，才能把握住时代的脉动，才能真正推动哲学的进步。一些具体的工作不免留下诸多遗憾，但我对自己确定的这个学术方向却从不后悔。

人们常常发出这样的感叹：如果我再活一遍，就不会如何如何。这当然是一种"事后诸葛亮"的感叹。但只要真是"诸葛亮"，就会是有益的，尽管是事后的。我已经不可能在哲学的路上再走一遍了，但我的学生们还会接着走。写这部回忆录的实在意义，不过是给我的学生们，也给我的后代，留下一些有教益的东西；同时，也给我为之奉献了一生的南开大学哲学院（前身为南开大学哲学系）留下一些历史资料。

我的故乡和我出生的家庭

一、我的故乡孟公桥

我的家乡湖南省新化县横阳山是一个美丽的盆地，它四面环山，中间是几十平方公里的平川，酷似一口大锅。抗日战争时期流行这样的歌谣："横阳山是个锅，日本鬼子来一个煮一个。"横阳平原是新化县最大的平原。平原地区土壤肥沃，耕地多为水田，人口也颇稠密，但一进入周边的山区，却是另外一番光景了。特别是西部山区，那是真正的深山老林，相隔好几公里才能见到几户人家。我的姑妈就嫁在这深山里，她家的地名"jue ba qi"说得出来却写不出来，不知道是哪几个字。直至不久前才搞清楚，那个地方叫作蕨芭溪[①]，"jue ba qi"是新化方言。20世纪50年代初，那里建立了一个"新开乡"。新开，就意味着那个地方从来不曾有过什么"乡"。

我出生的村庄在平原地区，叫孟公市。据《新化县志》载，此地明末时名钟家岭，清康熙年间更名为孟公桥。道光年间设立了圩场，因而又不知什么时候开始叫孟公市了，但人们还是

---

① 我的学生荣新海（曾任天津市新闻出版局局长）在读这本回忆录的征求意见稿时，在互联网上通过百度地图寻找，果然在距今孟公镇8公里多（直线距离）的地方找到了蕨芭溪。地图上显示，那一带附近是大片空白，表明是无人居住的高山。

叫惯了孟公桥，"孟公市"是一个多在当时官方文书中使用的正式称呼。不消说，这孟公市的"市"乃集市之市。圩场建立后，这里成为一个农副产品的集散中心，人口也就越聚越多，逐渐形成了一条从北到南、长约 500 米、宽 2～3 米的青石路面街道。听说现在路面两旁的房屋拆的拆、倒的倒，已是残破不全，但青石街道还保存着。这条青石街是我魂牵梦萦的地方，儿时的许多生动有趣的故事像戏剧一般在这里上演。我在有生之年的一个心愿，就是再回到这条青石街去走一走。

家乡的青石街

孟公市虽处平原地段，但仍有几分山村景色。从村庄往南看去，很是开阔平坦，而北面和东面却只相隔几百米便是小山岗。西面距山稍远一些，但也不算太远，离孟公市不足 3 公里的地方有个村子就名叫"山底下"。在孟公市村边的一片水田中间，凸起了一座小小的岩石山岗，并依山建造了一座石龙寺。这算是孟公市的一个景点，是儿童们心目中的胜地，我们儿时常在这岩石山上游戏玩耍。但是，现在这些都只是在老人们的回忆中存在了。我在北京上学时，从 1957 年暑期到 1960 年暑期前整整三年没有回家，1960 年暑期回到家乡一看，真是满目疮痍。这岩石山已被夷为平地，说是这岩石可以烧石灰，它便在 1958 年的"大跃进"中全部变成石灰了。村庄四周原本郁郁葱葱的山林，也变成了一片片黄土坡。

20 世纪四五十年代，也就是我还没有离开家乡时，孟公市有三百多户人家，人口将近两千，在中国的南方，算得上一个大村子了。它实际上是一个小镇，但直到 80 年代才正式建立了孟公镇。这里人口多，但耕地少，1950 年土改时，贫农分得的土地人均不足半亩。因此，这里的人们不能完全依靠土地过活，除了种地之外，大多数的人都还要搞点副业，或打短工，或做点小生意，纯粹的农民在村民中不占多数。大概是同这种生存需要相适应，这里纯粹的、一字不识的文盲也在村民中不占多数。40 年代，孟公市就有两所初级小学、一所高级小学和一所初级中学。两所初级小学建在两座祠堂里，即在陈氏祠堂和刘氏祠堂分别建立了陈氏小学和刘氏小学。这两所学校在办学上还有所竞争，这有利于保证基本的教育质量。由月塘曾家创办的广益高级小学虽坐落在孟公市，但它是面向周边许多村子的，来这里上学的学生离家最远的大约要超出 5 公里。1944 年，又由月塘曾家创办了维新中学（现名新化县第二中学），校址紧挨着广益小学。曾家创办这两所学校，尤其是维新中学，真是造福乡里，功德无量。成百上千的有志青年，都是经过这所中学，走出贫困的山沟，走向全国，乃至走向世界的。就我当时的家境而言，如果没有这所学校，肯定是要辍学的。月塘曾家是我祖母的娘家。50 年代后，政治运动频仍，曾家也多变故，但我对曾家人始终怀着真挚的亲近感。这种情感显然是同对于这所母校的感激连在一起的。此外，孟公市还有两座寺庙，石龙寺和孟公庙。更让人想象不到的是，孟公市还有一座天主教堂和一座福音教堂。这种文化景象，在旧中国的农村，不论南方还是北方，都是罕见的。

我的一位同乡和同行曾盛林，是 1964 年于北京大学哲学系毕业的。他家所在的村庄离孟公市不足 1 公里，是个小村庄。在北京上学时，他跟我说："你是街上人，我是村里人，你脑子比我活。"当时我觉得他的这番话怪诞得很，所谓"街上人""村里人"对于解释我和他之间的差别没有任何意义。但过后仔细想来，就总体上说，他的话不无道理。孟公市的人们比较灵活、开放，这主要是因为，这里集市贸易、商品经济有了一定的发展，人们的交往关系比较发达，再加上特殊的生存境况，使他们不能墨守成规，不能把自己封闭起来。一个突出的现象是，这里的年轻人都不恋家，都想跑出去闯世界，而且似乎跑得越远越好，越远越光彩。1949 年以前，已有不少人在外地做事，或做生意，或在某种机构任职，或当兵，当兵的国共双方都有。1949 年以后，出去的人就更多了，基本上是通过上学和参军两个途径。20 世纪 80 年代我回家乡，听邮局的人说，孟公桥天天有汇票寄来，家家户户有人寄汇票回来。这种比较特殊的生存环境、文化环境，使孟公市所造就的民风也和周边的村落有所不同。一方面，许多人还保留了山区人的质朴；另一方面，人们的利益意识也颇为强烈。自我记事起，就看到利益纠纷不断。这里的人们似乎在性格上大都过于"外向"。既要争得和保护自己的利益，又没有经受规范的、良序的市场经济的熏陶，也就没有学会争得和保护自己利益的恰当的方法和手段，没有学会"谈判"，而只会直来直去。对有些人来说，不论大事小情，常常三句话的工夫就可以揭锅：第一句喊，第二句骂，第三句就可能是伴随着拳头出来了。说老实话，我不大喜欢这种风气。我热爱自己的家乡，但如果要我说出点什么不满意的话，这就算是一条。

新化的土话，恐怕是中国最难让人听懂的语言之一。湖南可分为上湖南和下湖南，下湖南的话好懂一些，新化属于上湖南。从新化土话到普通话，从理论上说要经历一个"三级跳"，即由口头语言到"字话"，由新化"字话"到湖南官话，再到普通话。当然，在实际上不一定是那么按部就班的，例如湖南官话这一"级"就没有必要去跳它。新化话也不完全一样。由于山水阻隔，新化境内的口音也各有区别。要说"土"，横阳山的话恐怕又是新化话里最土的了。完成这个"三级跳"是很艰难的。我常常想，新化人学会普通话，付出的辛苦大概不太低于学会一种外国语。著名的老一辈革命家、教育家成仿吾是我的新化同乡，澧溪村人。澧溪距离孟公市大约10公里。我的母校中国人民大学的两位老人知道我是成老的同乡，曾分别给我讲过一个经典故事：成老当年在华北大学时，在会上介绍两位新同志，说"这两个同志，一个是调来的，一个是请来的"。大伙听成了"这两个兔子，一个是叼来的，一个是抢来的"。这当然是调侃。我听着这个故事却觉得非常亲切，我们那个地方的话确实容易造成这种误听。例如"请"（qǐng）在新化土话里就念"抢"（qiǎng）。成老是与徐冰合译《共产党宣言》的人，精通日语、英语和德语，还会俄语，就是这普通话说不大好。所以，我说新化人学会普通话不比掌握一门外国语更容易，这话不算特别夸张。以前新化人不仅不会说普通话，而且也听不懂普通话。20 世纪 50 年代初期，这里电影院卖票，都要随票附上一张叙述影片故事梗概的说明书。本地人不先看这说明书，就基本上同看无声电影的效果一样。我读高中时，因为下定了决心要报考北京的大学，也就提早偷偷地学习普通话，常常一个人跑到学校附近的河边去练。为什么还要偷偷地学？那时候，如果谁嘴里冒出一些不三不四的"京话"来，同学们是一定会把他当作"神经病"取笑的。现在的情况当然好多了，中小学提倡用普通话教学，电影、电台、电视乃至电脑等传播工具也十分发达和普及，年轻人的普通话水平大大提高了。

　　小时常常听到的一句话是"大人盼着莳田，小孩盼着过年"。莳田（插秧）是把希望栽种在土地里。秋天能有一个好收成，一家人的生活能有一个基本的保障，这当然是大人们最为关心和期盼的事情。小孩懂什么，只知道过年有好玩的、好吃的，可以看戏，看热闹。但在我成了大孩子以后，我的感受和这句话说的情形就有些不同了。就我的体验和感受来说，一年四季中秋天最好。过年当然是好日子，但这好日子是伴随着莫大的愁苦的。对穷人来说，"过年"的第一含义是过年关，而"年关"是个鬼门关。越是靠近年底，讨债的、逼债的就越是紧迫和急切。讨债的、逼债的人并不都是"黄世仁"。年终结账，可以说是一种习俗，一种社会的约定。"年关"之前，能还债的，即使自己再困难，也要争取清债；实在还不起的，债主子一般也能网开一面，让负债人过个年，正月新春是不能登门讨债的。然而，今年的债不还清，来年再借就难了。我的父亲总是债务缠身，年年如此。每年一到腊月，父亲母亲就整天愁眉苦脸，一脸的惶恐和无奈。年三十还唉声叹气，年初一怎么一下子就变得喜气洋洋？这是不可思议的。完全理解这种现象，是一个孩子的智力所不及的，但在我的心里头，总还是感觉得到春节的喜幸是打了折扣的。秋天就不同了。只要不赶上灾年，秋天总是村民们最开心的日子。一年浇灌的汗水结果了，收获了。肚子吃饱了，也就不论男女老少都笑逐颜开了。这种喜幸尽管很可能是短暂的，却是真实的，没有折扣的。秋收后山村的田野也非常迷人，四处弥漫的刈草散发的清香令人陶醉。天黑以后，人们纷纷走向田边地头，拽几把晾在田里的稻草，往田塍上一铺，便三三两两地坐下来侃开了，讲笑话，讲故事，基本上都是村里的事，有当时的事，也有上辈、上上辈的事。我喜欢往大人、老人堆里扎。我儿时的朋友，没有比我年纪小的，也极少有同龄的。在秋天的夜晚，在这样的场合听大人、长辈讲故事、讲笑话，每年都成了我的一种期盼。听这些故事，常常为前辈们的勇敢、正义、智慧和幽默所感动，所折服。因为有这种喜好，所以在我离开家乡以前，可以说是知道孟公市的故事、笑话最多的人之一。年轻时曾想编一个孟公市的故事集、笑话集，现在看来这个想头是要落空了。

二、豆腐世家

我出生于一个农民家庭，但也像孟公市的多数农户一样，不是纯粹的农民，除种地以外还搞点副业。我们家主要的副业就是做豆腐，做的豆腐在当地小有名气，可以称得上孟公市的"老字号"了。

在我的祖父当家的时候家境尚好，还开过一个叫作"鼎丰泰"的商号，但不长时间就衰落了。到我出生的时候，更确切地说，在我出生之前若干年，这个家庭已是一贫如洗。叔父去了离孟公市二十多公里的洋溪街看护一座天主教堂。这不是因为他虔信天主教，而是因为教堂可以提供一个住所，有一块菜地可以谋生。他还是当农民，还是做豆腐，土改时还成了那里的乡长。父亲租种几亩水田，同时做豆腐，酿水酒。叔父家的孩子是兄弟姐妹六人，三男三女；我们家是兄弟姐妹五人，三男二女。我有一个长我15岁的大哥、长我8岁的二哥和长我4岁的姐姐，还有一个小我两岁的妹妹。祖父和我们一起过。1947年，我的大哥成了家，很快又有了一个孩子。这样，我们在一个锅里吃饭的人整整十口。

那两年，总听父亲念叨四个字："十口如雷"。父亲没有文化，怎么会冒出这么文绉绉的词儿，这"雷"字是用来形容什么的，我都搞不懂。后来我有了点文化，知道有个谚语叫作"家上十口，吃饭如雷吼"。父亲说的"十口如雷"大概来源于此，他是在感叹生存压力之大。租种的几亩水田，交完租子后，剩下的不足半年的口粮。靠卖豆腐的收入补足，是很靠不住的。乡下人穷得有时连盐都买不起，并不是人人吃得起豆腐的。赶场（每五天一场）那天好一些，平日里一天卖不到一锅豆腐。我的哥哥和姐姐不得不挑着担子去周边的村庄叫卖。赶上星期天或放学后，我有时也跟随着，像个"小伙计"似的。这不像是玩耍，而是常常觉得很没有脸面，因为那时候我也已经渐渐接受了"唯有读书高"的观念。那年头，吃不饱肚子虽不能说是常态，却也不只是偶尔有之。一到青黄不接的时候，就难免有几天要吃"对时饭"。什么叫"对时饭"？就是对上时辰开饭，今天中午吃了，明天中午再吃，一天一餐。这"对时饭"也不是什么正经饭食，常常是切一个大南瓜，抓上一把盐，最后用点米粉一烀。"食不果腹"的滋味我是领略过了，"衣不蔽体"倒还不至于，只是简陋破旧一些罢了。我的一件棉衣从1948年读高小五年级穿到1954年读高中一年级，衣袖都盖不住胳膊肘儿了。鞋子是经常不穿的。我常和人说笑话，现在报刊、电视宣传足底按摩保健，我在 1956 年上大学以前，每年从清明到重阳，七八个月的时间天天都搞足底按摩。那时候，南方乡间的小路，不用说不如柏油路，还远不及北方农村的土路，而是极不规则的石子路，瓷碴、瓦碴、蒺藜，随时可以踩着，不知什么时候脚板上就会扎出血印子。

　　1950 年土改时，我们家的成分定为佃中农，分得了当地最好的将近五亩水田，这当然是件欢天喜地的事。但是，家里的生活状况却并没有因此而得到多大改善。原因主要是在两个方面：一是种的地比以前少了，虽然不交租子了，但实际存下的粮食并没有增加；二是大哥分家单独立户了，他是我们家最重要的劳动力，他自己的小家也仍是艰难度日，没有什么余力顾及我们这个大家。我的父亲做人很本分善良，但不是一个很能干的人，他没有力量支撑这样一个处在极端贫困中的大家庭。中年以后，他患了严重的风湿病，几乎丧失了劳动能力。1960 年经济困难时期去世了，那年他 58 岁。父亲可以说几乎贫穷困苦了一生。大哥分家的时候，二哥已经成年，照理他应该把大哥挑过的担子接过来，但他没有力量接过这副担子。二哥小时候得过一场重病（据父母描述的情况，大概也就是流感一类的病），持续高热数日，没有得到及时的医治和恢复，身体十分瘦弱。因此，家庭生活的重担只能始终主要压在了母

母亲肖像

亲的肩上。母亲比父亲大两岁，他们是近亲结婚，我的外祖母就是我的姑奶奶。祖父大人当年包办这个婚姻大概就有这番用心，是要母亲来支撑这个家庭。母亲整日操劳，既劳力又劳心。早晨天不亮就起来磨豆子，做豆腐；白天卖豆腐，卖水酒，做饭，喂猪；晚上择豆子，泡豆子，酿酒，洗衣服，纺棉花。年年如此，几乎天天如此。小时候总听她喊"腰都折了"，但体会不到她是怎样的痛苦。在我的记忆里，母亲从来没有清闲过。1975 年，我们一家四口从天津回老家时，看到她老人家还是整天忙碌。她要做两起饭，喂两头猪，带一个小孙子。那一年，她已是 75 岁高龄。母亲不仅吃苦耐劳，而且聪明过人。她是一个目不识丁的文盲，但她的超强的记忆力和计算能力常会令人

图中右边房屋为作者旧居

惊讶。她做豆腐卖豆腐、酿酒卖酒，只有心中的账本，却极其完备和准确。那是地地道道的豆腐账，上百笔账可以分毫不差。她去村里开个什么会、听个什么报告，回家来可以原原本本地转述一遍，每个细节都不会遗漏。在这方面，我是明显地得了母亲的遗传。母亲心地非常慈善，在孟公市这样一个喜欢吵架的地方，我却想不起来母亲曾和什么人吵过架。她受了委屈，

只会暗自伤心，即使同儿媳相处也是如此。母亲于1986年逝世，享年86岁。

我是享受了充分而健全的父爱和母爱的。但是父母由于生存压力过大，子女又多，没有太多的时间和精力管教孩子。和我形影不离、对我的童年影响更大的是我的祖父。祖父是个见过世面、很有能力也很有正义感的人，在村民中颇有威望。他又是我们这个家族中长房的代表，家族意识甚浓。他把家族中兴的希望寄托在了我的身上。祖父常给我讲故事，故事的寓意多是"吃得苦中苦，方为人上人"一类。有一件事情，让我咀嚼回味多年才得其解。1948年，我10岁那年，一个有钱有势的人因灌溉纠纷当众欺侮了我的祖父，过不多久，这个人的孙子（大我三岁）又无缘无故地打了我一顿。我从不喜欢"武斗"，这次是忍无可忍了。我又没有做错什么事，又没有惹你，为什么打我？越想越气，于是一手抓了一块石头，左右开弓，把他们家的酒缸砸了。对方兴师问罪，父亲惹不起，准备大大地责罚我一番，听说父亲连"刑具"都预备好了，吓得我在外边躲了一天不敢回家。傍晚时，祖父找到了我，他和颜悦色，好像什么事情也没有发生过似的，只是说："跟我回家，没有哪个敢打你！"更意想不到的是，夜深时他以为我睡着了，竟对我的四祖父说："这样的状，我巴不得天天有人来告，我们家不能总是受气！"祖父就是这样一个人，不怕硬，不欺软；在强者面前不示弱，在弱者面前不逞强。我和他朝夕相处，他的这种性格不能不对我有所影响。1950年，我12岁，祖父去世了，我的童年也正式结束了。

人生起步时期（1944—1957）

一、我的启蒙老师

1944 年的春节过后不久，祖父就牵着我的手把我送进了离家不足 300 米的陈氏小学。不幸的是，这头一天就挨了老师的板子。正在国文老师领着大家高声朗诵"来来来，来上学，大家来上学"的课文时，我噌噌地跑到教室外头撒尿去了。老师举着板子追出来，大声吆喝："你做么个？"我回答："撒尿。"老师的板子立刻落到了我的屁股上。我的这个行动构成了一系列的错误。第一，不该上课时擅自离开教室；第二，不该在教室门口小便；第三，不该说"撒尿"，而应该说"解手"。但我不认这个"理"，便哭喊着回家找祖父去了。国文老师的家就住在我家的斜对面，祖父立马去找老师的父亲"八公公"，他俩关系极好。上述三条错误，就是在八公公教训我的老师时，老师为他的板子辩解而列出来的。这件事情我本该早就没有印象了，是后来听我的母亲一再重复叙述这个故事，我才能这么原原本本地讲出来。从那一天起，我这一辈子都没有离开过学校。这真算是"出师不利"呵！

一年级怎么念下来的，我已经几乎没有什么记忆了。除了国文第一课和第二课的课文以及其他少量有意思的课文如"王三赶着五头驴"之类还记得外，其余的都想不起来了。1945年读二年级，留下的印象应该稍多一些，但这一年没能把二年级读下来。4月份，日军入侵新化县境，窜入叔父家所在的洋溪地区，烧杀抢掠，无恶不作。祖父便带着我去了姑妈家，那深山老林里日本鬼子进不去。这次在姑妈家住的时间比较长，因为夏天山里凉快。其实日军在5月底就已从新化向邵阳方向溃逃，祖父和我是过了夏天才回到孟公市。这样，我的二年级只好来年重读了。

　　1946年春天重读二年级时，我已过了7周岁，对于什么叫学校、什么叫学生，已经有了一些基本的概念，做功课也规矩多了。这以后的几个学期，我的成绩都是第一名。这"头名生"的感觉真是好极了。每到发榜的时候，总有两件令人心醉的事情发生。一是我的祖父一定要去看榜，并且是早早地到场。明明已经知道我是第一名，也要去看。看到孙子的名字写在最前面，他心里美滋滋的，觉得是莫大的精神享受。看到祖父那么快乐，我自己的快乐也随之放大了。二是我同课桌的女孩总是准备好一把锅灰，冷不防地往我脸上一抹，这黑脸便是"状元郎"的标志。这女孩姓曾，是大户人家的孩子，但同穷孩子相处得很好，显得很有教养。她的父亲念过大学，做过维新中学的董事和副校长，1950年被误杀了。1986年我回老家时，时任娄底地区中级人民法院院长李燕山对我说，这里不久前平反了新化的一个大错案。1950年，因误信了一个口供，把一百多名本是策应和平解放的人士，当作国民党留下的潜伏人员杀掉了。这一百多人里就有这女孩的父亲。我想，如果当时不发生这个错案，她也许是另外一种人生。这就是命运呵！多少年过去了，每当回忆起童年的时候，这女孩都是必定要在我的脑海里出现的，并且必定联想到1950年发生在新化的这一惊天大案。

1947 年，我读完三年一期的时候，一件意想不到的事情发生了。这一年，四年一期那个班有七名学生留级（约占班级总人数的四分之一，这比例之大确实惊人）。因为这所学校只在春季招生，所以留级就是留一年，四年一期留级，得去三年级那个班，从三年二期读起。以前只有三两个留级生，也就只好这么办了，这回七名学生留级，便成了气候。这些学生的家长同校方交涉，要求只留一个学期，不留一年。校方同意了这个要求，将这七名学生同三年级的前三名一起组成一个四年一期班。可是开学七周之后，情况又有变化。学校的校长要到安江他的女儿那里去。这个学校一共四名教师，校长也是教师。校长一走，这个新组建的班就要拆掉。经过考试，我和一名原来四年级的学生升入四年二期，其他八位只得重返三年二期。这个所谓"连升三级"，当时曾被广为传扬。

学校有一位从蓝田（现涟源市）读完高中回乡任教的年轻老师叫刘应钦，很有些个性。他姓刘，照理宜在刘氏小学任教，不知何故竟应聘于陈氏小学。可以想象得到，应钦老师也是个特立独行的人。他觉得我这孩子可教，要实行"单兵教练"，其用意之一是要在吉鹅乡的初小毕业生会考中拿到名次。应钦老师要我住到他的家里，以便最大限度地利用好课余时间。这大不同于现在流行的"家教"。"家教"是老师到学生家里去教课，我们这是学生住在老师家里；"家教"是老师收取报酬，而应钦老师则是分文不取，反而倒贴。每天早晨师母都给我端来一碗热乎乎的鸡蛋醪糟，与老师同等待遇。这是相当优质的营养补充，在当时是很难得的。那时老师还没有孩子，他们就把我当作自己的孩子，师母回娘家也把我带上，不仅教功课，而且行为举止、谈吐礼仪都随时指教。

功课的进度出乎意料的快，尤其是数学。三个月的时间，把小学算术课该学的东西都学了，以至后来读高小时，觉得在数学课的课堂上学不到什么新知识。对数的抽象能力，我可能比许多同龄的孩子要发育得快一些。在我很小的时候，大人们喜欢逗我玩儿，主要内容之一就是算数，有些计算还颇具复杂性，加减乘除都有。这实际上是一种数学训练。因此，老师教算术时，我接受得比较快。师母对许多人说过："这孩子好教，一教就会，一点就明白。"老师却很少说这样的话，常常只是会心地微笑。其实，师母只是说了一面。学生的接受能力固然是重要的，但更重要的还是老师会教。那些公式、运算规则等，是不难教会的，学会了这些基本知识的学生也很难分出高下，关键是教会学生运用。应钦老师的功夫正是下在这点上。他教我做的算术题多是应用性的题目，并特别注重教方法。一道题目放在面前，第一是要明白题意，第二是找到这题的"扣"，第三是找出解"扣"的办法。进度为什么那么快？因为老师教会了一种适合于我的学习方法。这不到半年的教育，我受益终生。

那一年，没有举行小学毕业生的会考。年底的毕业考试，应钦老师认为我是稳操胜券，一定会得第一名的，结果却是第二名。数学成绩没有问题，是国文（作文）成绩差了点分。应钦老师怀疑是一个叫伍梅的教师事先把题目告诉了他的弟弟。应钦老师那时的样子，显得怒不可遏，不依不饶，要求严加追查。最后校方不得不请出广益高小的教导主任陈乐怡，他以陈氏家族长辈之尊主持了重考。这是一桩公案，伍梅是不是舞弊了，并无结论。不过，我很相信应钦老师的推测。伍梅人品很差，什么事情都干得出来。至于他的弟弟，我的那位同窗，即使真的是舞弊了，他也没有太大的责任。一个行将崩溃的旧社会，腐败丛生，要一个十来岁的孩子去抵制这类丑行，这要求恐怕是过分的。我和他之间的关系没有受到什么影响，他后来的工作也干得不错。十几年前，听说他成了我妹妹的亲家，是我外甥的岳父，我们还通过电话，非常友好。写上这段文字，就我和他之间那点事来说，可以说是为了忘却的回忆。但对我的老师，对他那种维护公道、爱护学生的精神，却是我当时十分感动，事后多少年也难以忘却的。

刘应钦老师是我的启蒙老师，是第一个在我心中树起"老师"的高尚形象的人。我后来当了老师以后常常想，要是我在学生的心目中，也有像应钦老师在我的心目中那样的形象和地位，那就算是成功了。20世纪50年代以后，他因"三青团"一类的历史问题受到了不公正的待遇，可谓半世坎坷。他被分派到一个远离孟公市的小山村，后来又遣送到离家几百公里的汉寿县西湖农场（移民区）。我自1956年上大学以后也很少回家，我们之间很少联系。1986年我回到故乡，探望了我童年时的这位蒙师。那时，我已经是名牌大学的教授，但是见到这位退休的乡村教师，还是那样肃然起敬，他在我心中的形象还是那样高大，我还是极愿他能对我的工作、事业做些评点，还是极其看重他对我有没有一些肯定、鼓励的话。这是我们最后的一次见面，几年之后他辞世了。

又是快20年之后，2005年，我突然接到一个女孩子的电话，她操一口标准流利的普通话，一开头就告诉我她是刘应钦老师的孙女。我真是兴奋极了，很少有过的兴奋。她是为报考研究生的事找我咨询。她说一开始并不知道我同她的家庭的关系，给我打电话是她的同学提供的线索和建议，只是回去问了她的奶奶之后才知道了这一切。我们见面时，她说像是见到了失散多年的亲人，这个话倒更像是道出了我的心声。两年之后，她的弟弟报考研究生，我同样提供了必要的指导和建议。未能报答师恩于万一，是我几十年来心中的愧疚。能为他的后代，为这两个孩子做点事，心灵上多少得到了一点安慰。

二、遭遇一个荒唐的诊断耽误了学业

1949年8月，新化建立了人民政权。湖南的政权是和平更换，新化境内除了有过一些小的武装对抗，没有大的战事发生。解放军进到我们村要略晚一些。我记得是从学校里跑到孟公市街上去看解放军的，那应该是已经开学了，是9月份。这学期，我读六年二期，高小毕业班。

1950年春，我进了维新中学，进了这所学校在新社会里招收的第一个班。这对我来说，是极好的时机。学费免收了，也不用准备伙食费，因为可以在家里吃饭。1951年又有了人民助学金，吃饭都基本上由国家管了。如果我不是这个时候小学毕业，如果家乡没有这样一所中学，那我肯定是要辍学的。

但是，这个时期这所学校的教育教学质量却实在是太糟了。首先是教师队伍不稳定。固定在学校里安心教课的教师大概只有十三四位，其他的多是"过路客"，昨天还在给我们上课，今天就不见了，其中有些是被他们家乡的政府或农会叫走的。学生队伍也不规整。有些年龄大点的，到学校来是学生，回村里去是民兵，常常腰间别着一把铁尺（本来是练武术用的，那时成了农村民兵的武器）到学校里来，而且想来就来，想走就走。教师队伍不固定，课程安排也就不规范，因神设庙，因人设课。有些课开不了，比如外语课，英语不教了，俄语还没有人会教，索性就不开了。已开设的课也时讲时停，课程进度各行其是。

1951年下学期开始，情况有了好转。上面派来了一位校长邹家骥先生，他在重庆上过大学，见过世面，口才很好，人长得也很帅。同时，除了从外校调来几位老教师以外，还从县中（现为新化一中）高中部的毕业生中分配了几位来任教，其中有担任过县学联主席的吴实，数学教师李方竹，还有后来做了我的班主任的数学教师刘阜康，她也长得很漂亮，后来成了邹校长的夫人。这些老师进入维新，给维新带来了新风气。教学秩序得到了整顿，课程安排和教学过程也日趋规范化。

　　正当我的中学生活即将进入佳境的时候，我自己又出了问题。1952 年 3—4 月间，我连续多日咳嗽不止。那时，村里一位刘姓医生开了一家西医诊所，实际上那不过是一个西药店。母亲带我去看这位刘医生，他用听诊器在我胸脯上比画了几下，便放下听诊器，抬起头来，一脸严肃地宣布："肺结核！"怕我母亲听不懂，又补了几个字："也就是痨病。"母亲被吓得几乎晕了过去。那时候，痨病被视为不治之症，骂人都是"你这个痨病鬼"，说得了痨病跟现在说得了癌症的感觉差不多。母亲忙问怎么治，医生回答说没有什么特效药，主要是营养和休息。母亲说："什么东西营养好？喝豆浆行不行？"她以为豆浆营养不错，而且这东西家里天天可以提供。医生说，豆浆不解决肺病的问题，要吃鱼肝油，随即便从货架上取下来一瓶，说是 3 元（那时叫 3 万元）一瓶。这是多贵的"营养品"！为了孩子治病，母亲只得咬咬牙："那就买一瓶吧！"医生说："一瓶哪行？至少要喝六瓶。"实际上，至多也就是六瓶，因为他的货架上正好是六瓶。六瓶，三六一十八元，这对当时的农民来说，实在是大得不得了的数。母亲直摇头，医生又发善心了："嫂子，救孩子要紧，钱不够先赊着，慢慢还。"母亲无奈，只得拎着这六瓶鱼肝油，挂着满脸的愁云，拖着沉重的步子，带我回家了。两天之后，我又到学校里办了休学手续。这样，谨遵"医嘱"，营养和休息两项都齐了。

　　我是 4 月中旬办的休学手续。5 月上旬学校得到通知，以后一律改为秋季招生，春季招收的班提前毕业。这一下，耽误的就不是半年，而是一年！我的"痨病"呢？这时候也基本上不咳嗽了，只是偶尔有些痰，咳两下就没事了。刘医生呵，你为了卖出那几瓶无人问津的鱼肝油，不仅给我的家庭添加了沉重的经济负担，而且耽误了我的学业！现在无良医生那么多，大家觉得世风日下，其实这类人物可以说古已有之。遭恨是遭恨，但不足为奇。

　　我的"痨病"没有了，暑假以后当然要复学。但这时，情况又有了十分不利的变化。县里通知，维新中学的三年一期班与县城里的复初中学合并，我们要到县城里去上学。维新中学三年一期班二十多人，复初中学才十多人，从办学效益考虑，合并是应该的。但对我们个人来说，却增加了许多困难。首先，这每月 5 元 5 角的伙食费就交不起。虽然有点助学金，但穷学生太多，每人获得资助的额度都不会太大，同这 5 元 5 角的距离还不小。我们中有几个人只好在学校附近的老乡家里起伙，每月只需交三升米的"火钱"，老乡把饭给煮好，菜由自己去做。我们多是从家里带点干菜，营养当然不好，但钱要省得多了。学习上也产生了一些新的困难。主要是两校课程进度不一致，我们是"寄人篱下"，只能按人家的进度走，有些难免要"踏空"，也有些则难免会重复。我的感受可能更突出一些，因为我是同时换了两个班级。这一年，是懵懵懂懂地过去了，最后凑凑合合地毕业了。要不是中途休学，怎么会有这番遭遇！

　　但是，那几个月的休学，也不是纯粹的坏事。学业是耽误了，却有了另一种少年时期十分难得的人生经历。这段经历，对于加速我政治上的成熟，对于后来能够应对某些复杂的政治局面，乃至对于我最终的职业选择，都不能说没有意义。

　　那年 6 月的一天，顷刻之间几乎全孟公市的人都听说了一件事情：两名税务干部收上来的 109 元（当时是 109 万元）税款失盗了，工商联的文书邹学清被抓起来了，正被吊在房梁上审问。我听到这件事情后，开始是震惊，接着是疑惑：邹学清这么好的人怎么会干这种事？邹学清是我四祖父的女婿，是我的叔伯姑父，待人特别诚恳、和蔼，总是笑眯眯的。我急急忙忙去了现场，这回不光是看热闹，而是想看个究竟。去现场一看，邹学清被吊在一根房梁上，两位税务干部一人坐在一把椅子上，一会儿站起，一会儿坐下，指手画脚，声嘶力竭，汗流浃背，总是重复这两句话："你坦白不坦白？交代不交代？"邹学清只是有气无力地回答："我没有干（偷）。"围了一堆人旁观，都只是看，不说话，没有为税务干部助威的，也没有为邹学清辩解的。把邹学清抓起来审问的唯一理由或根据，就是他有放钱的那间屋子的钥匙。孟公市没有税务所，只派驻了这两名税务干部，因此，没有他们的专用办公室，而是和工商联合用一间办公室。孟公市商户较多，成立了工商联合会，但工商联并不是个常设机构，只安排了一个文书（即秘书）管管所谓"文件"，处理一些杂事。于是，这间房里也就摆了三张桌子，他们一人一张。因此，他们三人都有这间房子的钥匙。但凭这一点就可以把邹学清抓起来吊起来吗？为什么不以同样的理由把这两个税务干部或其中的一个也抓起来吊起来呢？收税的人是国家干部，他们抓老百姓是理所当然。而邹学清呢？他不仅是老百姓，而且当过国民党的青年军，有点历史问题，那绝对是个"软柿子"。两位干部认为只要抓过来一捏，就会有结果，就可以向上边交代，他们就可以脱身了。当我这么想的时候，几乎无可置疑地认定了是这两个干部在胡闹，偷钱的肯定不是邹学清，而是别人。正是丢钱的这间房子的楼下就住着一个贼，一个有名的贼。两位干部怎么就不怀疑他呢？这个贼是我大姐（叔父的大女儿）的小叔子，比我还小一岁，13岁，却已经是个惯偷。这个院落是曾家的一个大宅子，里面住着好几户人家。大姐家住的房是土改时分得的，她家楼上那间是当时留下的公用房，最初好像做过村公所的办公室。这楼上楼下的住着，是这个小偷作案的十分方便的条件。

我做出这个推断之后，没有把我的看法报告两位税务干部。我知道，他们是不会把一个毛孩子的话当回事的，也不会轻易承认自己搞错了的，弄得不好还会惊扰"目标"，后果更糟。因此，我必须自己把这案子破了再说话。于是，我约了几个伙伴一起做分析。大家都同意我的推测，只是搞不清他是怎么进的房间、怎么打开的抽屉。有一个伙伴说，"这对他来讲还成问题吗？那抽屉用一个笔帽子就可以别开"，并且说他自己就用笔帽子别开过这种抽屉。那时候，毛笔帽子是铜制的，一头尖，可以有这种功能。我们都十分相信自己的推断，便决定直接敲这小偷一下。晚饭后，我们侦察到他去"八字坝"（离孟公市约1公里的沙河）洗澡去了，便在半路上等候他。我们一围上去，他立马就慌了，自己先开口："你们是为那丢钱的事？"我说："不为这事还为什么事！"说来奇怪，不等我们追问，更不用我们采取事先设计好的其他手段，他便竹筒倒豆子，全交代了：是在什么时候偷的，怎么进的房间，怎么开的抽屉，怎么把钱交给他爸，他爸怎么把钱转到他姑家，"奖"给了他多少零花钱，他用这钱在哪家摊上买了水果吃，无一遗漏。我想，这世界上数做贼的人骨头最软，做贼一定心虚，这一点不错。这个案子就这样破了。当然，很快孟公市就传播了当天的第二号轰动新闻，并免不了有些添油加醋。

其实，破这个案子不需要多高的智慧，如果两位税务干部动动脑子，稍做点调查研究，就不至于绕那么大的弯子。另外，开始时我也确曾担心会得罪亲戚，但事实证明这种担心是不必要的。不仅我的大姐，就是大姐夫也没有说我半个"不"字，没有甩过脸子，我的叔父、婶娘，我的堂姐堂弟们都没有任何不愉快的反应。他们都是非常正直的人。就是大姐的公公那老爷子和我别扭了许多年，但那是情理之中的事。人们说我如何"铁面无私"，我听了这话不以为然，并不那么洋洋得意。因为只要你自己不是贼，对贼都会无私，而且很"铁面"的，即使这个贼是你的亲戚。这是最起码的是非界限，谁都能够分清。

值得一说的是，这件事情引出了另一个颇有意义的积极后果。当时一位在孟公乡指导工作的区干部吴某，看到了这些"小知识青年"的作用，要组建一个"协助队"。顾名思义，"协助队"就是协助政府工作的队。政府有什么工作，协助队就做什么工作，如维护社会治安，调解纠纷，管制"四类分子"，宣传推动中心工作，护秋，开展爱国卫生运动，乃至区卫生院发动的打狗运动，可以说"无役不与"。开始是十来个人，包括维新中学在读的几个学生，一放暑假人数就多了。他们的工作积极性极高，比被他们协助的人还要投入。后来，除了我的长辈、亲戚和近邻，许多人竟开始对我叫起"晏清同志"来，俨然是对待一个乡干部了。这个暑假之后，协助队解散了，但从1953年的寒假开始，一直到1956年暑假，都建立了假期活动委员会，主要是组织文艺宣传活动，参加活动的人最多时超过百人，都是假期回乡的中学生。我很荣幸，被推举为这个委员会的历届主任，这对我来说可能是一个不小的锻炼。

1952年"病休"这段经历，使我开始有了将来"从政"的想法。当然这个"从政"并不是想做什么大官，那时没有那么高的眼光，没有那么大的胸怀，顶多也就是做一个县区干部，

一个比这"协助队长"更正式一些
的干部。因为有了这种念头作祟，
1953 年在复初中学毕业时，还为填
报中考志愿同我的班主任杨省铿老
师发生过一场激烈的争吵。当时有
一个莫名其妙的招生单位，没有学
校名称，也没有地址，只有五个字：
"中央司法部"。我以为那是培养法
官的地方，死活要报它，而班主任
却死活不同意。他的理由是："报这
个志愿，规定年龄 15 岁以上，你才

1953 年初中毕业留影

14 岁，你只能报考普通高中！"我说："14 岁是我在开学时填报
的，现在正好 15 岁。"老师说："只能以填报的年龄为准。"我
觉得这杨老师不讲理。其实呢，是我自己太盲目、太无知了。
这"中央司法部"是不是培养法官？它到底招些人去干什么？
杨老师可能清楚，但他不能明说。他就是认为我适合于报普通
高中，对我这种既无知又固执的"犟眼子"讲一些报这个好报
那个不好的道理，不但毫无意义，而且会惹出麻烦。老师就是
老师，负责任的老师没有不关心自己学生的成长和前途的。假
如杨老师不负责任，假如我真的去了那个"司法部"，我也就要
度过另外一种人生了。1980 年我从昆明开会回来路过新化时，
去看望了正在新化一中任数学教师的杨老师。我问他："您还记
不记得我？"杨老师连声说："记得，记得，你很聪明，现在是
教授了吧？"看来，他还很了解我后来的情况，说不定还记得
当年的那场争吵。

三、以"备取生"的资格升高中

我在老师的"强制"下，报考了普通高中。我们那个班，报高中的人极少，大多数或绝大多数是报考中专、技校、军校或直接参军、就业，都想及早解除家庭的经济负担，摆脱贫穷。而且，我所经历的这两所初中，以那样的教学质量，是不论报考哪一类学校都没有把握的，报普通高中就更加悬乎了。总之，这普通高中对许多人来说，是不想考也难考上的。好在那时候的中学生，尤其是农村的学生，不像现在的学生有那么大的压力。他们最容易做到"一颗红心，两种准备"，考上了当然好，考不上也不可怕。在20世纪50年代初，初中毕业就算得上"知识分子"了，以初中学历找个工作并不太难。因此，考试完了，我就同往常一样，自由自在地去过我的暑假了。

招生的信息，都是在《资江农民报》上发布的。《资江农民报》是邵阳地委的机关报。邵阳地区包括14个县市，共8所高中，在整个地区范围内统一招生。某日，《资江农民报》终于刊登录取名单了，我在这8所学校都是榜上无名，但是在备取生名单里却找到了我的大名。备取生同那种"候补委员"按得票多少排序一样，也是按分数高低排序的。我的位置不是很靠后，更不是很靠前，大体上是中间偏后，因此，觉得虽有一线希望，但很渺茫。约半月之后，又公布了一批录取名单。完全没有想到的是，居然在邵阳市第一中学的名单里找到了我的名字。

邵阳市一中是邵阳地区最好的学校。它原名是湖南省立第六中学，是抗日战争时期（1941年）创建的。当时，湖南省第六行政区辖邵阳、新化、武冈、新宁、城步等五个县，省立六中是这个行政区的最高学府，首任校长是我的新化同乡张干（从1941年创建时上任至1949年8月卸任）。这位张干先生就是毛泽东上学时的湖南第一师范的校长，是久负盛名的教育家。当年毛泽东发动学潮，在校外反对军阀张敬尧，在校内反对"反动校长"张干，即所谓"驱大张和小张运动"。后来，毛泽东反省自己那时看问题片面，当他知道张干几十年一直在"吃粉笔灰"，当时还在长沙妙高峰中学教数学，没有在国民党政府往上爬，便赞扬这个老师"难能可贵"，并于1952年把张干先生请到北京相聚。由这样一位具有极其丰富的办学经验、一心扑在教育事业上的教育家来治理，省立六中很快成为湖南名校，曾享有"湖南第三所好学校"的美誉。1952年，正好是我们入学的前一年，湖南省立第六中学更名为邵阳市第一中学，只设高中，并迁进李子园新址。新建的校舍比较宽绰，能够在原计划规模的基础上扩大招生，这就使我们这些"备取生"有了机会。

学校改了名称，换了校址，但省立六中的办学传统并未中断。这所学校实力雄厚，特色鲜明。教师队伍中藏龙卧虎。有些老师，论其阅历之丰富，学识之渊博，教学技巧之娴熟，就是我在后来几十年里遇到的各类老师中也不十分多见。学校的管理井然有序，制度严明，教学过程规范，课外活动丰富多彩，学生能够在一种既规规矩矩又生动活泼的环境中成长。能到这样的学校上学，真是一种幸运。从后面的叙述将可看出，在邵阳市一中的三年，是我人生道路上的一个拐点。

邵阳市一中应该算是一所"省重点中学"。照现在的办法，是划定省重点、市重点、普通校等诸多层次的分数线录取的，一个"备取生"竟然被录取在省重点中学，这是怎么回事？我写的这段文字，现在的年轻人可能读不懂了。究竟是现在的办法好还是那时候的办法好，我不敢妄加评论。但是，我在这所学校的经历，却显然是为现行办法的合理性提供了一个否证。

这一年邵阳市一中招收约 500 人，分 10 个班。前 3 个班（10—12 班）是男女生混合班，后 7 个班（13—19 班）是"和尚班"，我所在的第 15 班又完全是由"备取生"组成的班。我们原来的基础不是太好，入学又稍晚了一些，开始时确实有些跟不上的感觉。期中考试时，有一门或几门功课不及格，是比较普遍的现象，也包括我在内。但到后半期，情况就越来越好了。就我来说，不仅跟上课程已经完全没有困难，而且期末考试还取得了总平均 86 分的好成绩。第二学期，我担任了班委会的学习委员。4 月 12 日，我加入了青年团。我们班入学时有 3 名团员组成团支部，我是第一名被吸收的新团员。从这个学期开始，我可以说走上了"全面发展"和"快速发展"的轨道，在思想品德的修养方面严格地要求自己，在学业成绩上明显地处在一种领先地位。当时没有像现在的中学那样搞全年级的排名，我想如果搞这种排名的话，我的名次应是比较靠前的。我们这个第 15 班，也完全没有了"备取生班"的痕迹。

高中时期，有三门课是我最喜欢并自以为得意的。第一门是数学。这说到底还是得益于小学时刘应钦先生的"单兵教练"，后来上高小、初中，数学课都是一路轻松。即使在维新中学、复初中学那样教学质量全面下降的情况下，我的数学课的学习还是保持了正常的水平。因此，到高中以后，这门课衔接得最快、最好，很快就显示出来了某种相对的优势。我的数学习题做得很快，这使我做作业的时间比其他同学要减少许多，因为数学、物理的作业是分量最重、费时最多的。我经常被老师叫到讲台前在黑板上做示范演算。尤其在合班上课的时候，这样的机会多数是给了我的。第二门课是政治常识。这门课的兴趣主要不是在课堂上，而是在课外。因为觉得功课轻松，所以课外阅读的时间比较多，但课外阅读的范围却很窄，主要是政治理论读物，包括一些刊物和通俗的理论读本。我不看小说。1954年春天，放了几天春假，我去图书室借了一本几百页的小说，写抗日故事的。我一天就看完了，累得浑身不舒服。我怕这东西上瘾，一旦上瘾就会坏事，因而立马把小说给"戒"了。直到大学二年级以后才断断续续地读了几本名著，那也是从专业需要出发的，实际上并没有什么兴趣，而且这几十年里都提不起兴趣来。所以，我的知识面很窄，文学细胞奇缺，写文章干干巴巴，没有文采，这同年轻时走了这种极端不无关系。这是后话。我为什么喜欢阅读政治理论读物？那时候，总有一些新的事情发生，希望获得理解。我特别羡慕乃至崇拜那些能言善辩，能够对某件事情讲出道理、做出令人信服的分析的人，其中有县区干部、中学老师和个别有见识的大同学。所以，也希望自己能有更多的理论知识，更好的分析能力。课外阅读多，脑子里的政治理论常识也就比其他同学多，对于政治理论的兴趣也越来越浓厚。当时有一件很有趣的事情。1954年下半年，我在维新中学上学时的校长邹家骥先生调来邵阳市一中任教，教政治常识课，并且就在我们这个班上了第一课。他的课别开生面，一上台就提问："什么是政治？"并且按照学号挨个儿地叫起来回答。我想他的一个重要目的，是借此机会点名认人，我还想，他一定认为学生都答不出来，否则也达不到点名认人的目的。老师喊："1号张人松。"张人松站起来回答："不知道！"老师喊"坐下。"又叫"2号×××"……每个人都按这个格式站起、坐下，直到26号。老师喊："26号陈晏清。"我站起来回答："政治是阶级斗争，是各阶级之间的斗争。"老师异常兴奋，高声喊道："答对了！"全场惊讶。这是列宁的"政治"定义，也是当时学界流行的"政治"定义，但一般中学生谁去留心这种东西？这算是鄙人出了一把风头。我对政治理论的兴趣，同后来选择哲学专业有直接的关联。第三门课是达尔文主义，这也是一门理论性的课程。

最让我怵头的课是地理和体育。我的方位观念极差，至今如此。我住进一家宾馆，头一天甚至两天，常找不着房间。一到拐弯处，本该向左走，但凭我的感觉肯定是往右走。按照那个"上北下南，左西右东"的口诀看地图，总是同实际的方位对不上号。地理考试，如果有填地图或用地图说事的题目，我的成绩绝对高不了。久而久之，我对这门课程心生厌恶。高二以后没有了地理课，觉得是一种解放。体育课就更让我发怵了。我胆子小，体能差，动作不协调，可以说体育中的任何科目我都做得不像样：跳箱没有成功过，投篮投不准，玩单杠翻不上去，玩双杠随时可能掉下来。引体向上，别的同学可以做十几下甚至更多，我做两三下就胳膊痛得很。几年前，老伴突然问我："你的胳膊怎么不能直？"我的胳膊不能展成 180 度，只能170 度多一点。我一直以为所有的人都是这样的。我说："活到70 岁才发现自己是个残疾人，你说可乐还是可悲？"老伴说："可乐，可乐！"这下子我就找到当年引体向上那么困难的原因了。那时候，免缴学费的学生，对总成绩和单科成绩都有明确的要求。我的体育成绩总是压着那条最低线，这还是班主任和体育老师沟通的结果。这两门课的落伍，尽管在总成绩上还不足以使我从领先的行列里掉下来，但对于我的成长来说还是有明显的消极影响的。对于地理课，我倒还没有特别大的遗憾，因为不是每个人都能把所有的课都学得很好的。但对于体育课，我是非常遗憾的。体育对青少年的成长十分重要，体育不仅锻炼身体，而且锻炼意志。它能使人"壮其骨，坚其志，丰其神"。我缺乏正常的、积极的体育锻炼，就只能是一个残缺不全的人。

我不像有的同学那样有令人羡慕的身材和体格，在遇到特别严重的困难时，也不像有些同学那样表现出克服困难的坚强意志。

　　读高中三年，我在经济上的困难更是加重了。助学金等级提高了，但伙食费也提高了；学费免收了，但杂费还是不少。另外，多少还要有些零用钱。这样，每个学期至少需要家里供给二十多元。家里解决问题的主要办法，就是喂两头猪。每学期开学的时候，在市场上抓两个小猪崽放进猪圈里。到下学期开学之前，把喂到半拉大的"架子猪"卖掉，留下抓小猪崽的钱，这大猪和小猪的差额就是我的学费。我在学校里的消费水平低到了不能再低。我不乱花一分钱，因为我知道，这每一分钱都浸着父母、家人的血汗。寒暑假回家一律步行。一张从邵阳到新化县城的汽车票是 2 元 7 角 5 分，买不起。从邵阳到孟公市大约 110 公里，三天的路程，一元多钱的盘缠就够了。有几个同学结伴而行，倒也其乐无穷。

　　如何应对贫穷，是许多人在人生路上绕不开的岔口，人们从这里可能走上不同的路。过度的贫穷可以把人压弯甚至压折。如果人穷志短，还可以在贫穷的逼迫下走上邪路。但是，也可以有另外的结果。贫穷不是好事，但可以把它变成好事。如果人穷而志不穷，贫穷就可以成为磨砺自己的砺石。幸运的是，我在这个岔口处没有迷惑，也没有迟疑，没有驻足，而是选择了后一条道走了下来。我没有多高的境界，更多的只是想要对得起自己的父母、亲人，但这确实是我学习和进步的巨大动力。推己及人，我觉得班上大多数同学都面对着和我类似的处境，他们的父母、家人也都有着同样的期待，他们也必须顺利地完成学业。因此，我对同学非常友好，帮助学习上有困难的同学尽心尽力。这种情感保持至今。在我当了老师、当了系主任之后，对来自贫困地区、贫困家庭的学生总有一种特殊的关爱，甚至让他人看来有些偏心。

1956年上学期，即我临毕业的那个学期，最困难的局面出现了。家里喂的猪发瘟了，我的学费没有指望了。在一个冰雪天，二哥往返行走约100公里，去锡矿山向我的舅舅求援，结果是空手而归。最后，只得把一家人用来养命的口粮卖掉一部分。我现在亲戚多得很，有些十六竿子都不一定打得着的人也都跑来走亲戚了，可那年头，我基本上没有亲戚。否极泰来。也正是在这个学期，几乎所有的好运都向我走来了。其中，最重要的是两件事情。第一件事是3月份启动了留苏预备生的选拔，我入围了，并最终确定为推荐人选。这件事情我将在下一个题目里做较为详细的叙述。第二件更加重要的事，是我加入了中国共产党。也是在3月份，学校选派了20名学生去市里听党课，其中多数是毕业班的。依据我后来党内生活的经验，这选派去听党课的人就是要培养入党的积极分子，但我当时并没有意识到这一点。"五四"青年节那一天，我去校团委办事时，看到两位同学正在那里写入党申请书。我问："学校在学生中发展党员吗？"其中一个同学回答得非常好："发展不发展是党组织的事，申请不申请是我们自己的态度。"我立刻脸都涨红了，心想："我怎么会这样幼稚，连这个道理都不懂？党课听完了都没有想到要表示自己的态度！"要说态度，我要求入党的意愿早就有了，而且很强烈。想到这儿，我在那里一分钟也待不住了，立即跑回教室写了一份入党申请书交给了学校党支部。几天之后，总务处的熊主任让一位工友把我叫到他的办公室。熊主任是安化人，大革命时期的党员，态度特别和蔼。他桌子上摆着一份入党志愿书，我进屋后他就说："你抓紧把这个表填一下，这个事不要声张，也不用保密。表上要填的内容不要隐瞒、缩小，也不要夸大。填好后给我送来。"谈话时间3分钟都不到。

我手里拿着入党志愿书，心里激动万分。本想先不让同学们知道这件事，但又没有其他可以写字的地方，只得回到教室去填写，当然难免引起轰动。5月29日党支部大会通过了三名学生入党。报到市委后，过了两天，市委又来电话问我的出生日期是按阴历还是按阳历填写的。我填的是阴历的5月19日，经查，按阳历应是6月16日，还差将近20天才满18周岁。但市委做了通融处理，因为"邵阳市第一批知识分子入党宣誓大会"已筹备就绪。

1956年湖南省邵阳市第一中学学生党员合影（后排右一为作者）

一个多月后，我从邵阳市第一中学毕业了。在这所学校，我初步完成了漫长的人生征途的最重要的准备。

四、挑着行李上北京

1956 年 8 月 11 日傍晚时分，一个女孩举着封皮上印有"中华人民共和国高等教育部"几个红色大字的信件，兴冲冲地向我家走来，还离十多米远就喊着我的名字，说有我的信。我一看就知道这是留苏预备生的录取通知，因为只有留苏预备生才直接由高教部录取。与前几次不同，这次真正算得上是"金榜题名"了。自 3 月 19 日去邵阳地区人民医院接受体检时起，这件在心中悬挂近半年之久的事情，终于尘埃落定。

现在的年轻人可能不知道这"留苏预备生"是怎么回事了。新政权建立初期，西方国家对我们实行封锁，我们在对外关系上也不得不"一边倒"。为了培养国家急需的建设人才，只能向苏联和东欧社会主义国家派遣留学生。那时候，没有"自费留学"这一说，只有公费留学即由国家派遣，并且要经过极严格的选拔程序。我们那一年，据说邵阳地区参加体检即初选入围的一共 60 人，第一轮筛选之后剩下 30 人。我记得这个时候填写过一个简单的表格，后来正式填表的人更少，大概是十多个人，最后批准"保送"的一共是 5 名，其中，邵阳市一中 2 名，另一名是第 18 班的刘泽斌。

我们上届即 55 届没有选送，54 届选送 2 名全部录取。学校领导犯了"经验主义"，误认为凡"保送"的都会录取，"保送"重在审查，考试只是走走形式，于是认定我是已经有了去向的"闲人"，各种各样的差事都派给我干。6 月中旬，让我去长沙参加中学生应征飞行员的体检，主要是要我做邵阳市的领队，来回近一周。我的体检才真正是"走形式"。先由自己按着一个鼻孔，稍微用力擤一下，鼻涕出来了，医生再用夹子把鼻孔撑开看了一眼，就有了结论："鼻甲肥大，下去休息。"体检时间总共不过两分钟。从长沙回校后，又有各种各样的事情，包括一位副校长入党的政审外调。最后留给我应考复习的时间只有3天。我自己也真的认为考试只是走形式，但走形式也不能走得太难看了。这3天的时间怎么复习？只能顺着课本的目录翻看，即觉得没有问题的就过去，觉得原理、公式记不大准确的就翻开课本细看。语文、政治不用复习，数学也不须用太多时间，主要是物理、化学。用这种方式，倒觉得复习时间太宽裕了，只用一天时间过了一遍，第二天就无所事事了。许多复习资料没有接触，许多具有典型意义的习题没有去做，这效果肯定是远不如老老实实系统复习的同学的。后来到了北京才知道，这考试哪是什么"走形式"？完全是按分录取！而且据说我们这一年的录取分数线在有的省市不低于清华。湖南一共录取15名，至少一半是长沙学生。邵阳地区保送的5名中只录取了一名。听说刘泽斌被武汉测绘学院录取。我最害怕的就是绘图，要是把我录取在那样的学校，该如何是好？想起来真是后怕得很！

　　录取通知规定报到的时间是8月18日至19日，并且说"逾期不报到者取消入学资格"。后来才知道，所有录取通知书上都是有这句话的，但当时我把这逾期不逾期看得极其严重。从孟公市到北京，要走一天山路，坐两天汽车，三天火车，如果一切顺利也需要6天时间。为防万一，至少要打出一天的富裕时间，因此，我必须在13日动身。我的准备时间只有一个白天、两个晚上。别的学生可能不至于这么紧促。我搞得这么紧张，是因为邮路不畅，信收得晚了。那时候，孟公市没有邮局或邮政所，只是在一家叫"益丰祥"的中药铺设了一个代办点，代办人就是药店老板。信件到了县邮局，也保证不了及时送到孟公市；到了"益丰祥"，也保证不了及时送到收信人手里。别的准备工作没有什么可做的，主要是筹措路费。母亲借了好几户人家，这家 2 元、那家 3 元的，一共凑了 16 元钱，再也不知道能找谁借到钱了。我说不要再去找人借了，够到长沙的钱就行了，通知书上说确有困难的可以向省教育厅申请路费补助的。母亲的心里是非常不安、非常难过的。"儿行千里母担忧"，儿子第一次出行那么远，路费都带不够，她老人家心里能是滋味吗？

8 月 13 日清晨，我装着 16 元的路费，挑着行李，含泪告别了父母，告别了家乡，踏上了北上的路程。这行李基本上是一个多月前从邵阳背回来的那一套，只是添了一个很薄很旧的木头箱子，那是我们家最好的一件家当。这箱子作为纪念物，至今保留在我的身边。因为从孟公市到新化县城要走 20 多公里的山路，当天还要去县委、县政府转党的组织关系，开具申请路费补助的证明信，所以二哥陪我一路走到县城。汽车从新化至邵阳，半天的路程，票价 2 元 7 角 5 分。汽车再从邵阳至长沙，一天的路程，票价 7 元 5 角。到了长沙后，找了一个离省教育厅近点的旅店住下。第二天，即 8 月 16 日，一到上班时间我就到了教育厅。我出示录取通知书和县政府的证明信后，接待的同志不问我申请多少钱，而是问我身上还有多少钱。我说："还有 2 元 4 角。"他同旁边一位似乎更负责点的同志耳语了一下，立即回答："按照规定，最高补助一张到达目的地的普通客票，你这两块多钱到不了北京，所以额外再给你增加两块钱。"我真的是非常感动。这就是 20 世纪 50 年代中期我们共产党干部的作风。这对一个青年学生的思想影响有多大，有多深，有多远，是难以估量的。

　　我立即去火车站买了一张去北京的普通客票（即慢车票）。那时，武汉长江大桥还没有建，只能先到武昌，再轮渡到汉口，转乘汉口到北京的火车。我这是第一次坐火车，而且是第一次见到火车，地地道道的一个乡巴佬，关于乘坐火车的一些基本知识，如中转签字等，全然不知。在车上，我向同行的旅客打听、请教。说来也是巧了，坐在我对面的一位年轻人，比我大不了几岁，干部模样，他就在武汉工作，对武汉十分熟悉，人又特别热情。他详细地解答了我提出的所有问题。我虽有一些基本的线索，但仍是懵懵懂懂。没有想到的是，快下车时他突然决定："这样吧，我陪你去汉口车站。"我说："那不太麻烦您了？"他说："不要紧，我不过就是晚回去一会儿。"说实在的，对他来说，可能真的不过是晚回去一会儿，可对我来说，却免去了许多难以想象的麻烦和困难。怎么走到码头？过江以后怎么走到车站？我都心中无数。距离下一趟车的时间又不是足够多，而且这种慢车一天就是一次，我又没有那么大的"财力"可以叫个车拉一下。我真是太需要这个帮助了。临别时，我心里嘴里都是千谢万谢。那真是一个社会风气淳厚、好人辈出的年代啊！遗憾的是没有请他留下姓名和单位，我太缺乏社会生活经验了，我因此失去了一个可能是最可交的朋友。

　　登上了京汉列车，心里就完全踏实了。这慢车可真慢啊，大小站都停。16日夜间上车，18日中午才到达，运行三十多个小时。在同一个车厢里，还有三位武汉的学生，他们的座位离我不远，听他们说的话，知道他们也是去留苏预备部报到的，便过去打了一下招呼。看样子人家不大愿意交我这个朋友，便一路上再也没有去打扰他们。那时新的北京站还没有建，我们是在前门火车站下车。北京同武汉、长沙还是有些不一样，我挑着行李出站时，也自觉这形象有点怪异，怨不得那几位武汉同学不愿意与我为伍呢。车站没有设迎新站，也没有任何与迎新相关的标志。留苏预备部设在北京俄语学院，学院本部在西郊（那地方我一直没有去过），而留苏预备部是在西单附近的鲍家街，离前门不远。我立在车站广场，正想打听行走路线时，看到那几位武汉同学一人叫了一辆人力车，便过去打听："租这车多少钱？"答："2角5。"我想这2角5难不住我，我还剩了4角钱哩！于是，也雇了一辆人力车。拉车的师傅稍微上了点年纪，我不好意思让他拉着，觉得这很像一个"剥削者"，便对他说："我在后面跟着你走吧。"那师傅急了："这你哪能跟得上？快上车吧！"到学校时已过了午饭时间，我早就饥肠辘辘了。在校门口不远处，看到了一个写着"山东包子"四个红字的小橱窗，便用1角钱买了两个糖三角充饥。剩下这5分钱用处就更大了。我花三分钱买了一张市内明信片，给在北京高级防校工作的朋友曾若奎写了个信，告诉他我到了北京，并告诉了我的住址。

曾若奎和我同期初中毕业，我从复初中学毕业，他从新化县二中（原维新中学）毕业，毕业后就参军了。我们也是那个"协助队"里的伙伴，他长我7岁。因他年纪最大，我们都叫他"大哥"或"老大"。从很小时候起，他就像大哥哥似的护着我。接到我的信后，他兴奋不已，星期日一大早就从西三旗赶来，给我带来了零用钱和衣物。特别能给我"排忧解难"的是那双半新旧的棕色皮鞋。我只有从家里一路穿来的那双球鞋，没有可以换洗的鞋。路上穿了几天，鞋里面让汗湿得都打滑了，只要把脚伸出来，立刻臭气熏天。看旁边的人，脸上明显地露出不悦之色。到了北京，进了大学，是到了一个"高度文明"的地方，再不能光脚了。可不光脚，这鞋就没法去洗。这时候，如果我还有几角钱，就可以买一双最便宜的拖鞋来替换一下。

什么是幸福？幸福总是具体的。这个时候能有一双替换的鞋，就算是一种幸福！

1988 年与若奎夫妇在天津合影
（从左至右：若奎嫂郑芳英、若奎兄、作者、作者夫人鄂小平）

我在北京上学 6 年，若奎哥给了我无微不至的关怀，给了我数不清的帮助。我有几件衣服乃至几双袜子，什么时候可能没有零用钱了，他都清清楚楚。1960 年经济困难时期，他规定我至少每两周必须去他家里一次，无非是要我去吃顿饱饭，吃碗猪头肉、黄羊肉什么的，这东西他们部队里还能搞到。我们不是亲兄弟，但亲兄弟也不过如此。他是我一生中最好、最亲的朋友和兄长。20 世纪 70 年代，他转业回湖南老家了。80 年代，我的工作、生活比较稳定以后，请他来过天津两趟。2001 年我的住房条件大有改善，本来约定再来天津住些日子，不想他于 2003 年患了重病，2004 年去世了。我们之间的交往和友谊，是对我的生活产生了重大影响的因素，本应安排专门篇幅叙述。在这里，先做一点"离题发挥"吧！

我们的学校，上课在鲍家街21号，住宿却在相距几百米的石驸马大街18号，这原是北京女子师范大学的校址，院里还有

1956年10月摄于留苏预备部

刘和珍的纪念碑。走出胡同不远就是西单，顺着长安街去天安门，步行也就半个来小时。我报到后的第三天晚饭后，就步行去了天安门。这是我们国家的象征，刚到北京的学生第一个想看的地方就是这里。因为高考没有外语成绩，开学后搞了一次俄语测验，按高、中、初三个等级分了班。我在高中学的那点俄语，跟没有学过差不多，被分到初级班，从字母学起。这一年，在"多记一个单词，出国后减少一分困难"的口号下，整天除了俄语就是俄语，连政治课都不开了。伙食吃得特别好，两个月下来，脸都圆了。

五、惊险的一"漏"

在留苏预备部的一年里，大半年都是非常平静的，但自1957年春天以后就越来越不平静了。从5月中旬起，北京高校的"大鸣大放"进入高潮。5月下旬，留苏预备部也开设了自由论坛。一到晚上，宿舍都空了，同学们都到自由论坛做讲演或听讲演去了。做讲演的人，多是"缓出国"的那些同学。1955年留苏预备部招收了一千多名学生，大部分于1956年派出了，留下了一小部分未派出，管他们叫作"缓出国"。本来是要把他们和1956年招收的600名一起于1957年派出的，但由于种种

原因，其中恐怕也包括中苏关系的变化这种原因，国家停止派遣了。这样，他们就"预备"了两年，所以抵触情绪比较大。他们在自由论坛上讲演的主题就是"缓出国"或"不出国"的问题。有些人喊出的最具有煽动性的口号是"还我青春"，意思是在留苏预备部待了两年或一年，是浪费了青春。晚上开论坛，白天贴大字报。论坛上激昂慷慨，大字报铺天盖地，形势相当严峻。这些言论在学生中的反响非常强烈，却分歧甚大。一部分人热烈支持，也有一部分人坚决反对，但在一个时期里，前一种声音似乎占了压倒优势。我持的是后一种态度。我对这些发言颇为反感，认为这些人不讲道理，不讲良心。不派出国的理由高教部和学校党委都讲清楚了。把我们选到留苏预备部来，是国家对我们的器重。国家是在培养我们，绝不会损害我们，送出去或不送出去，只是培养方式不同，这要服从国家的需要。另外，还有些人说，1955年以前，留苏预备生的待遇是每月二十多元，1955年以后改成19元，认为这是教育部揩我们的油。这种话也是很没有道理的，它同我的体验完全相反。我觉得国家对我们的关爱和照顾已经相当好了。北京地区的一般高校包括俄语学院本部的学生每月伙食费是12元5角，我们是每月15元。就是这样，为什么还不满意？都是大学生，你凭什么要比人家吃得更好？我们每月还有几元的零用钱，对于像我这种从南方来的困难学生还发给棉衣服。对党和国家，我们只有感激，何来怨恨？我们党支部的几个同志都持这种看法，而且都觉得不能让这种言论蛊惑人心，应当在论坛上有另外一种声音。5月29日上午，我去报名，要求在当天晚上的论坛上发言。我去得晚了，报名已经截止。但在这之前，我的同班同学李步楼报上了名，他也是党员。党支部的几位同志商量此事时，建议我去代替李步楼。步楼是苏北盐城人，地方口音较重。步楼非常厚道，立刻表示同意，说："陈晏清口才好，他发言效果更好。"这样，我就冒李步楼之名，在 5 月 29 日的"自由论坛"上做了一个捅出大娄子的发言。

1957 年留苏预备部第二班全体同学合影（后排左四为作者）

按照上面说的想法去发言，怎么还会捅娄子呢？当时，党内一再强调，党员要带头鸣放，不能压制鸣放。党支部的同志一起商量时，提出一定要增加向党提意见（整风）的内容，不能让人觉得我们在压制鸣放。但对党委的人我们不熟悉，对同我们支部联系的老肖同志，大家印象都非常好，提不出什么意见。想来想去，只好选择团总支书记李××。这位老兄作风不好，许多人厌恶他。就在这准备发言的前几天，还发生了一件让人议论纷纷的事。5 月下旬，记不清是在"团三大"（中国新民主主义青年团第三次全国代表大会）开会期间还是闭会以后，请了一位老共青团员来做报告。老同志讲到当年去南京政府请

愿，学着说蒋介石如何结巴，引来一阵阵笑声。报告结束后，
这位团总支书记上去总结和致谢，一开口就结巴（此人平时就
是个结巴），台下大笑。他恼羞成怒，当着客人的面就骂开了：
"你们他妈的把我当……当……当作蒋该死了！"台下更是大笑。
像这样一种素质，这样一种作风，帮助他整整风应该说还是有
必要的。

我在那天晚上的发言，赢得了一阵阵热烈的、长时间的掌
声，效果之大，始料不及。对那些不正确言论的批评很有说服
力，很得人心，效果很好，因而批评李××的发言效果也随之
加强了、放大了。这次发言在很大程度上影响了留苏预备部"大
鸣大放"的局面。以前矛头主要指向党委，分党委书记朱允一
常被围攻，后来矛头转向了李××，涉及他的大字报贴得越来
越多。我的发言对李××的批评，只涉及他个人的思想作风、
工作作风，丝毫没有涉及制度、政策、团的工作这类"公共性"
的东西，但是，那天最后讲了一句很不该讲的话："团总支书记
是团员们选举的，团员要求罢免他，也是团员的权利。"这句话
在我的腹稿里本来没有，大概是在掌声的激励下，为迎合听众
的情绪而冒出来的。在当时及稍后的一段时间里，不论我本人
还是其他人，都没有意识到或觉察到这句话将惹出什么样的麻
烦。

5月29日，正是我入党的预备期满。6月初讨论我的转正
问题时，党组织给了我很高的评价。对我的鉴定意见的核心内
容大意是：政治立场坚定，在"大鸣大放"中既能大胆地向党
提意见，又能明辨是非。分党委的老肖同志参加了支部大会。
从老肖同志的发言里可以听出来，党委对我的表现是非常满意
的。因为这时留苏预备部已经解散，同学们将分别去国内各地
的高等学校学习（此事将在下一个题目专门叙述），于是，6月

10 日前后，我们都各自提前回家过暑假去了。

9 月初，我在中国人民大学哲学系报到后不几天，系党总支秘书曹春刚在我们的宿舍门口高声呼喊我的名字（当时我们住在人民大学西郊校园的平房四处二排，哲学系的办公机构在四处一排），我赶紧出屋，见曹秘书阴沉着脸，便知不会是什么好事。他说："俄语学院留苏预备部党委一个姓李的同志来电话，要你回去参加运动补课，马上回去，不要耽误时间。"什么叫"运动补课"？就是补划"右派"。这是 9 月份了，距《人民日报》发表《这是为什么？》的社论的时间已整整三个月了。这三个月的"轰轰烈烈"，我感到惊心动魄，同时也感到这场"反右派斗争"没有章法，尤其是在基层。我在乡下就听说过这么一件事，说的是一位年长的小学教师，不是在"大鸣大放"当中，而是在一次春节茶话会上，说过一番很能表现"喜洋洋"的过节气氛的话："我很高兴，我们今天是五世同堂……"这"五世"是指师生五代。他年纪最大，当然是第一代，可这里面有个第四代或第五代是个共产党。这就以"目无党的领导"，在党的领导面前称"老爷子"一类的罪名被打成了"右派"。真是莫名其妙！我这次被叫回去"补课"，要是也碰到这种人物，可就凶多吉少了。曹秘书说是一个姓李的同志来电话，我立即想到了原团总支书记李××。以李××之人品和政治水平，他是一定会搞政治报复的。因此，我脑子里出现的第一个想法，就是一定要避开李××。补课不怕，但不能让他来"补"。其他的事情，只能去了那里以后相机行事了。

从西郊人大到西单不算太远，一个来小时就到了。我知道李××不是党委委员，但他用了"党委"的名义，我以为这给了我一个绕开他的正当理由。因此，到了俄院，我直奔分党委，直接找同我们原来的党支部联系的老肖同志。老肖是一位女同志，非常和蔼，非常稳重。她见到我时，似乎稍有点吃惊："哦，你怎么回来了？"因为当时通知返校的是两种人，一是有问题的人，二是党团领导骨干。看样了，在她的印象里，这两种人我都不是。我说："是党委一位姓李的同志给人民大学打电话通知我回来的。"并故意把"党委"两个字说得重一些。老肖同志马上明白了："哦，那没错，是李××通知的。这次运动补课，团总支管大学生，分党委管教师和研究生（即准备送苏联去读研究生的预备生），你去找李××吧！"我立即说："我是中共正式党员，团总支管不了我。他要不是用党委的名义通知我，我就不回来了。他想干什么？"老肖同志说："你先去找他，有什么问题咱们回头再联系。"看得出来，党委（至少老肖同志）并不一定倾向于李××的做法。

我敲开了团总支的门。故人相见，真是"分外眼红"。我伸过手去，想同他握手，他不予理睬，也不喊我坐下。在他的心目中，我已经是"右派分子"，已经是敌我矛盾了。我问："你叫我回来搞什么运动补课，补什么？怎么补？"李说："补什么你不知道？你在'大鸣大放'中放了什么毒，先写个检查来交给我！"一副杀气腾腾的架势。这种时候，对这种人，任何解释、任何申辩都毫无意义。我只是轻轻地吐出两个字："行吧。"说完扭头就走。

我才不写什么"检查"呢，我才不交给你李××呢。我写的材料，用的题目是"关于1957年5月29日在北京俄语学院留苏预备部自由论坛上一次发言的说明"，字写得比较大，题目就用了整整一页纸。我年轻的时候记忆力极好，发言时只有腹稿，三个多月后还能几乎一字不差地记下来。我把发言的全部内容原原本本地叙述了一遍，同时对发言的背景、动机做了说明。当然我也承认，支持罢免李的团总支书记的言论是错误的。

我们原来的党支部书记孙×去了上海，只得把去南开大学上学的支部委员陈振恒从天津叫了回来领导我的"补课"。陈振恒曾与我睡同一张床的上下铺，我作那次发言的全过程他都一清二楚，而且我们对当时的形势和所涉及的问题的看法完全一致，甚至可以说他就是这次发言的支持者、策划者之一。陈振恒看完材料，只写了几个字："内容完全属实。"我对他说："你甭管了，材料由我自己去交。我交给老肖去！"

我把材料交给老肖同志时说："我的材料写好了，再没有更多的情况要写，也没有少了什么。不管领导怎么分工，我只能把材料交给党委，由党委研究处理。"并且明确表示，我对李××不信任，他挟嫌报复。老肖同志还是那么和蔼、亲切，只是说："把材料放我这里吧，你回人大上课去吧！"这意思很明白，我可以不去向李××"告别"了。

尽管如此，我还是忐忑不安。

大约过了十天左右，还是系党总支秘书老曹同志，在我的寝室门口叫我。不同的是，这次他满脸笑容："陈晏清，俄语学院的材料来了，没事了，你要不要看看结论意见？"我说："当然想看看。"结论意见的核心内容是："既能批驳右派分子的反动言论，又发表了一些不正确的意见，但认识较好，免于纪律处分。"这算是压在心里的一块石头落地了。这件事情能够这么了结，老肖同志起了关键作用。根据后来我在党内生活的经验可以知道，不论如何分工，最终的定性结论是要由党委讨论决定的，因此，老肖接受我的材料，在原则上没有什么大的问题。但是，如果她对事情缺乏正确的判断，如果缺乏负责的精神，或缺乏必要的灵活性，她也可以不接受我的材料。如果她不接受材料，或者接受以后为怕承担责任而转手给了李××，那后果不堪设想。如果分管工作的负责人签署了初步意见交党委讨论，再由党委去否决，那是很难的。即使老肖帮我说话，也不一定有多少人敢附和她，在那种形势下，宁"左"勿右的情绪相当普遍，因为不少人就是由"同情右派"而成了"右派"的。毕竟，主张或支持罢免党团干部，在当时是被认定为典型的"右派言论"的，不论你说过多少好话，做过多少好事，也是不能拿来抵消的。

让人哭笑不得的是，到了1959年，北京大学哲学系还派人来向我调查李步楼的问题，因为他的预备党员还没有转正。天哪，这叫什么事？！李步楼只是报了个名，一句话也没有讲，讲话的人是我，我都早已解脱了，怎么李步楼还在那里挂着？真是不可思议。看来，那时的北大哲学系够"左"的了。1993年，我在武汉见到了步楼，说到这件事时，他感慨万分，说他许多年都是"背着沉重的十字架走过来的"。我由此联想，幸亏那年我去了人民大学，幸亏没有向人们讲述过这个故事，不然的话，"文化大革命"中一定会得到一顶吓人的大帽子——"漏网右派"，那可就有苦头吃了。

这个关口是平安渡过了，看来也不过是经历了十来天的紧张和不安，但它对我思想上、精神上的影响却是很大很深的。"反右"运动中，我是没有当上积极分子了。我当时虽然丝毫不怀疑毛主席、党中央对形势的判断，确信有"右派"在向党进攻，但认为下面搞的"反右派斗争"却显得十分草率。拿我自己来说，我对党和国家充满了感激之情。没有共产党就没有新中国，没有新中国就没有我的一切。这是我当时最真实的情感和认知。但如果我没有进行必要的和有效的抗争，如果不遇到老肖同志这样的好人，不也照样成了"反党的右派分子"吗？推己及人，这"右派分子"里有多少是被冤枉的！就是我在发言中批驳的那些言论，也难以定性为"右派分子的反动言论"，我的发言也没有做政治上的批判，而只是一种道德上的谴责。因此，紧接着在人民大学开展关于处理"右派"的大讨论中，我基本上是不发言。那时，惊魂未定，自己差点被"处理"，或者说刚刚被"处理"过，马上又来议论如何处理别人，这情绪调动不起来。还不仅此，更重要的是，我对什么人是"右派"这个大问题还心存疑惑。我的同学兼同乡唐凯麟发言，提出要区分"青年右派"和"老年右派"，主张对"青年右派"的处理要宽大一些。大论一出，即被群起攻之，说他屁股坐歪了，坐到"右派"的椅子上去了。其实，我的看法比他更"歪"。我认为青年老年的区分没什么实质意义，不论老少，只要定成"右派"，他的政治生命就算完结了，不论宽大与否。最重要的是，人家是不是"右派"。但这种话能说吗？

这件事情给我的最严重、影响最深远的教训是永远要严防"祸从口出"。古人留给我们的"谨言慎行"的处世箴言实在是太重要了，而对于现代的中国人来说，"谨言"似乎比"慎行"还重要，尤其在那政治运动频繁的年代。有了这个教训，我在言责、文责方面自我把持是很严的，因而后来的几十年里，从未因言获罪。这是一种幸运。不仅在政治运动中，在理论活动中也是这样。改革开放以后，在"言论自由"方面显然有了巨大的进步，但我仍然不滥用这种自由权利。就是所谓"研究无禁区，宣传有纪律"，对于我搞的这种学术研究而言，它的实际运用也是有限度的。只要你说出来、写出来就是"宣传"，发表学术言论也当慎之又慎。这种影响、这种心态，究竟造成何种结果，恐怕正负两面都有。这一点，在后面讲述的故事中将会有所印证。

六、选择了哲学人生

　　1957 年的 3 月份学校还在为我们"量体裁衣"，准备出国服装，同学们对自己将去苏联的哪个城市、哪所大学、学习哪个专业还抱着各式各样的猜想和期待，5 月中旬（也许是上旬）学校突然通知学生中的党员去高教部开会。高教部在大木仓胡同，离石驸马大街很近，步行也只需十来分钟。杨秀峰部长亲自到会并讲话。会上宣布，国家不再向苏联大规模地派遣留学生，现有的留苏预备生留在国内培养，可以任选学校和专业。杨部长讲话的具体内容已无从查考，只留下了一个大致的印象，那就是：往苏联大量派遣留学生，中苏双方都有些困难；中国学生在苏联学习有许多障碍，效果不大好；我国高教事业经过几年的发展和调整，国家建设需要的人才大部分可以依靠自己培养；等等。有一点我记得比较清楚，领导在讲话中提到"根据我国驻苏联大使馆的建议"，我由此联想到两件事情。一是在这之前，高教部管留学生的一位艾司长曾来校做过一次报告，讲到留学生在苏联的种种不良表现。这是不是因为有些人把留学生的名声搞坏了，使得再往苏联派遣留学生还有没有意义都成了问题？二是头年发生的"波匈事件"，是不是也作为一种背景在起作用？这些，都只是我自己在当时的联想，并没有人对此说过什么。因此，到底是我们不想派了，还是苏联不想收了，或者二者兼而有之，这在当时都搞不清楚。这个决定宣布之后，同学们的情绪普遍低落，即使在党员学生中也是如此。

　　我的态度和同学们基本一致，但又略有不同。一方面，确实有些失落感。做了那么长时间的准备，抱了那么久的"热火罐"，突然宣布不出去了，这弯子是不大好转过来。毕竟年轻人都想出去见见世面，而苏联又是当时的年轻人最向往的地方。另一方面，又认为不去苏联留学，也不完全是什么坏消息。我很不愿意学理工科，特别是工科。如果派往苏联，则学工科的可能性最大。我可以做到服从国家的需要，硬着头皮，克服困难去学，但我没有信心学好。这一年多来，我一直将此视为畏途。一说可以在国内任选学校和专业，就像摘下了一个大包袱，颇有些轻松感。我的情况很让人不易理解。理工科，我考得上，不愿学；文科，我愿学，考不上。那时候，理工科考试科目有语文、政治、数学、物理、化学，共五门；文科考试科目有语文、政治、历史、地理，共四门。考数理化，我完全有把握，考历史、地理，特别是地理，我完全没有把握。经过留苏预备部这个跳板，按理工科上来，再跳到文科去，这对我来说实在是再合适不过了。因此，不派出国带来的那点遗憾很快就过去了。我不仅没有把它视为成长道路上的一种挫折、一种障碍，而且把它视为一种机遇。

我喜欢文科，仅仅是喜欢哲学，而不是其他的什么文科。我为什么喜欢哲学？"喜欢"就是有兴趣。兴趣当然有天赋的成分，但从根本上说还是在后天的生活经历中养成的，总是同一定的价值观念相关联的。1988 年前后，我的母校中国人民大学派出记者对一部分校友做过专访。在对我的访谈中，当问到我为什么选择哲学专业时，我是这样说的："中华人民共和国建立初期，党风、民风很好，国家一派兴旺景象，充分显示了马克思主义改造社会的巨大威力。"我认为："对于国家民族的振兴，哲学比什么都重要。"①现在的人们也许会认为这是在唱高

---

① 中国人民大学校刊编辑部：《人民共和国的建设者》，中国人民大学出版社 1992 年版，第 189 页。

调，可我要告诉大家，这百分之百是我当时的真实思想。中华
人民共和国建立后的短短几年，国家的面貌、人民的面貌发生
了那么巨大的变化，新的事物层出不穷，每种新事物的出现都
昭示着我们的国家在前进，都是那么令人欢欣鼓舞。我非常热
爱中国共产党，当然也就十分关心党的理论和实践，相信和热
爱马克思主义。在我的心目中，中国共产党、马克思主义是这
个世界上强大无比、战无不胜的力量。我总是希望自己能更多
地懂得一点马克思主义，平时在谈论什么事情时，也喜欢讲点
理论，讲点自己还似懂非懂的"马克思主义"。1956 年的暑假，
我的堂姐梅贞从洋溪来到孟公市。她比我大两岁，很小的时候
被送到邵阳市的一所教会学校，因为受到那种教育，她相信上
帝，相信上帝创造人。这回，我跟她讲起来了猴子变人，劳动
创造人，讲得非常认真。开始还有比较激烈的争论，家里人不
知道这姐弟俩为了什么事情争吵得这么厉害。最后，我居然把
她说服了。这使我很高兴，也很受鼓舞。从这以后，梅姐经常
和我通信，非常喜欢和我讨论问题，她的思想变化很大，进步
很快。1959 年，她入了党。那个年代，青年人都追求进步，追
求真理，都希望能够跟上急剧变化的时代。共产党的思想教育，
马克思主义的理论教育，都很受人们的欢迎，都卓有成效。高
校的政治理论课教师、理论工作者、哲学工作者，都绝对没有
20 世纪 70 年代后的那种心态、那种尴尬。

　　20 世纪 50 年代，高校哲学系不多，考进哲学系的都是学
习成绩很优秀的学生，这和现在的情形是完全不同的。多年前，
听人民大学的老师说，以前人大招生，取分最高的是哲学系，
最低的是会计系，现在正好倒过来，取分最高的是会计系，最
低的是哲学系。会计系取分最高，这没什么可说的，但哲学系
取分最低就很令人忧虑了。南开大学也是类似的情况。有一年，

我和旅游系的系主任半开玩笑地说："你们旅游系把那些高分生、高才生搞去，不觉得是一种人才的浪费吗？"而相反，哲学是最需要聪明人去的，却取分最低，并且很多都是"拉郎配"。造成这样的局面，归根到底是由于人们价值观念的变化。我们那个年代，首先当然是服从国家需要，个人的选择余地不是很大。但在服从国家需要的前提下，能够让自己做出选择时，那就只是考虑自己喜欢学什么和适合于学什么，再没有其他因素。大学毕业后，去中学做政治课教员的，去搞原子弹的，或去银行当职员的，月工资都是 56 元（北京地区），要涨工资都是按中央文件一起涨。现在不同了，选择什么专业，首先考虑的不是兴趣，不是自己适合不适合，而是就业，是能不能挣大钱。因此，常常是要兴趣屈从于兴趣以外的东西。所以，从实质上说，现在人们的选择余地仍然不是很大。人们都说，现在可以这样想这样做，是社会的进步。我不完全否认这一点。但任何一种进步过程都不是纯粹而又纯粹的，进步往往伴随着退步，如恩格斯所说，"前进的变化"和"后退的变化"总是相互交织、相互作用的。所以，要善于识别真正的进步是什么，并善于将进步本身和它的"附带物"区别清楚。

我选定了哲学专业以后，需进一步做出的选择就是去哪所大学的哲学系。显然，可供选择的只能是北京大学和中国人民大学。我对这两个哲学系都没有什么了解，只是大体上知道北大长于"史"，人大长于"论"。北大可以说是中国大学的代表，当然最具有吸引力。人大是我们党自己办起来的新型大学，从当时的眼光看，可能校风要新一些，也极具吸引力。据一些老人回忆，20 世纪 50 年代初北京高校的排名有"人北清师"（即人大、北大、清华、北师大）之说，在许多青年学生的心目中，人大、北大这两所学校很难分出高下，这两所大学的哲学系就更是如此。我们那个党支部（由第一、二班合建）有三个人要去学哲学，一班是一位姓姜的同学，二班是我和前面提到过的李步楼。姜和李都决定去北大。其实，我也是倾向于去北大的，因为至少有他们两个可以做伴。最后去了人大，这完全是由一个偶然的情况造成的。那时，《光明日报》发表了一篇"大鸣大放"的文章，题目是"人民大学是教条主义的大蜂窝"。我对这篇文章非常反感。我说，人民大学是我们党自己办起来的大学，我就不信能把它办成了什么教条主义大蜂窝。我的本意并不是要为我想去人大做辩护，做论证，或者说，压根儿我就没有什么"本意"，但没想到竟有人用心用力地同我辩论开了。辩论到激烈时，我脱口冒了一句"我就要钻到这个大蜂窝去看看"，并且随手捡了个什么小东西往地上猛戳了一下："板上钉钉，人大去定了！"这话一扔出去，就没有回头路可走了。一个 19 岁的孩子，血气方刚，一想自己是男子汉大丈夫，"一言既出，驷马难追"，不能再反悔了。尽管后来还是有和李步楼他们结伴去北大的想法，也只好硬着头皮去人大了。这时候，要是有人给我一个合适的台阶下来，我还是有可能回到初衷的，但没有人做这样的"善事"。当然，去了人大之后，倒也并不后悔，有时候甚至还暗自庆幸，多亏有了那场小争论。

人大五年（1957—1962）

一、类似"半工半读"的教学秩序

1957 年 9 月，我走进了中国人民大学。这次进人大，与头年进北京俄院大不相同。去北京俄院留苏预备部时，没有任何"迎新"活动，报到后只是指定了一个正式分班前的临时宿舍，并按宿舍自动组合进入就餐的餐桌，碗筷都是由食堂准备的。这同我后来见到过的许多培训班大体类似，"上大学"的感觉不那么强烈。这次到人大，则受到了老同学的热情接待。这"老同学"也就是上一个年级即 56 级的同学，他们是人大哲学系的首届本科生。5 月，在决定去人大之前，由陈振恒引荐，曾去拜访过在这个年级上学的他的中学同学郝骥如。我在迎新的人群中认出了他，倍感亲切。有趣的是，同他一起的还有一位他的同班（56 级"老六班"）同学封毓昌，这老封后来成了我在南开几十年风雨同舟的好朋友。这两位我最早认识的人大同学都是我的老大哥，老郝长我 6 岁，老封长我 4 岁。他们话语不多，更没有用花言巧语编造出人大哲学系的美妙图景，而是以他们的亲切、热情和稳重，让我相信人大哲学系是个温暖的大家庭。

我们年级 64 位同学，来自全国近 20 个省市，开始时分成两个班，一年后合成一个班。在我的心目中，同学们个个都是"身怀绝技"的高手，对谁都不可小视。但这回，却没有了头年刚进北京俄院时的那种畏怯、拘板，因为我也已经是个"老北京"了。系里举行了热情、隆重的迎新大会，哲学界老前辈、系主任何思敬先生发表讲演。何老操着浓重的江浙口音，许多话听不大懂，但他讲的"革命的哲学和哲学的革命"却令我几十年后仍记忆犹新。一个系主任在迎新会上面对新同学的讲话是影响巨大而深远的。后来我做了南开哲学系的系主任，一做就是13年，每年都要对新同学讲话，许多次都想起当年的何老，总想效法何老，要挖空心思想出几句自以为精彩的话来，从不马虎应付。有一年一位校友回南开参加他们毕业20周年的聚会，见到我时说："当年您给我们讲的'理性的激情和激情的理性'至今印象很深。"我听了这个话很是高兴。

我们住的是简陋的平房，8人一间。同学们思想政治素质很好，党员占了将近三分之一，大家互相关心，友好相处。老师们和蔼亲切，系里的领导互称同志，学生对他们也是以"同志"相称：齐一同志，纪宇同志，方华同志……整个气氛是民主、进步、同志式的融洽，保持着自陕北公学以来的传统作风。我觉得真是走进了一个新天地。在见到北京俄语学院留苏预备部"运动补课"的结论意见后，心情就更好、更踏实了。开学不久，系里发了一个教学计划，五年之内要学完莫斯科大学哲学系六年学完的课程，同学们精神为之一振，都憧憬着美好的未来，激情满怀地迎接着新的生活。

可是，开课以后，这股新鲜劲儿很快过去了，最初的激情难以继续保持了。早就盼望的哲学课姗姗来迟，迟达将近两年之久。开学后不久，何思敬先生不再担任系主任，由吴江同志代理。有一天，吴江主任来到我们宿舍，问我们开了什么课，我们答:"形式逻辑、心理学、生理学、数学、英语,还有体育。"吴江主任紧接着问:"哦,体育课谁带着你们玩呵?"大家咯咯地笑,吴江自己也笑。这是一种气派。当时吴江也就刚刚 40 岁。我后来做南开哲学系主任时已是 46 岁,恐怕也不敢问学生的体育课谁带着他们玩儿。但仔细一想,吴江作为大名鼎鼎的哲学家,总不好问形式逻辑讲什么、心理学有没有意思、数学怎么讲这一类的问题吧?在他的学生还根本没有接触到哲学的时候,唯一适合他的身份也最为机智的发问就是"体育课谁带着你们玩儿"之类。哲学专业的学生,入学快两年之后才得进入哲学课的课堂,这在教育史上是罕见的,而且,就是上面说的那类课程也是时开时停。这种教学安排和教学秩序,有其鲜明的时代特色。因此,我想把人大五年的历程列出一个流水账,这对于了解当时的教育状况和我们这一代人后来的学术状况都不无意义。

(一)"反右"补课

开学后两三周左右,立即进入了继续"反右派斗争"的高潮。这时候的"反右派斗争"主要是两项活动:一是面对面地批判"右派分子";二是开展关于如何处理"右派分子"的大讨论。这两项活动的目的是一样的,都是要大家认识"右派分子的反动本质"。一些比较大型或比较重要的活动都是停课进行的。我们年级没有"右派分子",便被分到 56 级的各班参加活动,我被分派到第五班,即罗国杰所在的班。这个班是在暑假后补划了两个"右派"(王箴禹、雷克勤)。参加这种批判会,我们是旁听者,只能是一言不发。对这两名"右派分子"也实在恨不起来,因为从激烈的批判发言中,听不出来这两个人真的要反党反社会主义。再加上听说是后来补划的,我揣测,这两个倒霉蛋说不定是碰到什么"贵人"了,像我在俄语学院碰到李××那样，这就更加恨不起来了。

人大是产生了许多著名"右派"的地方。学生中有个林希翎，教师中有个葛佩琦，我在乡下度暑假的时候就从报纸上知道了他们。葛佩琦说要"杀共产党"，这对于激起亿万工农大众对右派分子的仇恨起到了极大的作用（许多年后，我看到过一篇文章，大意是说"杀共产党"之言也是断章取义的，但在这里似无必要去说它是真是假了）。哲学系的学生中有个"极右分子"李德，对这种极右分子当然是要开全系的批判会的。对于李德，其他的事情都没有印象了，只有两条还记得清楚：一是他崇拜希特勒；二是他想做"地球球长"。我们年级的人大多不认识李德。开批判会那天，身旁的同学捅了我一下说："李德来了!"我一看，果然是气度不凡，像个当极右派的样子。他身穿一件短大衣，扬着脖子，目空一切，如入无人之境，脸上几乎没有任何表情，一丝低头认罪的意思都看不到。一个崇拜希特勒的人，说他是个右派，倒也不算冤枉。不过，李德的这些"言论"是从他的日记里摘下来的。不管言者有罪还是无罪，写日记还不能算是地道的"言者"。但那时候的许多人，都不懂得或不赞成做这样的区分。1994年我去广州开会，见到了李德。他当时是广东省韶关市的社联主席。李德是哈尔滨人，不知是什么机缘使他跑到了广东。他知道我是人大校友，所以一见如故，十分亲切。我叫他"球长先生"，他呵呵一笑，说他是个八级工。不知什么原因，那几天他特别喜欢和我聊天，几乎每天晚饭后都拉着我一起散步，但聊的都是现在的事，过去的事一字不提，而且说话很实在，一点也看不出当年李德的影子来了，这家伙真是"改造好了"。我由李德想到，一个十几岁的孩子如果放出几句狂言，做大人的大可不必目瞪口呆，经过教育和开导，经过实际生活的磨炼，他是有可能踏实下来的。

这场"反右派斗争"对于我们这个年级来说，除了像我这样从外校转来的几个人以外，绝大多数同学都不是"当局者"，所以，我把它叫作"反右补课"。这只是从我们这些 1957 年入学的新生这个角度来说的，而不是当时的正式说法，同我回北京俄语学院留苏预备部去搞的"运动补课"完全是两码事。补课就是补课，那劲头差多了。在这件事上不好说"旁观者清"。没有亲历由"大鸣大放"向"反右派斗争"急速转变的大风大浪的人，对于这场运动的深刻性和震撼力是不会领会得那么充分的。像唐凯麟的区分"青年右派"和"老年右派"，还有石正松的"恨小偷也不恨青年右派"一类的高论，只能出自我们这个年级，而不可能出自上个年级，他们已经没有胆子说这种话了。唐兄和石兄可能还真的以为要大家讨论如何处理"右派"，是要请他们出主意呢。

当时参加的"反右派斗争"，虽然只带有补课的性质，但留下的印象还是很深的。那时开设的几门课程，虽没有完全停课，而只是时开时停，却基本上没有留下什么记忆了，至少对我来说是如此。显然，这些课程大多没能吸引住学生的主要注意力。

（二）交心运动

进入 1958 年，情况发生了更大的变化。虽然在上半年没有正式宣布停课，但大大小小的"运动"一个接着一个，正常的教学秩序在实际上已经不能维持了。

开春后的第一个"运动"就是交心运动，正式的说法是"双反交心"。1958 年 3 月初，中共中央发出《关于反浪费、反保守的指示》，各地开展了所谓"双反"运动。学校里接过"双反"的口号，加上去一个"交心"，叫作"双反交心"，实际上当时并没有叫我们去"双反"，而只是"交心"。所谓交心即是向党交心，把自己所有不好的思想都交出来，以求得党组织的教育和帮助，而不论这"思想"曾经说过没有，与这"思想"相关联的事情曾经做过没有。这同后来林彪搞的"狠斗私字一闪念"还有所不同。那"一闪念"是活思想，而这"交心"却在时间上没有上限，多少年前想过的东西都包括在内。对于这种做法，现在的人们会大惑不解。一个人想过什么也要说出来、交出来吗？如果犯了罪，交代罪行还讲究一个"坦白从宽"，这交代"思想"有什么讲究？现在的人们还有"隐私权"这一类的观念，那就更不能理解这种做法了。可当时的人们，却都认为这种"运动"的正当性和必要性是无可置疑的。

在交心运动中，各有各的难处。像我这样的一类人，难就难在交不出什么来。我从穷山沟跑到了北京城，上的是这么好的学校，学的是这么让我喜爱的专业，没有任何不满意的地方。就是所谓名利思想，也挖不出什么来。现在有学上，有饭吃，将来有个能够发挥作用的工作，这就够了，没有想过升官发财。是想过要当理论家，但那不是什么坏思想，学校的迎新标语就写着这里是"理论家的摇篮"。在人际关系上，我对所有的同学都从无恶意。那时候，真是单纯得很，阳光得很，整天乐呵呵的，我能交出什么来？整个交心运动期间，只有朱自珍给我写过一张大字报，那是一首打油诗："文娱部长①陈晏清，说起话来笑盈盈，如今我要来问你，做了几桩大事情？"这大字报不仅未涉及"思想"，而且十分友好。看了这张大字报，就更加"笑盈盈"了。

在我们年级的同学中，我这类人是大多数。真要他们"交"，还真是交不出来；而他们要是不交出点什么来，那又是态度不

---

① 原来的系学生会的文娱部长本来也是个党员，但当了"右派"，便要从我们年级找个党员去"挂帅"。我对唱歌跳舞，棋琴书画，这十八般武艺，可以说样样不通。推荐我去文娱部，是因为我成天嘻嘻哈哈，大概推荐者认为做文娱部长的人就应当是这种嘻嘻哈哈的人。

好。许多人只得把心思挖空，找出点词儿来。于是，交心会往往变成了故事会。从内容看，交心会上讲的大体上是两大主题：一是对未来的想望；二是对异性的期求。这历来是青年人思想中的两大热点，也被一般人认为是错误思想隐蔽最深的两个地方。我们那个小组里，有两个人的交心报告最吸引人。一个是汪永康。他是从云南考来的。那时候中国人民大学是提前招生，单独录取，录取名单在各省报上刊登。从云南考进哲学系的是两人，另一位就是给我写打油诗的朱自珍。汪永康认定名字叫什么"珍"的准是个女同学，便想入非非了。他想象朱自珍是什么模样，想象得如我们后来在电影《五朵金花》里看到的几位女主人公似的，并且设计了见到朱自珍时第一句话该说什么。从昆明到北京，六十多小时的车程，一想到"珍"小姐，长途旅行的疲劳和乏味可以一扫而光。入校之后，他急不可耐地去找朱自珍，一见他原来是位大帅哥，便"一头扎进冷水桶里了"。永康讲得非常认真，严肃，一本正经，他是想从这个故事里剥出点什么脏东西来给大家看，可听的人却觉得比听侯宝林的相声还过瘾，个个乐不可支。1997年为纪念入学40周年在庐山聚会时，我讲了这个故事，永康的夫人说这个段子很精彩，很文学。另一位是周善浩，他交出来的想法很多，讲的也很细，最让人哭笑不得的是，他还想当总理。因为他也姓周，于是有些人就叫他"周总理"了。我是从来没有这样叫过他，因为我觉得这对真的周总理太不恭敬了。其他人"交"的，就淡而无味了。许多人讲的都是有个人奋斗的思想，但什么叫"个人奋斗"，个人奋斗作为一种错误的人生观究竟错在哪里，多数人没有讲清楚。我听到的这类发言里，没有一个人说要脱离党的领导去奋斗，要背弃国家发展的共同目标去奋斗，要摆脱革命集体的约束去奋斗。这些都是作为一种错误思想的"个人奋斗"

这个概念里应具的内涵。可要是真的讲了这些话，那问题的性质就变了，就不再是仅仅讲"个人奋斗"那么轻松了。依我看，如果"交心"运动真的是为了帮助青年学生思想进步而没有其他什么"阳谋"的话，这一类的"交心"远不如汪永康、周善浩的发言。汪、周的发言对于了解青年学生的思想状态和心理状态还是有价值的。我的"交心"属于前一类，甚至还不如前一类。我"交"的是骄傲自满，毫无意义。

我们年级有一个把"心"交得很详细、很系统的人，那就是我的湖南老乡胡建华。他的"交心"大字报采用章回体，长篇连载。内容大体上是他的个人主义思想的形成过程，以及对一些事情的看法，包括对一些反面人物的评价。文字非常漂亮，很有文采。有一次，我看他的大字报的时候，系党总支书记齐一同志也在看，他有时还抿嘴一笑。我的印象是胡建华这家伙在卖弄，形式上故意搞成章回体，内容上编造的痕迹也非常明显。他比我小两岁，入学时才17岁。一个十几岁的孩子，又是生长在湖南省一个偏僻的地方，他的思想哪会有这么复杂？他就不想想，这是卖弄不得的，这不是卖弄文章，而是在玩政治。"交心"之后不到一年，他离开了学校，回湖南老家去了。

"交心"运动中，我们年级的人都没感觉到什么紧张，就是对胡建华也没有人穷追猛击。后来听说在非党员同学中也划分了左、中、右（党员是当然的左派），但那是由组织上秘密进行的，并没有引起太大的震动，而上一个年级即56级的情形就大不相同了。据我观察，他们中的不少人显得很是紧张、压抑。他们的大字报中"交"出的问题也有分量得多。他们的交心运动有头有尾，搞得很完整。往前，同"反右派斗争"直接相连；往后，与"拔白旗"直接相连。"拔白旗"是"反右派斗争"的继续。毛泽东在5月的中共八大二次会议上多次讲了插红旗、拔白旗，各地就搞起了"拔白旗"的运动，在那些未被打成"右派"的人员中搜索"白旗"。56 级把"交心"运动延展到"拔白旗"是顺理成章的。

总之，这场"交心"运动，不论它涉及的问题和思想是深是浅，都看不出有什么积极意义，而它的消极影响则是显而易见的，对于哲学系的学生尤其如此。

（三）跟着大跃进

1958 年二三月间，毛主席、党中央发出了"除四害、讲卫生"的号召，中国人民大学当然不可能不响应。"四害"是指麻雀、老鼠、苍蝇、蚊子。我们除的第一害是麻雀，基本的战略战术就是"把麻雀累死"。4 月的一天，全系师生携带各种可以奏响的"打击乐器"如锣、鼓、脸盆、饭盆等，浩浩荡荡奔向颐和园附近一个河畔的小树林。不知是谁侦察到，这里是麻雀聚集栖息的地方。树林四周派人严加防守，阻止麻雀飞离。一声令下，人们敲锣、打鼓、击盆，连跳带喊。霎时间，确有不少麻雀被惊得飞了起来。这种喧嚣一刻也不能停止，因为不能让麻雀们有片刻的歇息。这一天下来，"敌我"双方都搞得很累，但却都没有累死的。反正我是没有看见有什么死麻雀掉了下来。即使掉下了几只，那也是得不偿失呵！第二害是耗子。我们四人一组，清晨从学校西门出发，经蓝靛厂，直到西山，当时这一带都是庄稼地。一路上见草垛就翻，因为据说耗子都藏在草垛下面。找着耗子就地正法，就地埋葬，只需把尾巴割下来报账。中午饿了，在一个乡下小饭店吃碗打卤面。这一天下来，往返行走十几公里，带回了三条尾巴，还不到人均一条，可这比轰麻雀的战绩还是好多了。轰麻雀、打耗子算不算是大跃进，这说不好。但就其施行的人海战术、疲劳战术，就其活动方式的原始性，就其活动结果的低效益、零效益来说，它已具备了被称之为"大跃进"的基本特征。

5 月中旬，参加了修建十三陵水库的劳动，为期 10 天。在我看来，这是 1958 年这一年里最有意义的一次活动，既有实际意义，也有纪念意义。2005 年，我的妹妹和妹夫从湖南来京津旅游，我陪他们参观十三陵路过水库时，还指着水库不无得意地说："这里面有我的汗水！"这次劳动强度很大，体力消耗很大。许多人因体能入不敷出，患了夜盲症。回校后食堂配发了一些酱猪肝，补充了两三天营养才得以恢复。

从十三陵水库工地回来，休整几天之后，又投入到各种劳动中去了。先是在北京市第三建筑公司第九工地，即张百发所在的工地做起了建筑工人。这第九工地在人大的西面，离学校很近，但干的活儿很累。头一天的上午收工后去学校食堂吃午饭，一路上鲁延年喊"饿死了"。到了食堂，他要了三个窝窝头，端到餐桌上摆出架势来要大吃一顿，但刚咽下两口，便把嘴一咧："饱了，饱了！"这上海人不爱吃窝窝头，加上过累，吃不下去了。这时，全国的"大跃进"进入了狂热阶段。学校也办起了炼铁厂，各系、各班级轮流上岗。我们在第九工地干了一个来月，回来后又进了校办炼铁厂。我去干了几天，但作为弱劳力，只是和"女工"们一起拣矿石、砸矿石，炉前工是高四全他们那些强劳力的活儿。暑期不放假，叫作"过共产主义暑假"。这"共产主义"的主要内容就是挖人工湖，在南五楼附近的一块空地上挖出一个大坑来。大概中国人民大学也想和北京大学一样，校园里面能有一个湖。劳动方式和劳动工具都是原始的，又正当三伏，其劳动强度不亚于挖十三陵水库。56 级创办了一个制作西红柿汁的"工厂"，还有人想制造沼气。我们年级没有这样的能人，但在其他方面如作文作诗等，也都解放思想，力争上游。晚上互相比着熬夜，有的人实在熬不住了，就在桌子上打开一本《红旗》杂志打盹，即使有人瞧见了，那也是看着《红旗》睡着的。当然也有相反的例子。郝惠文留学列宁格勒（今圣彼得堡）时患了严重的神经衰弱症，经常失眠，不得不中途回国。到我们班上后，最突出的表现就是嗜睡，因而得了一个雅号叫"斯帕奇"，这是俄文 спать（睡觉）的译音。这回他来神儿了，"斯帕奇"少了，时不时诗兴大作，信手写上两首，还高声吟诵。当然，他绝不是那种提出日产百首的"高指标"的人。我不懂诗，一天一首也作不出来，却夸过海口，要写出一篇论述劳动与红专之关系的大块文章，并当众宣读了我的写作提纲。过了许多日子不见动静，老大哥吴启文不无挖苦地说："陈晏清喧嚷已久的《劳动与红专》何时能够问世？"我也只是嘿嘿一笑，不觉得有什么不好意思。人们在那个时候，已经不把吹牛皮当回事了。

大约 7 月的一天，康生来到人大哲学系。在修建人工湖的工地上，集合全系的学生，听了他一个极具煽动性的讲演。康生说："你们知道自己现在在干什么吗？你们在干革命！将来你们的孙子孙女问你们：'爷爷，奶奶，1958 年你们在干什么？'你们可以自豪地告诉他们：'那时候爷爷、奶奶在干革命！'"所幸的是，我的孙子、孙女到现在还没有向我提出这样的问题。如果他们真的这样问我，我恐怕不能照康生教的去说。我只能说："当时认为是干革命，现在看来有许多干的是傻事。"

（四）体验人民公社

"共产主义暑假"过后，8 月底，全系师生几乎倾巢出动，下乡了。这一下去就是半年。我们年级去的地方是北京海淀区田村乡，我是先被派到田村乡所属的龚村，两个多月后改派到田村，田村是乡政府所在地。

我们下乡之后不几天，就挂出了"四季青人民公社"的牌

子，田村乡改称四季青人民公社田村大队。建立人民公社，是
中国大地上出现的新事物。"共产主义是天堂，人民公社是桥
梁"，中国人找到了一条可以"跑步进入共产主义"的通道。人
们兴奋不已，我们也庆幸能在这样的历史关头来到农村，亲历
人民公社化运动，亲身体验人民公社的生活。

1958 年在田村乡党委的一间办公室里（左为作者，右为郝惠文）

　　对于人民公社的建设，我们参与不多，贡献不大，只是同
当地干部们一起学文件，听传达，在自己参加劳动的生产队给
社员们读读文件、报纸，宣传人民公社的性质、意义、前途，
而人民公社的组织形式和政策等则是由当地干部去讲的。在公
社化进入高潮的时候，也曾抽调一部分同学去乡党委帮助整整
材料，做些文字工作，这些人中也包括我。我们的主要任务还
是劳动，是"三同"①，通过"三同"来体验人民公社的生活，
接受教育。

―――――――――――――

　　① 指和农民同吃，同住，同劳动。

　　我们一律住在社员家里。在龚村，我住在郝大爷家。郝大爷常年卧病不起，大儿子在城里做事，身边只有老伴和小儿子，小儿子尚未成年。这家人非常和气，对我们态度极好，只是话语不多，气氛比较沉闷。到了田村，是住在八老太太家里。八老太太是个寡妇，六十多岁，独生子刘富刚被生产队派出修水库，常年不回家。和我住在一起的有吴元樑、鲁延年、秦铭，后来又有褚君玉，她给八老太太做伴。我们的组长刘启林和老大哥吴启文等住在北院刘大爷家。八老太太心直口快，国骂不离嘴。一次，她问鲁延年："大娘怎么样？"鲁兄说："大娘您很漂亮。"八老太太哈哈大笑："傻小子，我都六十多岁了，你拿老太婆开心！"同学们一回到家里，立马欢声笑语，热闹异常。我们都很喜欢八老太太，在她那里住着很是自在。

　　同学们在学校里也是住在一起，但一起住到乡下来，这情调就大不一样了，相互之间的感情交流也更方便、更充分了。我是做刘启林的副手。我在龚村时本来是组长，调田村来改任副组长，我将此戏称为"降职使用"，但又自我解嘲，这田村是田村乡的"首府"，周边的"地方干部"调"首府"来，理当降半级使用。我们几个同学相处非常融洽。刘启林机敏而不失稳重，随和而不失原则，办事干练周到，待人诚恳亲切，不论对何人何事，从未说过一句狠话。不是我现在吹牛，当时我就认为，我们班如果能出大干部，非刘启林莫属。后来启林官至"从三品"，我不仅不觉意外，反而觉得他是机遇所限，论其潜质，官可以做得更大。还有吴元樑。他是上海人，我以前对上海人印象不佳。和元樑相处后才知道，上海人中也有如此老实敦厚，如此谦和，如此毫不利己、专门利人的优秀人物。从此，我对"上海人"的看法大有改变，至少是将全称判断改成了特称判断。其他同学也都有各自的长处和优点，都有许多值得我学习的地方。下乡半年，思想收获当然是有的，但不一定是来自农民的教育，同学之间的相互影响也有不可低估的作用。

人民公社这条通向共产主义的桥梁，第一桥就是食堂，它最能体现人民公社的"共产主义"性质。食堂门口贴着一副红纸黑字的对联，上联"鼓足干劲生产"，下联"放开肚皮吃饭"。这肯定不是田村人民的独创，而是从其他地方"克隆"过来的。对我们学生是不是也实行了完全的"共产主义"，我们的伙食费是如何结算的？这我记不起来了。但我记得，我们和社员们一样，也是不买饭、不计量的，我们的肚皮也是可以放开的。生产队每两周一天大休，大休之日即打牙祭之时。有一天大休，食堂包羊肉馅饺子，有几个人一起合计后，扬言要在这一天放个卫星①。有三个人每人吃了 70 个饺子，并列冠军，其他人未能夺冠，也都达到了自己肚量的极限。回到宿舍后，坐着不行，躺着更不行，只能靠在被子上半躺着。原本计划下午去逛八大处的，这副模样是什么"处"也去不得了。多危险的"大跃进游戏"！

在田村参加劳动，留下印象最深的是深翻地。不知是哪位科学家发现了粮食作物大幅度增产的妙诀，其中两条是深耕和密植。平时翻地一铁锹，深翻则要求下去两铁锹，这劳动量就不止增加一倍，因而不得不加班加点，挑灯夜战。夜战深翻地时，上百人一字排开向前推进，一会儿"蚕食"一片，场面极为壮观。适度的深耕和密植，也许有可能达到增产的目的，但"大跃进"年代，什么事情都要搞过头，常常把科学变成了荒谬。我们学生也在食堂旁边搞了一块深耕密植的试验田，翻地三尺多深，不足四平方米的面积，撒下的种子却是好几斤，密密麻

---

① 1957 年，苏联人造卫星上天，被视为社会主义阵营的一个重大胜利。1958 年，在中国的"大跃进"中，人们把提出和企图实现"高指标"的行为叫作"放卫星"。

麻。麦苗长出来后，绿油油的，甚是好看。不知是不是被那绿油油的麦苗所吸引，村里的猪跑进去了，猪腿拔不出来了。这试验田当然是颗粒无收。生产队的深翻地收成如何，我们不得而知。收麦子的时候，我们早已返回学校了，没有人关心自己翻的地、下的种是什么结果了。

10月中下旬，我还有过一次极重要的劳动，这就是去周口店花果山挖鱼鳞坑，植树造林。周口店是真地名，且世界闻名，"花果山"就可能是现起的名了。那本来是一片无名荒地，绝无花果。叫它"花果山"，是希望它以后变成花果山，就像孩子还在娘肚里却已起名叫"富贵"或"美娥"了一样。有一年南开哲学院组织大家去十渡开会，车子开到周口店一带时，院长王新生看到果真有一个写着"花果山"的路标，立刻告诉了我（因为他听我讲过这个故事）。我赶紧往车子外边看，想找到点当年的感觉，可什么也没有找到。这个植树劳动队的队员是从56级和57级两个年级的学生中抽调的，我很荣幸被选中，并当上了队里的宣传干事。我们还是住在老乡家里，每天天亮出发，走出好几公里才到"花果山"，再爬上山去挖坑。太阳快下山的时候我们也下山。中午由炊事班把饭送到山上，那馒头每个绝不止当时标定的二两。大概因为洗手不方便，许多人用筷子插着馒头吃，像吃糖葫芦似的。不紧不松，插上一筷子是三个，不知是谁便擅自更改了计量单位，吃馒头不再论个，也不论斤两，而是论"筷子"。饭量大的一顿吃两筷子，我们这些饭量小一点的也得一筷半，或五个，或四个。这花果山的劳动强度实在太大了，比挖十三陵水库、挖人工湖都大得多。就我来说，这么大强度的体力劳动，此前没有过，此后也没有过了。

去农村参加一些体力劳动，做一些实际工作，是必要的，对于培养青年学生是有意义的，但对于接受农民的教育这一点，我却十分不解。当时没有搞通，至今也还是没有搞通。我自小生长在农村，甚至可以说自己曾经就是一个"小农民"，自认为对农民非常了解。后来懂了一点理论，有了一些理解力以后，对农民的感性的认识就更加深刻了。就建设马克思主义的政党来说（更不用说从现在的眼光，即从建设现代化的社会来说），农民的缺点远远多于优点。毛主席说得好："严重的问题是教育农民。"我觉得自我改造的一项艰巨任务，正是去除幼年时不幸染上的那些农民习气，我还要再向农民学习什么？这当然不是从"向群众学习""培养劳动人民的感情"这类一般意义上说的，而是把农民作为一个"教育者"来说的。如果说，山区农民，远离城市的农民，还有他们的古朴、诚实的品质值得尊敬和学习，那么这大城市近郊的农民，就其整体来说，可学的东西就不是太多了。我对北京郊区的农民，尤其是那些基层干部印象实在不佳，印象最坏的一点就是他们把下乡的大学生当作廉价劳动力使唤。有了这种思想情绪，我便干出了几桩对抗农民"教育"的事情来。

一次是刚到龚村不久，生产队的副队长张成给我们派活儿，要我们给庄稼打农药，要求天一亮就下地，太阳一出就收工，因为只有就着露水打上去，农药才能附着于农作物上，才能有效。我们老老实实的，天蒙蒙亮就到了生产队的队部，但张成讲完操作方法和注意事项之后，便回家睡他的回笼觉去了，让我们几个学生自己背着喷雾器上工去，其他的社员也是一个影子都没有见着。这叫什么"三同"！收工回家的路上，我向大家宣布："本组长决定，明天不来打农药了，以后早晨改为读报，吃完早饭后再和社员'同劳动'。"第二天早晨，天已大亮，张成跑到我们的住处大声说："太阳都快出来了，你们这不是耽误事儿吗？"我说："那是你自己耽误了，你应当派社员去干，我们以后早晨改为读报时间了。"张成悻悻地走了。我估计他一定会将这事向我们的领导报告的,我也做好了反批判的充分准备。但这"大批判"并没有发生,只是不久之后把我调到了田村,这就是我前面说到的"降职使用"。至于这"降职"是否真与此事有关,我不得而知。

另一次是 1959 年 11 月,我们早已返回学校,突然通知我们班上抽出十多人去西山大队帮农民挖白菜窖。去了以后,只是生产队长讲了一下挖窖的要求,见不到任何一个社员的参与。有一天,生产队长要求派一个学生去"改口子"。正好我有点发烧,便照顾了我去干这活儿。改口子就是改浇麦地的口子,上一块地浇完以后,把通向下一块地的口子挖开,这活儿是十分轻松的。不料到了某一块地的时候,水直冲下来,这块地还没有浇着,却把通向下一块地的口子冲开了。这时候就应当立即堵上,等浇好前一块地之后再把它挖开。我正准备下去堵时,生产队长披着棉袄走来了。他大声吆喝:"还不快下去堵上!"这一声吆喝,让我反感到了极点。我说:"正好你来了,你去堵吧!"队长说:"这不是派给你的活儿吗?"我说:"那本来是你们的活儿,是浇你们的地!你不来当然是我去堵,你来了就得你自己去堵了!"我把铁锨撂他跟前,说了句"你爱堵不堵",径自走开了。同学们知道这件事以后,没有一个人批评我的。看来也是人同此心,心同此理了。

每次劳动结束之后,大家的思想总结都是说些冠冕堂皇的话,可实际上思想问题是很多的。

(五)规范化教学的第一个黄金时段

寒假过后,除我以外,同学们都从田村返回学校了。我是被田村大队党委扣下了。公社化运动后期的整社工作,还有些扫尾的事情要做。把我扣下,是帮助他们做些材料整理方面的文字工作。这样，我这次下乡的时间就超过了半年。1959 年的上半年就只是上课，基本上没有其他事情掺和。这是我们入学后规范化教学的第一个黄金时段。开设的课程较多，其中，我个人认为比较重要的是马克思主义哲学原理、西方哲学史和政治经济学。

哲学原理课使用的教材是苏联的哲学教科书《马克思主义哲学原理》（康斯坦丁诺夫主编），很厚的一大本，啰啰唆唆，不得要领。这教科书是在课程进行了一段之后才买到的，原理课的教学实际上并没有按这本教科书的安排进行，它只是一本基本的参考书。听说先是有一个长长的引论，由几位老师讲授，陈先达老师讲的唯物论，最为精彩之处是讲了小偷的唯物主义；齐一老师讲的辩证法……但这些我最想听的课都没有听到。我留下印象最深的一堂哲学原理课是肖明老师讲唯物辩证法的范畴，他一上台就说："范畴，范畴，学生犯愁，老师也犯愁。"据此推断，我正式返回学校的时间最早也是 4 月初或 4 月中。但在这之前，我参加了一次哲学原理课的课堂讨论，并做了一个发言。完全没有料到的是，这次发言后来对我产生了那么重要的影响。

在正式返回学校之前，我回校待了两天，也许是回来办点什么事情，也许是什么事情都没有，就是想"家"了。回来后正赶上了这次课堂讨论。主持讨论的是我们的班主任张懋泽老师。张老师是留学莫斯科大学（研究生）于 1958 年回国的。在这次课堂讨论之前我们没有见过面，他只知道班上有这么个学生还在乡下。讨论的问题是世界的物质统一性问题。我在听了几位同学的发言之后，做了即兴发言，主要是讲了世界物质统一性的哲学证明，讲了对恩格斯在《反杜林论》里说的世界的物质统一性要"由哲学和自然科学的长期的和持续的发展来证明"这句话的理解。这个发言很得张老师赏识，他认为问题把握得准，哲学语言的使用也恰当，是这次课堂讨论中最让他满意的一个发言，并且向系领导做了汇报，系领导要他对这个学生继续关注。这个事情，是在很久以后，张老师才对我说起的。事实上，张老师的确对我做了跟踪关注，做了"重点培养"。他教我怎样读书、怎样思考，不仅教我怎样做学问，也教我怎样做人。他人很正派、谦和，学术上因受研究领域和研究方式的局限，在学界的显示度不算很高，但功力深厚，尤其对于马克思主义哲学的列宁阶段，对列宁的主要哲学著作如《哲学笔记》《唯物主义和经验批判主义》等的研究相当深透。他给我提供了许多学习和锻炼的机会，我也经常去他家里讨教。我们之间的关系远胜于现在的研究生和导师的关系。张懋泽老师是我的一生中可以和我的启蒙老师刘应钦先生相提并论的恩师。

苗力田先生讲授西方哲学史，条分缕析，深入浅出，内容丰富，同学们非常爱听。苗先生也曾在田村参加劳动，和我们"三同"了一个来月，互相颇为了解，同学们都很敬重他。回校后，他焕然一新，衣冠楚楚，仪表堂堂。他走进课堂，把礼帽往衣架上一挂，便"培根""霍布斯"的娓娓道来，一派学者气象。我跟吴元樑说："真是此一时也，彼一时也。"显然，此时比彼时看着舒服。

政治经济学本来应是哲学系的一门重要课程，就我来说，对于这门课的期望值仅次于哲学原理课。如果不懂政治经济学，对哲学上的许多问题压根儿就张不开嘴。但坦率地说，这门课的效果同我们的期待相去甚远。我的那点经济学知识，基本上是后来自学获得的。人大的政治经济学是十分强大的学科，按理说不至如此，大概是因为哲学系的课对于经济系来说是"外系课"吧！

（六）参加农村两条道路大辩论

8月庐山会议，风云突变，平静了半年的校园又不平静了。开学时,吴玉章校长向全校师生介绍了他亲历庐山会议的情况，虽没有多少超出媒体报道的内容，但吴老神情十分严肃，少见的严肃。我们这些普通的党员、学生、老百姓，都不假思索地认定了在庐山发生的事情,是一场关系党和国家命运的大斗争，毛主席斗败了彭德怀是挽救了革命，挽救了党。

庐山会议掀起的浪潮，迅疾冲进中国人民大学的校园，首当其冲的是由人大、北大联合组建的人民公社调查组。这个调查组一共162人，本班就占2人（左昇平，李英魁）。调查组于1958年11月至1959年5月，分成三组，分赴河南信阳、鲁山和河北藁城等地，进行了为期半年的人民公社调查，他们的调查报告被指认为诋毁人民公社和"大跃进"，构成右倾机会主义攻击"三面红旗"的典型事件。一开始，调查组总负责人、原人大副校长、时任北大副校长邹鲁风被逼自杀身亡，这使事态变得更加严重，气氛更加紧张。对调查组的大批判会的会场设在我们宿舍（人大东校门旁的东风楼）附近的食堂。食堂所有的门窗都用布帘遮住，显得格外神秘和恐怖。这批判会持续了好些日子。

这个学期，批判右倾机会主义成为学校理论教学的中心内容。那时候，没有人提出"让批判右倾机会主义进课堂"这类的口号，但它实实在在地进了课堂，并在课堂上占据了中心地位，无论讲什么问题都要同它钩上。与之相比，我们后来搞的这个进课堂那个进课堂，却不论在程度上或效果上，都远远不如。我记得哲学原理课的考试是两道大题："一、试述辩证法和形而上学的根本对立，批判右倾机会主义的诡辩论。二、试述中国共产党的群众路线和马克思主义的认识论。"这第二道题恐怕也要扯到群众观点、群众运动、调查研究这类话题，并由此而扯到右倾机会主义上面来。上午 8 点开考，不少人过了 12 点才交卷。试想，如果批判右倾机会主义这件事不进课堂，不构成理论教学的基本内容，能在这样两道题目下写出四五个小时的答卷吗？

为了使这种教育更深入、更有效，入冬以后又把我们拉到农村，参加两条道路大辩论。这次还是去田村，时间不足三个月。我被分派在大车队。大车队是由各村的车把式组建起来的一个专业队。据田村大队的领导介绍，这个大车队的资本主义倾向比较严重，是这次开展两条道路大辩论、进行社会主义教育的重点单位。田村地处北京近郊，以前赶大车的还有些私活儿可以干，收入也比较高。公社化后组建了大车队，这条资本主义尾巴被割掉了，有些人就表现出来了一些不满情绪。其中，有一个人表现得更激烈一些，便当上了典型。他说过，以后"要光着眼子歇三伏"，不想干了。我不大懂得这个话，党支部书记老马给我解释了一下，才知道这是一句粗话。我做的事情就是讲哲学，用"讲哲学"的形式批判大车队的资本主义倾向。每次都是老马做个开场白，先把"问题"点明，然后一摆手说："下面请中国人民大学的老陈同志给我们哲一哲。"这里，"哲"成了动词，极大地凸显了哲学的批判功能。说老实话，我讲的东西，有的是哲学，也有的并不是哲学，而只是以"哲学"的名义说话。但用"哲学"的名义很管用。农民不知道什么是哲学，只知道哲学很深奥。既然"哲学"都这么认为，那就不应当有什么疑问了。我讲的确实很认真，每讲之前的准备工作也做得很认真。先不管用哲学去论证了什么样的政治观点，去服务了什么样的政治（这在后面将另做分析），这种方式还是有其可取之处的。它不同于那种简单粗暴的大批判，而是充分说理的。车把式们都说自己思想提高了，那位想"光眼子"的老兄还痛哭流涕，说他的思想"彻底转变"了。他当了典型，大车队当了典型，我也很有成就感。

"普及哲学"这种方式，各村都不同程度地采用了。因此，"大辩论"收场之前，组织了一个专门的写作小组总结此项经验。用的题目是"关于农民思想政治教育的调查"，实际内容就是大辩论中讲哲学这件事。这个小组由我们班和研究班各抽几个人组成。我们班参加的人，只记得有温克勤了，研究班的三位老大哥我倒还记得清清楚楚，他们是成一丰、林立、李本先。我们后来成了好朋友。1961年暑假我回湖南老家在武汉转车时还在林立家住了一夜，受到他全家的热情接待，他后来在兰州大学任教。一丰兄是个老革命，长我15岁。他是20世纪50年代初的西北工业大学党委宣传部长，后在陕西师范大学任教。1980年我开始招收研究生时，他把自己的好学生推荐给了我。每次我去西安，或他来天津，我们都要聚一聚。我一直把他视为长辈，这是一位极为可敬可亲的老同志。写作组住在双槐树村，这里好像是肖振邦组的驻地。我们住下不久，正赶上村里死了一个中年女人，是患肺病死的。村干部发现村里来了我们这几个劳动力，便叫去抬棺材了。大家都很腻味，只有温克勤不大在乎，因为他在龚村时已经抬过一个了。抬棺材这件事对我颇有刺激。大学生被叫去抬棺材都可以随叫随到，还要把他们"改造"到哪里去！这个"调查报告"写成后约两万字，我当时是制作这个"产品"的主要劳动力。"调查报告"上报给了北京市委大学工作部，好像我们班的党支部书记余品华还作为代表在一个什么场合做过介绍经验的报告。

（七）批判修正主义

1960年4月22日是列宁90周年诞辰，《人民日报》发表长篇文章《列宁主义万岁》。这不是一般的纪念文章，而是针对苏联现代修正主义的一篇反修文章。学校组织大家学习了不少时日。这是我们经历的第一次系统的反修学习。我记得，所围绕的主要问题是关于暴力革命和无产阶级专政的问题。

同时，对国内的修正主义思潮也展开了批判。我直接参与的，是批判巴人的人性论。北京市委要在中国人民大学举办一次全市各高校派代表参加的批判巴人的大会，号称两万人大会，指定哲学系做一个发言，系里把这个任务交给了我。为准备这个批判发言稿，我忙活了好些日子。系里派了几位老师指导，除张懋泽老师外，还有马奇老师、乐燕平老师等。稿子反复讨论修改，说是要弄出一个能够同人大哲学系的地位相称的批判稿来。稿子的内容无非是马克思主义阶级论和资产阶级人性论的对立，世界上没有无缘无故的爱、贾府里的焦大不会去爱林妹妹之类。批判大会的主会场也是设在我们宿舍旁的大食堂。我的发言是脱稿发言，拿着稿子上台，不看稿子说话。这样，大会所希望的效果自然会好一些。

这个学期也开了一些课，但大家心神不定，显然不是全神贯注的。

（八）渡过"经济困难时期"

1958 年的"大跃进"、大折腾，其立竿见影的效果，就是中国出现了 1959 年至 1962 年的经济困难时期，几亿人民一起饿肚皮。北京毕竟是首都，较之其他地方，饥饿来得要晚一些，饥饿的程度也普遍地低一些。1960 年上半年，开始感觉到某些物资如糖果、香烟等的供应日趋紧张。我们在写批判巴人的稿子时，张懋泽老师骑车到王府井排了两次长队买到四包"大福字"香烟回来，大家高兴得不得了，好像这批判稿的质量因此而有了保障似的。这时候，吃饭还没有什么问题。饥饿是从下学期开学以后才来的，最严重的时候是 11 月入冬以后。大体上每人每日能吃到一斤粮食，按说这不算少了，但是副食较差，没有油水，这饭吃下去好像在肚子里待不住似的，刚吃完就饿。逐渐地，人们的吃饭方式也改变了，不再一口菜一口饭的那么斯斯文文了，而是先把那份菜冲上一大碗开水，当作汤喝下去，肚子已基本上有了"饱"的感觉之后，再有滋有味地啃那三两或四两窝窝头。这样，离开食堂的时候就不会有那么多的留恋，心里舒服多了。食堂想了许多办法来缓解大家的饥饿。如制作"叶蛋白"，即把槐树叶子打下来提纯后加进面粉里，这或许有点作用。至于那增量法就纯粹是忽悠人了，二两面粉蒸出来的馒头像半斤似的，它只是增大了体积，丝毫也不能给人增加能量。一切能够买到的"进口"的东西都买来进口，包括酱油。倒一勺酱油，调上一大碗开水，喝下去也能减轻饥饿感。一个星期天的下午，我和王力同等散步到蓝靛厂时，那里在卖腌白菜帮子，5 分钱一斤。王力同掏出 1 元钱买下 20 斤，我脱下套在棉袄上的罩衫作为包袱皮，欢天喜地，提着这白菜帮子回来了。那年冬天，房间里没有取暖设备，只是在每一层楼的楼道里支了四个大煤火炉。用四个脸盆把这菜帮子煮熟后，大家都端着饭盆出来聚餐了。这包白菜帮子给同学们带来了一个欢乐的夜晚。

我们班上有个小同学刘人显，好像比我还要小两岁，是个活泼可爱的小伙子。他总是喊肚子饿，喊完饿后唱"洪湖水"，或者唱完"洪湖水"后再喊饿。看着他这个样子，同学们都很揪心，有的人把发给自己的糕点票①送给了他。在不到一个月的时间里，他的病情急剧恶化，送医院检查，结论是精神分裂症——疯了。他住在我隔壁的房间。有一天半夜，他先用手掌

---

① 那时糕点实行凭票供应，一张票可以买到半斤点心。

有节奏地拍打这两个房间共同的墙壁，拍完后过来推开我们房间的门，在我的床铺上躺下了。吴元樑、杨昌学他们几位一声不吭，我更是大气都不敢出一口，生怕惹出他的什么动作来。好在他和我一起躺了几分钟后还是一声不响地走了。刘人显犯病这件事情给我们的刺激是很大的。我倒不是被吓着了，而是弄得好些日子心情异常沉重。

我在小时候挨过饿，但这样长时间的持续的饥饿还没有经历过。同学们都感到现在面对的局面是严重的，却又都相信这个困难局面是暂时的。我们住在北京城，住在大学校园里，对于外边的情况知道很少，都绝对相信"上头"的话，把这种困难视为"自然灾害"，谁也没有把现在的勒紧肚皮与前年的放开肚皮关联起来。同学们都没有任何怨言，都抱着"共克时艰"的积极态度，保持了良好的精神状态。粮食定量是自报公议，同学们的"自报"都把指标压得很低，没有一个人争"高指标"的。饥饿难忍时，大家一起唱红歌，唱赞颂红军战胜艰难困苦的歌曲。我的姐姐在衡阳纺织厂做工，她怕上大学的弟弟挨饿，省出粮食，换了五斤全国粮票寄了来。我既为姐姐的真情关怀所感动，又觉得她的这种行为十分不妥，并去信说了她一通。同时，我还向党组织汇报了这件事情，申明这不是我向姐姐要来的，不是我禁不起困难的考验。

学校传达北京市委的指示，要求党团员带头睡觉，以保存能量，说是"留得青山在，不怕没柴烧"。这当然是党和政府对青年学生的关心和爱护。但同学们并不是整天睡觉，而是照常看书学习。这个学期也开了一些课，我印象最深的是读《毛泽东选集》第四卷，这大概是"毛泽东哲学思想"课的内容。考试方式是交出书面报告，由学生小组评定成绩，我这个组长忽然变得权力很大。我想起了一件趣事。张典伟交的文章总共不超过五百字，却是好几页，像大字报似的。他的文章的题目是"战争是帝国主义的女儿"，我宣读他的文章的题目时，一本正经地在后面添了一句："和平是帝国主义的女婿"。典伟一听急了，说："没有这句话，绝对没有！"我说："是没有，但应该有。战争与和平是一个对子，那不就是两口子嘛！"大家哈哈大笑。肚子是饿，但精神上还是很快活的。显然，尽管同学们都很愿意读书学习，但在那种严重的持续的饥饿状态下，读书学习的效果是要大打折扣的。

（九）规范化教学的第二个黄金时段

人民大学东风一楼 31 号四室友合影
（从左至右：张凤德、方克立、徐振江、陈晏清）

1961 年开春以后，最严重的困难时期已经过去，同学们的体力迅速得到恢复，政治运动和体力劳动也基本上停止。暑假后又下达了《高教六十条》，纠正生产劳动和其他活动过多的倾向，力图恢复正常的教学秩序。从 1961 年开春到 1962 年暑期毕业，这一年半的时间里，学校可以在没有干扰的情况下安心教学了，这是我们在人大五年里的第二个规范化教学的黄金时段。这个时段占了整个五年的将近三分之一，是最为宝贵的一个时段。可以说，作为一个哲学系的毕业生所必需的理论基础和知识基础，主要是在这个时段打下的。

这一年半里，开设了许多重要的课程，如"马列哲学经典著作""中国哲学史""现代资产阶级哲学批判"（相当于后来的

"现代西方哲学"），以及"辩证逻辑"，等等。其中，我印象最深、最感兴趣的是肖前、陈先达、吴传启、关锋等人讲授的辩证逻辑。我这个人手懒，听课不爱做记录，即使做也只是简单的提要。我认为，哲学主要是思想，而主要不是知识。我还有一个别人觉得奇怪的逻辑。我认为对于课堂上听懂了的东西，如果是有用的，就总能记住；如果不几天就忘记了的，则大多是无用的。所以，

1962 年春摄于中国人民大学，是穿方克立的毛衣照的

记录不记录并不十分要紧。辩证逻辑这门课便例外了。这门课学术含量较高，在课堂上难以完全消化或大部分消化。我的记录也就做得比较认真，虽不是有言必录，却相当完整。事过二十多年，20 世纪 80 年代，和肖前老师闲谈时，我还提到：您当年给我们讲辩证逻辑时讲了一句话叫"对立越明显，统一越深刻"，对这句话我琢磨了好些时候。这句话不去细细琢磨，似乎也很平淡，但越琢磨越觉得深刻。我后来对于对立统一规律的理解，对于"同一性"范畴，对于同一性和斗争性相互制约

关系的思考，都同这种琢磨有关。它使我开始懂得了什么叫辩证思维，什么叫哲学思辨。

这个时段，是由不正常转入正常。人的记忆中难以磨灭的东西往往是那些不正常的、怪异的东西。一切都正常化了，反倒留下的记忆不多、不深了，即使留下一点，也会觉得很平淡，没什么可说的了。但有一件事情，是我一生都不会忘记的。这件事情同不正常时期相关联，是第一次对那不正常生活的反省。1961 年 10 月，我和吴启文大哥有一次长时间的谈话。我和启文兄入学时就在一个小组，1958 年在田村时还是在一个小组。那时，他有胃病，需要更多的休息，再加上性格上的原因，他较少和同学们交谈；或许是他压根儿就不愿和我们这些"小青年"一起瞎折腾，因为他比我们大了六七岁，比我们成熟得多。这一切本来是很正常、很可理解的，但当时在我的眼里，却成了"革命意志消沉"。1959 年，在讨论他的预备党员转正时，我做了一个很激烈的批评发言。他的预备党员资格被取消这件事，我当然不是决策人。我的发言起了多大作用也不好说，肯定不算是决定作用。但我推波助澜了，我无端地伤害他了，那么，我对这件事情就有不可推卸的责任。我诚诚恳恳地检讨了自己，启文兄也诚诚恳恳地说："你这是一个年轻的共产党员成长过程中难以避免的，我一点儿也不怪你！"多么宽阔的胸怀！他的谅解，他的宽容，反倒使我更加内疚。1978 年，他向人大党委提出申诉，要求恢复党籍，我全力支持，并给人大党委提交了一份说明情况的报告。人大党委纠正了过去的错误，恢复了他的党籍。这三十多年来，启文兄是我们班上同我联系最多的老同学之一，我们互相切磋学问，合作写文章，我深感他是一位很有思想、理论功底非常深厚的学者。那段不愉快的往事早已烟消云散，但它留下的教训却是多方面的。

1997 年为纪念入学 40 周年聚会庐山时部分同学合影（前排左三为作者）

　　人大五年，是激情燃烧的五年。这五年里，值得怀念的东西太多太多了，但说到底，最是令人怀念的还是我们那个班集体。那是一个团结、坚强的集体，积极向上的集体，班风很正，同学之间相互关爱、相互鼓励。拥有这样一个班集体，是我人生的最大收获之一。它不仅保证了人大五年的学习和进步，而且温暖了我的一生。从 1992 年毕业 30 周年纪念开始，每逢入学和毕业的十个周年都要聚会，即每五年聚会一次，从不间断，直至现在。老同学到了一起，又仿佛回到了"人之初"。没有做作，没有隔膜，没有顾忌，大家忘情地谈笑。那情景如同节日，胜似节日。不论当时还是后来，这个班级的人们如此融洽无间，原因很多，其中一个最重要的客观原因，是它没有像上面的年级一样经历过"划右派"的运动，也没有像下面的一些年级一样经历过"文化大革命"，它是一个没有被"运动"撕裂的集体。我常常对南开的学生讲我们这个班集体，讲建设一个健康积极的班集体对每个学生是如何的重要。我们现在都已是 80 岁上下的人了，但总觉得自己还是生活在这个集体中，这个集体对我们个人仍有强人的约束力，我们仍觉得应对这个集体的荣誉负责，为这个集体争光。

二、人大的教育影响了我的一生

人大 5 年的教育给我的影响是很全面的，而且不论积极的影响还是消极的影响都是浸入骨髓的。它塑造了我的基本面貌，规定了我人生道路的大致轨迹。回想在离开人大之后的半个多世纪里，不论我的路是怎么走、往哪儿走，都能在人大的那 5 年里找到它的起点或出发点。

经过这 5 年的教育，我的思想更"左"了。这不是"假左真右"的"左"，也不是"以左谋私"的"左"，恐怕多数情况也不好说是"形左实右"的"左"。一方面，对马克思主义的信念更坚定了，以至后来在种种困难的情况下都能坚守；另一方面，与之伴随的"左"的思想观念、思想方法也更臻完备，并初步具备理论的形态，以至后来在清除这些"左"的影响时显得十分艰难，有时甚至很痛苦。

在治学方面，这五年教育的影响是很复杂的，有非常珍贵的东西，也有一些糟糕的东西，需要认真地分辨和清理。可以说，我这几十年的治学道路，都同这种分辨和清理分不开。回忆人大 5 年，记忆最深、感想最多的是下述两个方面。

（一）强调精读马列原著

强调精读马列原著是人大理论系科（如哲学系、经济系等）的突出特色，也是它的一大优势，这构成了人大办学的一种传统。我们的班主任张懋泽老师从一开始就强调的、在他担任班主任的四年里强调得最多的就是这一条。在同我的个别交谈中，这一条甚至被提到了至关重要的地位。初学哲学的人，大多愿意从看教科书、读阐述基本原理的通俗小册子入手，觉得那样省劲，是条捷径。张老师则反复说，小册子（现在看来也应包括教科书）是不一定靠得住的，那是经过作者过滤、加工过的。走这种"捷径"，就是不想动脑子，像把别人嚼过的馍接过来咽下去一样。读书的过程本来就应当是思考的过程，读书而不思考，或者读那种不需要怎么思考的书，这对增长学问来说几乎没有意义。小册子不是不能看，但这只能充作辅助手段，而不能作为学习的主要手段或基本手段。而且，应当是读好原著以后再去看那些小册子，看看这些小册子同自己的理解有什么不同，有什么新意，而不是反过来，企图通过读小册子去理解原著和原理。人大培育的这种学风，在我们年级体现得非常明显和充分。我们年级读原著的风气很浓。尽管在这类似"半工半读"的 5 年里，坐下来读书的时间不过 3 年，但只要能让我们坐下来，就会去认真读书，而且主要是读原著。说实在话，我不算最用功的人，我们年级许多同学比我要刻苦得多。但我也自认为在读原著上是下了功夫的。"马列哲学经典著作"课讲授的几本原著自不必说，课外的原著也是尽量去读的，例如，我们班上读《资本论》（主要是第一卷）的人就有很多。有的书读了两遍、三遍乃至多遍。我用过、读过的那些书，1971 年"战备疏散"的时候扔在集体宿舍里，返校后有的找不到了，不知失落何处，现在留下来的几本，有时还打开看看。那上面的记号、批注，有钢笔的，有铅笔的，有红色的，有蓝色的，圈圈点点，密密麻麻。有时，看到现在的学生不读经典著作，对待学问跟吃"肯德基"似的，还产生过这样的念头：这些本子可不可以作为一种"文物"给他们展示展示，让他们看看那个年代的哲学系学生是怎么读经典著作的？

下功夫读经典著作，就可以弄清楚哲学原理的来龙去脉。读书的过程是一个集中思考的过程，读得深了，读得多了，就可以融会贯通，从总体上理解马克思主义哲学，把握住它的精神实质。更重要的是，读马克思的书，读进去了，就会倾倒于它的理论的魅力，为它的逻辑的力量所折服。我就正是在读马列原著的过程中更加坚定了对马克思主义的信念的。

现在有些年轻学人心浮气躁，不大爱读他那个学科的经典著作，而是热心于"快餐文化"。"快餐文化"时兴，乃特殊的时代情境使然，作为一种社会文化现象是很可以理解的。但要靠文化"快餐"去培养学者，那是永远不可能的。每一个学科只要能作为学科存在，就都有它的永久性基础，体现这种基础的就是它的经典著作，就是它得以建立和存在的奠基之作。后人或是继承它、发扬它，或是批判它、超越它，都不能脱离开这个基础，都要从这个基础出发。马克思主义哲学，作为一个学科去看待，也不能例外。脱离开这个基础去说话，那就只能说一些不着边际的话，一些似是而非的话，一些游谈无根的话。

当然，在这一方面也有明显的负面影响，这就是在有些人中导致了本本主义。这不是读书本身的错。读了本本不一定走向本本主义，正像有了经验不一定走向经验主义一样。但是，把读经典著作强调到了不适当的地位，忽视了读书过程所必不可少的制约条件，而是"唯书"及与"唯书"相关联的"唯上"，就有可能走向本本主义、教条主义。就我而言，在人大上学的5年里基本上不存在这个问题，那时是学生，学生就应当先把"本本"读好。这是后来在实际工作、研究工作中发生的问题。我在一个长时期里对经典著作都是采取一种迷信的态度，思考理论问题往往是从经典著作出发，而不是从实际情况出发，把经典著作视为真理的标准，经典作家没有讲过的话，或与经典作家讲的不相一致的话不敢说。对通行的说法产生了怀疑，首先去找的是经典著作里有没有类似的话，或批判过类似的话。我写的一些文章，特别是 20 世纪 80 年代中期以前的文章，虽不是完全以引证代替论证，但论证中必定包含引证，总要找着经典作家的话来作为根据，这样心里才能踏实。这种状况，像一种惯性作用，至今还在一定程度上存在。

另外，就我来说，还产生了一种不良影响，就是在一个长时期里只注重阅读马列的书，而不大愿意读其他的书。读马列的书，尤其是马克思的书，津津有味。马克思著作的论证性、思辨性令人着迷，那充满哲理的格言、警句也让人觉得美不胜收。相比之下，读其他的书就觉得有些乏味了。再加上那年头把马克思主义哲学的党性原则曲解为一种狭隘的宗派情绪，对马克思主义以外的理论、学说采取一种盲目的拒斥态度，因此，中外哲学史上的经典著作和现代西方哲学的著作都读得较少，读一点，也多是与马列著作直接相关的。"文化大革命"结束后逐渐认识到了这种片面性和幼稚病，但已难以从根本上补救了。一方面，历史把我匆匆地推上了前台，成天忙于"表演"而疏于"练功"，已没有多少时间专心读书了；另一方面，精力也大不如年轻时候。由于长时期营养入不敷出，过度透支，造成严重脑供血不足，自 1982 年以后，阅读能力急剧下降。别人三几天可以看完一本书，我常常一个月也看不下来。1997 年《中华英才》采访时问我"最大的遗憾是什么？"我脱口而出："读书太少。"这是一种终生的遗憾。要是当时能有一种更正确的思想引导，也许我会是另一种学术状况。

（二）强调哲学的现实关怀

强调理论联系实际，也是人大教育特别是理论系科教育的一大特点，是人大办学的一种传统。这当然是一种优良传统。中国人民大学的前身，是1937年在延安建立的陕北公学以及后来的华北联大、华北大学。这些学校都是在抗日战争、解放战争的烽火中诞生的，是直接为革命战争服务的，这些学校的教育都不能不是理论与实践紧密结合的。中国人民大学的成立，是为了培养建设新中国的干部，因此，它也一定要把自陕北公学以来的这种优良传统发扬光大。人大作为党一手办起来的新型大学，最突出的正是"新"在这一点上。

我们一入学就批判哲学家的"象牙之塔"，强调马克思主义哲学的阶级性、实践性。学习毛泽东的《辩证法唯物论提纲》，那里面说"哲学的命运，看哲学满足社会阶级的需要之程度如何而定"，"哲学的理论与政治实践是应该密切联系着的"。老师讲课时讲到苏联红色教授学院的决议，那里面说必须在每种理论倾向的背后发现它的政治倾向。这些都给我们留下了不可磨灭的印象，都被作为学习、研究哲学的根本指导思想接受了。

教学过程中，理论联系实际的方式多种多样。首先，是引导学生关心国家大事，时不时请人做形势报告。同学们也确实不是"两耳不闻窗外事"，对社会生活中的重大变动特别是理论界的动向，对国际关系的变化特别是中苏关系的变化，都十分关注。我和在部队里、高校里一些朋友的通信中经常讨论问题，讨论最多的是中苏关系问题。有时为回答他们提出的问题，要写出二十多页、三十多页的长信。我觉得作为人大哲学系的学生就应当比他们懂得更多些，要是拿不出有说服力的见解和分析，那近乎是一种耻辱，会在朋友面前抬不起头来。课堂教学也紧贴实际生活，校园内外连成一气。校园外刮什么风，校园内就起什么浪，而且这浪涛必定滚进课堂，形成理论教学的热点乃至中心。更重要的，也是更有效的，是学生直接参加社会实践，让哲学走出课堂，干预现实生活。这些情况，我在前面都已有所叙述。

对于这段历史该如何评价？对于当时的理论联系实际这种教育方式该如何看待？有些人是持基本否定的态度的，我却不是这样。那个年代，国家的政治生活、理论生活多不正常，一些本来符合马克思主义的正确原则在其运用过程中被扭曲，因而往往从正确的原则出发却得出了很糟糕的结果。鉴于这种情况，我们更加需要对一些事情做严肃仔细的辨析。我认为，理论联系实际作为哲学这类理论学科的教育方式，是应当肯定的。至于这种方式是如何运用的，在它的运用过程中产生了什么结果，则要联系其时代的背景加以具体分析，而不可将这种教育方式在运用过程中发生的问题简单地归结于这种教育方式本身。将坚持理论联系实际的原则作为一种学风去看待也应如此，不能因为在理论联系实际的过程中发生过这样那样的偏差就废弃这个原则。如果认为理论曾对实际生活做出过错误的结论或做过不正当的干预，往后就应当"洁身自好"，不再与实际生活沾边；如果认为哲学曾充当过某种恶劣政治的工具，往后就应当远离政治；凡此种种，都是在思想上走向了另一个极端，都不是解决问题，而只是回避问题、取消问题。到头来，什么问题也回避不了，取消不了。这不能让哲学走出困境，而只是陷入另一种更严重的困境。

以我的感受而论，人大的教育强调理论联系实际，强调哲学的现实关怀，其积极的影响还是主要的、基本的。让学生思考一些现实生活中的问题，适当地参加一些实际工作，有利于深化、活化对基本理论的理解，培养分析、解决理论问题和实际问题的能力。更重要的是，能够逐渐树立起一种同马克思主义哲学的实践批判的本性相符合的学术观念、学术信念。尽管运用"理论联系实际"原则的背景条件会不断变换，这一原则的内涵及运作方式也须不断深化和修正，但它作为一种教育方式，作为一种学风，其基本方向、基本精神是应当坚持的。1988年，母校派出记者对我做专访时，我说："理论联系实际，哲学为现实实践服务，哲学家要关心民族和人类的命运。这是我的母校的传统学风，是母校给我培育的基本精神。它成了我治学的基本原则。"[①]后面将要叙述的故事，会清楚地说明我的这种感受的真实性。

当然，这个时期在这方面也提供了极其深刻的教训，足够我消化许多年。其中，最严重、最深刻的教训，是在理论为现实实践服务的过程中如何保持理论的独立性的问题。回想起那些年在哲学为现实服务的旗号下所做的一些事情，如批判右倾机会主义、批判巴人、批判田村大车队的资本主义倾向等，实在是觉得不很光彩。在这些事情上，所谓哲学为现实服务，不过是为既定的现行

挚友陈芝全

政策做论证，而基本上失去了哲学应有的探索功能。那时所做的这些批判，是批判对于现实的不满，它在实质上不是批判现

---

① 中国人民大学校刊编辑部：《人民共和国的建设者》，中国人民大学出版社 1992年版，第 192 页。

实，而是为现实辩护，因而在实质上也是丧失了哲学的真正的
批判功能。有一件事情十分典型。1960 年暑假，我回了一趟湖
南的农村老家，是从小和我一起长大的挚友陈芝全陪同我回去
的。他比我大两岁，读中学时却比我低两班，1954 年初中毕业
后就参军了。他学历不高，但理论兴趣不低，我们常在一起讨
论问题，即使他从北京南苑机场调往山东诸城的一个短时间里
也要在书信中讨论问题。他的叔父是萧克将军率领的队伍路经
孟公桥时参加工农红军的，中华人民共和国成立后在北京工作，
我常陪芝全去老人家里请教。在我的心目中，芝全是一个觉悟
很高、思想很纯正的人，按现在人们比较喜欢的说法，可以说
他是一个很"左"的人，但这回似乎完全变了个人了。回家后
的第二天一大早，他气冲冲地跑到我家里，嘴里喊着："太糟糕
了！太糟糕了！"我们离别几年后见到的孟公桥，整个儿成了一
个"悲惨世界"：田地荒芜，杂草丛生，7 月中旬本是水稻成熟
的时候，可田里却是随风起伏的野稗；全体村民无一例外地在
挨饿，还有的人饿死了；人们描述的某些基层干部跟电影里看
到的恶霸似的，横行霸道，作威作福。芝全气得脸都青了，可
我面对这种局面，还在劝他冷静，还在给他讲"九个指头和一
个指头"①。这一下，更是极大地激怒了他。他声色俱厉，喊
起来了："还一个指头？你看看地都成了什么地，人都成了什么
人，那九个指头在哪里？你讲的是什么狗屁哲学！你那个哲学
越学越蠢，越学越浑！"并且带上了许多粗话。可悲的是，那时
我还并不认为他对了、我错了。

　　这种用哲学为现实政治做辩护的情形，在我从人大毕业之
后的若干年里愈演愈烈，直至"文化大革命"的后期，才认清
了哲学是怎样在为现实服务的口号下充当了恶劣政治的工具。

---

　　① 是那个年代流行的一个通俗说法，用以比喻主流和支流。

哲学成了政治的婢女，完全丧失了自己的独立性。这种恶行，不仅参与制造了国家民族的悲剧，也制造了哲学自身的悲剧。这个问题，这个如何正确地实行理论与实际相结合的问题，是我在"文化大革命"结束之后的几年里想得最多的问题，也是最伤脑筋的一个问题。在我看来，这个问题如果解决得不好，哲学就寸步难行，哲学就没有出路。1988年年底，李瑞环同志召开理论工作者座谈会，要我做个发言。这是和党的高层领导人直接对话，是一个难得的机会，我必须讲自己最想讲的话。于是，我做了一个题为"理论应以理论的方式为改革服务"的发言，主要的内容就是讲学术和政治、理论和实践的关系，就是讲的哲学、理论的独立性问题。1989年第5期的《求是》杂志刊发了这个发言，在理论界引起了一定的反响。《求是》杂志社连续两期简报刊登了读者对这篇文章的反应，说明这也是许许多多理论工作者共同关心的问题。

初到南开（1962—1966）

一、南开最初印象

1962 年的高校学生毕业分配形势非常不好。这时，经济困难时期尚未过去，仍在实施"调整、巩固、充实、提高"的八字方针，各单位的人事编制仍在紧缩。往年是 7 月初毕业典礼之后就发出了派遣证，这一年的毕业分配方案直至 10 月中旬才下来。

按最初的方案，我和方克立、霍伟光、刘文英等四人都是要留校任教的。系主任张腾霄同我做过正式谈话（实为面试），问了我两个问题：一是对实用主义真理观如何认识，二是写过什么文章。张懋泽老师告诉我，腾霄同志对我关于实用主义真理观的分析比较满意，但对我没有写过文章这一点表示不大满意。张老师说我不该把话说得那么简单干脆，就是"没有写过"四个字。我说那些调查报告、批判文章都不是我独立写作的，不说明什么问题。但张老师说关于我的科研能力和写作情况已向系里做了说明，不至于影响留校。至于后来的变化，给我的解释是，哲学原理教研室原本要调出十来名教师，但因各地都紧缩编制，这个计划难以实行。老的不走，新的不进，准备留下搞"论"的刘文英和我就不能留了，只把两位搞"史"（方克立搞中国哲学史、霍伟光搞马克思主义哲学史）的留下。1963
年，果然从哲学教研室陆续调出了十来人到其他高校，也包括
南开，说明这个解释是基本可信的。说来也巧，这四个人除了
霍伟光后来跑到江西九江当市长去了以外，其他三人都先后来
到南开相聚，这也是一种缘分吧。

在当时的形势下，我能被分配到南开，应该说是一种幸运。
这一年，我们57级本科一共64人毕业。在我们的分配方案里，
除了两名留校任教的以外，去教育部直属高校的只有5名，其
中有哲学系或哲学专业的才3名。我能去南开（吴启文去中山
大学、刘文英去兰州大学），已是最大限度的照顾了。即使这样，
我还是若有所失，兴奋不起来。我一心一意所想的是留在北京
（至于是不是留在人大倒不是第一位的），南开虽是知名度很高
的著名大学，但对它的哲学学科知之甚少，又是地处天津，所
以也不怎么向往。

分配方案公布之后，立即办理离校手续，10月14号就打
点行装赶往南开报到，因为据说15号以前报到的可以领取全月
工资。人大哲学系毕业分配到南开的，还有研究班的杨春贵、
赵国志，我便与老杨相约结伴而行，同行的还有去南京大学的
胡福明，他与老杨同班。我和老杨在天津下车后，老胡继续南
下。从北京乘火车到天津三个多小时的车程，一路上老胡都是
兴致勃勃，我和老杨却说话很少，后来，有人将此情景戏言为
"杨不说，陈不说，净胡说"。老胡志气昂扬，发出豪言："去南
京后三年站稳脚跟，五年打出去。"我暗自钦羡不已。后来得知，
老胡在南京确实不到三年就打出去了，当上了南京大学分校的
负责人。

我们一进南开的门就碰了钉子。我去人事处报到时，干部
科一位微微发胖的女干部接过派遣证后冷冰冰地扔出一句话，

十分简练："档案没来，不能报到。"我再想分辩时，她已经把眼睛盯着办公桌上的一个什么东西，不再理睬我了。不能报到惹下的麻烦可是不小，领不到工资固然是一个方面，更麻烦的是进不了食堂，因为办不了粮食关系。那时候，粮食关系是一种最重要的关系，有时比钱还重要。在食堂购买主食，是用一张十分简单粗糙的纸质卡片，卡片上按粮食供应的比例分出粗粮细粮，一月一卡。没有粮食关系，就办不了这饭卡。我们的早餐是在校门口的小摊上解决。八里台邮局门口集了一群小贩，摆出了各式各样的小吃，锅巴菜、豆浆、豆腐脑，以及馒头、大饼、窝窝头，我吃得最多的是锅巴菜和窝窝头。中午和晚上多在"冬青饭店"用餐。这冬青饭店坐落在南开区、河西区、西郊区（现西青区）的交口处，即现在八里台立交桥下卫津河北岸。这是一家主要面向西郊农民的饭店，档次很低，最奢侈的菜就是熬小鱼，但在我看来，那价格也相当昂贵，不敢问津。离开人大时，我已经穷得叮当响了，幸亏向刘启林借了十元钱（说是"借"，但这钱到现在也没有还给他）。档案哪天能到是没准儿的事，我必须把这几元钱攒得紧紧的。那饮食摊的卫生状况，令人心惊肉跳。锅巴菜摊的洗碗水是一桶浑水、一桶清水，先在浑水里洗一遍，再在清水里涮一下，涮几次之后，清水也成了浑水。后来老杨总觉得肝区不适，担心染上了肝炎。经他一说，我也觉得自己的肝似乎有点问题了。他的感受是真实的，只是许多年后弄明白那不是肝炎，而是胆的毛病；我这就纯粹是自己吓唬自己了。我们的档案 10 月 25 日才寄到。这整整 10 天的"流民"般的日子，使我在心理上同南开的距离拉得更远了。

　　我和杨春贵、赵国志三人的住宿被安排在中心教学楼（即主楼）三楼楼梯东侧的耳房，那应是保洁工人存放工具的地方。

老杨已有家小，他的夫人在和平医院（现天津胸科医院）工作，还有一个出生不久的孩子。到了周末，我和老赵去集体宿舍"打游击"，腾出房子来让老杨家庭团聚。我在这耳房里住了一年，1963年暑假后搬进了第十宿舍的108室，同吕鸿儒、张德山、童坦合住。那是一间大约13平方米的标准间，安放了两张上下铺的双人床，张德山和吕鸿儒两位"老资格"睡下铺，我和童坦睡在上铺。不管怎样，这总算是一个正式的职工宿舍，我也就开始有了南开大学"职工"的感觉了。

1962年南开大学哲学系增添了从人大、北大、复旦分配来的七名毕业生。系里凭着人大长于"论"、北大长于"史"的印象，把杨春贵和我分在哲学教研室教哲学专业课，老杨教经典著作，我教哲学原理；北大来的车铭洲、李绍庚分在哲学史教研室，老车教西方哲学史，老李教中国哲学史；赵国志和复旦来的鹿世举、陈铁民分在哲学公共课教学组，编制也在哲学教研室。哲学原理的专业课又分成辩证唯物主义和历史唯物主义两大块，我在辩证唯物主义这一块，同伴有我的师兄、人大61届毕业的童坦，这门课的领头人是哲学教研室主任杨万庚讲师。

我们报到的时候，哲学系尚未宣告成立，只是经济系里的一个哲学专业，我们是作为经济系教师注的册，大约11月中旬才挂出来"哲学系"的牌子。（后来查明，教育部批准建立南开大学哲学系的批文是1962年10月27日发出的，10月27日便定为南开哲学系的系庆日。）这么说来，有人将我列入南开哲学系的"开系元勋"也不算特别勉强。当然，这"开系"只是就1962年南开哲学系的重建而言的。

40 年后杨春贵重返南开时留影（从左至右：陈晏清、杨春贵、童坦）

南开哲学系本来有着悠久的历史，1919 年南开大学建校之时便设置了哲学学门，汤用彤、冯文潜等一批知名学者曾在南开哲学系执教。但在 1952 年高等学校院系调整后，这个历史中断了。20 世纪 60 年代初期重建哲学系时，面对的几乎是一块空地。我们这些从四面八方聚集起来的"新兵"，不知道南开的哲学学科有过什么学术传统，前辈学人做过什么，我们可以接着做些什么。说南开哲学系的重建是"白手起家"，这并不夸张。

1959 年酝酿重建哲学系时，时任天津市委文教部长梁寒冰推荐他的老师温公颐教授来南开担此重任。是年 10 月，温先生从河北北京师范学院中文系系主任任上调来南开，任经济系副主任，负责筹办哲学专业，1962 年成立哲学系后任哲学系主任。温先生是著名逻辑学家和中国哲学史家，学术造诣颇深，且有丰富的哲学教育经验。他对于南开哲学系的重建，是功不可没的。但实事求是地说，温先生作用的发挥受到了极大的限制。

他是党外人士，那时强调党的一元化领导，非党员系主任都是有职无权。温先生只是每两周召开一次约两小时的会议，即逢双周（或许是单周）的周六上午，把相关人员叫去做汇报，他在汇报中或汇报后发点议论。对他的意见，有听的也有不听的。哲学系的权力中心是党总支委员会。这个委员会大概是由原经济系的总支委员中分离出来的，一共三人：书记苏驼（兼任副系主任）、副书记郭毅（专职党务干部）、委员徐俊昇（系办公室主任）。他们可以称得上是当时哲学系的"三执政"，对他们的话，即使是徐俊昇的话，大家都不敢不听。这个由两名书记、一名委员构成的畸形的党总支委员会原封不动地存续到"文化大革命"中被摧毁为止。另外，温先生的学科是逻辑学，那时的哲学系是"兴无灭资"的战场，逻辑学这一类超意识形态的学科绝对是边缘性的学科，因此，即使在所谓"学术"上，温先生也没有太多的话语权。

　　温先生"鹤立鸡群"，在他以外再没有教授，也没有副教授，只有 7 位讲师，其中 4 位是由河北省委讲师团讲师改称南开大学讲师，他们直到退休或辞世都还是讲师。剩下的"黑压压的一片"都是助教，这些人的助教一直当到公元 1979 年。1972年，解放军某部请我去讲课，批判林彪的"天才论"。部队习惯称呼职务，他们的首长叫我"陈讲师"，下面的人个个都跟着这么叫。我一再声明"不是讲师"，但他们还是这么叫，叫得我心里直发毛，好像自己是个骗子似的，在那里冒充"讲师"。

1988 年，黄枬森先生拜访温先生时留影
（从左至右：黄枬森、温公颐、陈晏清）

　　由这样一支教师队伍去支撑一个哲学系，是十分勉强的。论学术基础，南开哲学系远不如当时的邻居河北大学哲学系。不用说稍微像样点的学术研究，就是几门主要的课程能按照最基本的质量要求开出来都不是容易事。我们的有些课要请河大的先生过来讲，如请张一之先生讲西方哲学史，请李鸿安先生讲马列经典著作。我报到之后不久，童坦师兄陪我去拜访了教研室主任。主任很宽容，给了我一份哲学原理课的教学大纲，让我先熟悉情况，熟悉大纲，熟悉了以后挑选原来自己学习基础较好的一部分先试着讲一段，不必急着上台。这对青年教师的确是既爱护又鼓励。但我把大纲拿回去一看，真是惊呆了。几天之后，主任问我："大纲看了以后怎么样？"这显然不是征求意见，而是问我准备挑选哪部分试讲。我却来了个答非所问，直言相告："问题太多，需要大改。"主任顿时脸色大变，十分不悦，但嘴上并没有说什么。我也自觉这话说得太愣了点。

　　初到南开的这些日子，我对南开的印象实在是不怎么好，可以说处处不适应，处处不满意。本来还有一点劲头，觉得自己在人大时学得不太扎实，希望到南开有个好师傅带领着，能快快地有些长进，对自己在南开的未来也有些想望，但现实却使自己感觉到是走进了一个光线不很充足的窄胡同，不知前方通向哪里。

　　我到南开几个月之后，学校收到一份寄自北京的借调函，那是张懋泽老师通过什么关系搞到的。那时，周扬主持高校文科教材编写，集中在中央党校，"借"我去那里做点事。苏驼同志很高兴，认为这是一个锻炼机会，是帮南开培养人，他欣然同意。但徐俊昇很鬼，说："陈晏清毕业才几天，编教材轮到他了？"认定这是"肉包子打狗"，劝苏驼不要放行。老徐当然是对的，这"借调"的用意，就是去那里做一年二年"小工"再趁机溜号，同南开"拜拜"。

　　那时候的人都是单位的人，单位不许动就谁也动不了，不像现在似的还可以走什么"三无"①。不让走了，就不能再想"走"的事，而只能去想"不走"的事了。我想，还是应当相信马克思讲的道理：环境改变人，人也改变环境。有点志气的年轻人不能等着别人把"环境"建设好了再去坐享其成。另外，后来的变化越来越显示，我原来所想望的那种"环境"已经几乎没有意义了。人们更为关注的不是什么学术环境，而是政治环境，那是最基本的生存环境。我当时想，即便是还能再回到人大或去其他的什么单位，能让你搞什么学问吗？但若论政治环境，我没有发现南开有比其他学校或单位更加恶劣的地方。这样，我也就铁心留在南开了。既然决定留下了，就得好好干，再不能三心二意。如果再三心二意，就只能把自己搞得不三不

---

　　① 指无户口、无档案、无工资关系。

四了。后来的事实证明，当时的这种认识可称得上"真知灼见"。
1980年，肖前教授等主编的教育部统编教材《辩证唯物主义原
理》在昆明开审稿会时，张腾霄老师作为人大的校领导出席了
会议。他当时任副校长，安排的住房规格比较高，是个套间。
他不愿一个人住，便指名要我和他住在一起。我们师生俩无话
不谈。他又提到当年留校的事。他说没能把我留在人大是个大
遗憾，一再说不能怨他，只怨张懋泽没有坚持。我说："我谁都
不怨。那是我丢了一匹马，安知非福？要真的留在人大，现在
还不知道是什么样子了。"

二、站稳三尺讲台

　　哲学原理课在一年级和二年级讲授。一年级是辩证唯物主
义，二年级是历史唯物主义。1963年上学期，系里让我做了新
入学的62级的班主任，我便向教研室主任提出在这个班级讲点
课。主任同意将安排在辩证唯物主义原理最后部分的认识论的
讲授任务交给我。其实，当不当班主任只是一个说词儿，无非
是自己耐不住寂寞，急于一试身手罢了。

　　不知现在的年轻教师在初登讲台前后是什么心态。我那时
真是把它看得重大无比，甚至看成决定个人命运的事情。对一
个教师来说，那三尺讲台是他的最重要的活动舞台，是基本舞
台，如果在讲台上趴下，就可能一辈子也起不来了，即使是转
换行业，不教书了，那也是被淘汰出局，很不光彩的。真可谓
"课比天大"。尤其是初登讲台，更当加倍用心。人们对人对事
的看法，往往是先入为主，学生对老师的看法也难免如此。所
谓"薪火相传"，不仅是传知识，传学问，传学风，也传别的东

西，包括老师的口碑。有时候离开他直接教过的学生许多年了，已是"薪尽"了，但他那点事还在传。因此，初登讲台的人，只能成功，不能失败。

话是这么说，但要讲好一堂课真不是件简单事。讲课是教师的知识和能力的综合运用，也是对教师知识和能力的全面检验。我是刚从大学毕业的学生，毫无教学经验可言。过去在农村给农民讲过哲学，但那种套路搬到大学的讲台上来是绝不可取的，那种"经验"一丁点儿都不能保留。没有别的办法，只能依据自己在人大上学时的一些感受，即自己当时喜欢听什么样的课、不喜欢听什么样的课，依据这些感受来确立一些最基本的教学观念，来设计课程的讲授。在人大听的课里，我最喜欢的是快毕业时由肖前等人讲授的辩证逻辑课。这门课成了我心中的样板。

当时我想，最重要的是一定要把课真正讲成哲学课。我之所以最喜欢人大的辩证逻辑课，就是因为这门课最有哲学味儿。讲授方式应当与所授课程的性质相符合。哲学的认识是一种概念性的认识，是运用高度抽象的哲学概念而达到的。平时批判所谓"从概念到概念"，那是批判脱离实际的倾向，批判那种只是将概念与概念相对照而不是将概念、理论与事实相对照的教条主义倾向，而如果就哲学思维本身来说，那本来就是"从概念到概念"，辩证的哲学思维就是概念的运动。在人大读列宁的《哲学笔记》时，列宁在黑格尔《哲学史讲演录》里的一个批语给我留下了极深刻的印象。黑格尔讲到犬儒派的第欧根尼用步行反驳芝诺关于运动的矛盾的论证，列宁在旁边批道："问题不在于有没有运动，而在于如何在概念的逻辑中表达它。"[①]"在

---

① 列宁：《黑格尔〈哲学史讲演录〉一书摘要》，《列宁全集》第 38 卷，人民出版社 1959 年版，第 281 页。

概念的逻辑中表达"，即运用概念逻辑地表达，这就是要领。我非常不赞成把哲学搞成"实例的总和"。学生要求多举些例子，我总是拒绝这种要求。举点例子有时是必要的，那是通俗化的需要，但举例子也只是通俗化的方式之一，而且这种方式的运用是有限度、有条件的，决不能躺在例子上面，单纯用例子去说清某个概念或原理。给工人、农民讲哲学是普及哲学知识，适当地多举些例子是为了便于他们理解和接受一些基本的哲学道理，但对哲学系学生的专业课来说，这绝不是好办法。学生靠例子理解的概念往往是似是而非、似懂非懂的，运用这样的概念去思考不可能有清晰的哲学思维。哲学是超验的东西，单纯靠经验的方式去理解和解释超验的东西，无异于缘木求鱼。哲学课应当教学生学会思辨，应当用逻辑的力量征服学生，并使学生逐渐学会使用逻辑的力量。因此，我要求我的哲学课必须把概念的准确放在第一位，必须有清晰的概念分析。哲学课是论证性很强的课，必须有严密的逻辑论证。我知道自己水平有限，一个刚刚毕业的学生能有什么水平？但我坚持，对于哲学课的这种基本要求不能放弃，也不能降低。

我还要求自己在课堂上杜绝废话。有的人喜欢在课堂上拉家常，讲笑话，搞噱头，引学生发笑，似乎这就可以刺激学生的兴趣，让学生喜欢。但以我上大学时的感受而论，事情满不是这样，许多人对这种课堂并不欢迎。学生来大学上学，是来学知识、学本事的，不是来找乐子的。讲课是应当生动些，但生动性应是课程的一种内在品质。当你能够贯通古今，融会中西，深入浅出，对一些实际事物（不论现实的或历史的）做出透彻的分析时，听者会感到豁然开朗，课程自然也就有了生动性。教育学家常讲，课堂讲授要令听者如饮醇醪，如沐春风，就包括了这种生动性的要求。这是教学的一种很高的境界，需要教师有渊博的知识，有很高的哲学修养和很强的理论表达能力，不是一般人能够做到的。如果暂时做不到，就只能把它作为一种缺憾，待将来逐渐做到，切不可依靠一些同课程本身毫不相干的"动作"去制造生动性。那样做的结果，不是使人真的感受到生动，而只会显出浅薄。说实在话，我教了一辈子哲学，至今也还远远没有达到那样的境界。

　　杜绝废话也包括力戒啰唆。当然，说话啰唆同说废话还不是一回事，但能构成啰唆，就必定包括了一部分废话。说话啰唆，是思想提炼不到位，思想材料在头脑里的组织工作不到位。啰唆给人的印象是语无伦次，缺乏逻辑，当然更谈不上有什么"气势"，这对理论课（尤其哲学课）是一大忌。后来许多人说我说话简练，不啰唆，但是实际上，很久以前，我曾经是很啰唆的。这个改变，完全是得益于人大上学时一位同学的逆耳忠言。一天晚上，熄灯以后，大家都静静地躺下了，这时石正松冷不防地冒出一句："陈晏清，你知道吗？你有民愤！你每次发言都得一小时以上，别人还发不发言？"我勉强地笑了一下，还送了一句国骂，把老石的话玩笑似的噎回去了。但我静下来一想，这可绝不能当作玩笑话去听。老石显然是忍无可忍了，而且，他选择刚熄灯这个时间说话，是很用了心的，他是想在众多同学中引起共鸣，狠狠地震我一下。那时候，各种讨论会很多，大多数同学都非常喜欢发言，老石更是一个辩论积极分子，我们俩经常抬杠。被变相剥夺发言机会，谁都会不高兴。老石是个特别爱发言的人，他的反应自然会较其他人更强烈些。说话啰唆竟然会引起民愤，匪夷所思吧？其实，这民愤合理又合情。啰唆是谁都不喜欢的，即便是自己很啰唆的人也不喜欢别人啰唆。从那以后，我下决心尽可能地说短话，学会用简练明快的话语去表达自己的思想。我想，开会发言应当这样，讲课也应当这样，或者说更应当这样。同样是 50 分钟一节课，没有了啰唆，也就增加了知识含量。

我还要求自己做到基本上脱稿讲课。讲稿要认真写，但讲课不能照稿念。教师讲课时，不能看天花板，不能看窗户外，也不能总是去看讲稿，而应当看着学生。你看着学生，学生也就看着你，这才有可能让学生跟着你思考。学生一个脸色，就可能传给你一个信息。例如有学生皱眉头，那就告诉了你，这个地方他没有听懂。你如果不立即解释一下或重复一下，他往下听就会因为丢掉了前提而无法跟着你一起推论了，就会不知所云了。为什么那种照本宣科式的讲授效果不大好，道理恐怕就在这里。当然，同那种照本宣科相比，基本上脱稿讲课的准备工作要麻烦许多，付出的辛苦要大许多。

这些都只是说明，我在初登讲台时确实用心了，而绝不说明我的水平高不高。刚刚毕业，水平再高也不过是比学生早学了一遍。再说，学生对我的信任度也不可能是很高的。就拿脱稿讲课来说，一个有学术声望的老教师这么做，会给学生一种"娓娓道来"的感受，觉得他的学问深不可测；而一个青年教师这么做，学生的印象就很可能是：这老师脑子好，把准备的讲稿都背下来了！这种信任度上的差别即学生心理上的差别当然也是直接影响效果的。

课讲完了以后效果究竟如何，没有人去做全面的评估。就学生的反应来说，有说好的，他们的记录也做得认真；也有说不怎么好的，说听我的课跟听社论似的，跟不上趟，觉得很累。但有一件事情多少说明一点问题。1963 年暑假后，也就是我的课讲完之后，60 级（当时四年级）的学生说他们过去的原理课学得不好，要求我给他们补补课。教研室也就安排我做了这件事。我抽出若干关键性的、最具基础性的问题讲了几次，看来他们没有表现出什么不满意，这也许是因为高年级学生的接受能力要强些吧！

我非常喜欢讲课，非常想按照自己初步形成的上述教学观念继续试验下去，但遗憾的是，这以后的一个长时期里再没有这种机会了。1963 年之后去参加农村和城市的"四清"运动。1964 年前后的"教学改革"，把课堂教学改得不三不四，其混乱程度同 1958 年的"大跃进"几乎不相上下，接着是十年"文化大革命"。直至 1977 年恢复高考以后，才又有了按照自己的想法去教哲学课的机会。1978 年之后的那些年，是我从事本科课堂教学的黄金时期，我从中得到了无穷的乐趣。

初登讲台的那段时间，和我任课的这个班级的学生、和教研室及系里某些领导人的相处都不是十分融洽。这个班级的学生年龄与我相差不多，有几位还比我稍大一点。有位女生说我骄傲自满，这类话显然不像学生评说老师的话，这种说话方式令我十分不悦，她大概是把我当作"六年级同学"了。越是怕学生不把自己当作老师，就越是在学生面前摆老师架子，不苟言笑，一副"圣人"面孔，使学生敬而远之，甚至望而生厌。就说这课吧，有的学生说听着费劲儿，这意见本应认真对待，认真考虑自己的讲授如何同授课对象的状况相适应。中外教育家都主张"因材施教""循序渐进"。但我对这意见却表现出十分的不耐烦，心里还想："这些人不是搞哲学的料。"从这点上说，我这"老师"是做得很不称职的。那时候我还不大懂得，所谓"站稳三尺讲台"，不能只是表现在讲台上，还须有课外功夫，例如感情交流、思想互动、建立互信，等等。

因为对教研室主任已经产生了一些成见，他一说话我就想发表评论。1963 年 3—4 月间，系里任命我做了哲学教研室的秘书。哲学系一共两个教研室，另一个是综合教研室，包括马克思主义哲学之外的所有学科如哲学史、逻辑学等，而在人数上哲学教研室却占了全系教师的近三分之二。教研室没有副主任（原来一位副主任已调回原籍），这秘书就算是一个重要职务了。系党总支明确宣布教研室由支部书记、主任、秘书构成"核心"，我这一下子就跃入"管理层"了。主任在我做秘书后的第一次谈话中，就说到教研室里"自由主义"很严重，要我多加注意。这"自由主义"就是毛主席在《反对自由主义》里说的"当面不说，背后乱说"。我一到南开就听到不少人"背后乱说"，其骨干分子就是我的人大校友如封毓昌、吴振海等，内容大多涉及主任学问上、教学上的一些事。主任跟我说这些话，是想要我当个"消防队"，但我的应答却可以说是"驴唇不对马嘴"。我说："你放心，我不会搞自由主义，我有意见一定会当面说的。"我还真是说话算数。一次，我作为助教随堂听课，听主任讲矛盾论。他用了至少20分钟的时间，反反复复地讲主要矛盾不是一个而是一种，他说的"一种"似乎就是一组或一把，并且告诫学生千万注意，千万不要将"一种"误解为"一个"。真是莫名其妙！我实在忍不住了，课间休息时对主任说："我不知道你的这种概念是从哪里得来的？《矛盾论》里多是讲'一种'，偶尔也讲过'一个'，人们在宣传《矛盾论》的时候多是讲'一个'，那是口语化了。这'一种'和'一个'没有什么区别呀！"主任不以为然，说是"这区别大了！"我又说，任何一个具体事物的矛盾，不论主要矛盾或非主要矛盾，都包含着多方面的对立统一关系。例如《矛盾论》里讲的在资本主义社会中无产阶级和资产阶级的矛盾是主要矛盾，而这个矛盾是从经济、政治、思想文化乃至军事等多方面展开的。但这个问题同关于主要矛盾的理论不相干了，把这种情况说成是一把主要矛盾，不会使学生更清楚，只会使学生更迷糊，并且说："希望你给学生澄清。

你不澄清，我们在辅导的时候澄清。"主任接着讲课时，只字不提这件事，显然是丝毫没有接受我的意见，并且是极端反感了。果然，当天晚上办公室主任、总支委员徐俊昇来到了我的宿舍，一坐下来就说："陈晏清，我问你，嘛叫助教？"我说："助教就是协助主讲教师教学的人。"老徐说："那好，助教和主讲教师意见不一致的时候听谁的？"我说："当然是谁对听谁的。"……最后老徐威胁说："我告诉你，和主讲教师唱对台戏没有好果子吃！你要这么闹下去，迟早是打铺盖卷儿——走人！"这一下真把我气着了，我针锋相对："你别吓唬我，打铺盖卷儿不是件多么可怕的事。前不久我本来就要打铺盖卷儿了，不是被你拦住了吗？"老徐走后，我立刻去找苏驼同志谈了此事。老苏认为我说的做的都没什么错，而对老徐的说法和做法却表示了不满。系里的最高领导没有批评我，反倒让我能在一种心情平静的状态下想想这件事，越想越觉得自己做得有些过分。不用说是对领导，就是对一位老师辈的长者，这么硬来硬去，这么咄咄逼人，也显得太没有修养了。我还是和当学生时一样青涩，怎么想就怎么说、怎么做。不论在处理同学生还是同领导的关系方面，都显示出自己还没有完成由学生到教师的角色转换。

三、"反修防修"和"四清"运动

1962 年来到南开的前后，我明显地感觉到国家的政治形势正在发生变化。1960 年后，大家都饿着肚子，没有力气搞什么"运动"了。全国上下同心同德共克时艰，这时候反倒显出那些年里少有的团结和安定。教育界、知识界也做了多方面的调整工作，纠正过火批判的"左"的错误。1962 年年初在广州召开的科技工作会议和文艺工作会议上，周恩来总理肯定我国知识分子的绝大多数已经属于劳动人民的知识分子，陈毅元帅宣布给知识分子"脱帽加冕"（即脱"资产阶级知识分子"之帽，加"劳动人民知识分子"之冕），党和知识分子的关系有了改善。我们在大学毕业前后的这两年，是可以安安静静地坐下来读点书的两年。这种局面的出现，又使许多人重新激起了做学问的希望和热情。我在毕业时对工作的分配会面对那么艰难的选择，来南开后对这里的学术环境会产生那么多的不满，都源于这重新激起的希望。但过不多久，就发现实际的情形同我刚来南开时所想望的存在距离了，而且这距离越来越大了。这不是南开和人大的区别，而是两个时期的区别，是整个国家政治形势的一种变化，一种回潮。1962 年年初，党中央召开扩大的中央工作会议（即"七千人大会"），毛泽东和其他中央领导人做了自我批评，表示要认识和纠正"大跃进"以来的某些"左"的错误，要继续做好调整工作，包括政治关系方面的调整工作。可到了 9 月的八届十中全会，毛泽东却又把阶级斗争作为会议的主题，并把党内在认识上的一些分歧也视为阶级斗争的反映，提出在由资本主义过渡到共产主义的整个历史时期存在着无产阶级和资产阶级之间的阶级斗争，存在着社会主义和资本主义这两条道路的斗争，并提出，从现在开始，阶级斗争的问题必须年年讲，月月讲，天天讲。从此，阶级斗争的弦绷得一日紧似一日。

　　那个时候，"反修防修"（即反对和防止修正主义）成了"时代的最强音"。不论在媒体上还是在日常生活中，出现最为频繁的词语就是"阶级斗争""防止资本主义复辟""防止和平演变""警惕党和国家改变颜色"，等等。这些，同"反修防修"是同系列词语。大学的哲学系自然被推上了"反修防修"的第一线，哲学系的教师人人被推到了阶级斗争的风口浪尖上。

我来南开后，系领导指派给我的第一项任务就是主编《哲学与政治》的资料集。全系教师大多数人参与，查找马克思、恩格斯、列宁、斯大林和毛泽东关于哲学与政治的关系的论述，最后由我负责编辑成册，约 30 万字，打印出来供教学使用。这显然是一个将哲学进一步政治化的步骤，是同当时"反修防修"的阶级斗争形势相适应的。

在编辑《哲学与政治》资料集的同时，我按照组织上的安排，参加了一系列"反修防修"的理论活动。其中，比较重要的有以下几项。

1963 年春，开学之后即被派往天津市委党校参加整理苏联修正主义的资料，为时一个多月。那时天津市委党校在天津北（火车）站附近的法政桥旁，离南开大学较远，因此吃住都在党校。这个资料的内容涉及苏共文件中的主要修正主义观点，以及苏联社会"和平演变"的情况，包括意识形态领域和生活方式方面的问题。

从市委党校回校后不久，4—5 月份又在河北宾馆（现天津宾馆）参加天津市的党员政治理论课教师的"反修学习班"，也是一个多月。南开大学去了十多人，组成一个小组，组长好像是经济系的蔡孝箴。这次学习的主要任务是比较系统地了解和批判苏联修正主义的基本理论观点，在一些重大问题（实际上是中苏两党激烈争论的问题），例如关于暴力革命的问题、无产阶级专政的问题、帝国主义的本性和现代战争的根源等问题上，划清马列主义同现代修正主义的思想理论界限。那时反修学习是最重要的政治学习，会议开得非常严肃，阅读文件、讨论发言都很认真、规范。我作为刚刚进入教师行列的青年教师，就更多了几分谨慎和认真。除了会议规定的学习任务外，我还注意在其他方面也向老教师们学习。给我印象最深的是蔡孝箴老师。他的发言有条有理，分析深入细密，几乎没有什么废话。我心想，经济系不愧为一个老系，在我们哲学系像这样有水平的教师实在是太少了。许多年后我还同蔡先生说过："你当时在我的心目中是理论课的标准教师。"这是真心话。伙食吃得非常好，天天能吃上小炖肉、小站米饭，在刚刚走出经济困难时期的 1963 年，这吃法让人感到过于奢侈了。但伙食费都是自己交的，每天一元，会上没有补贴，不似现在开会就是吃喝，而且多是白吃白喝。我是见习助教，月薪 46 元，这伙食费就占去了三分之二。住宿在我看来也太过豪华，楼道里都铺着红地毯。说来也巧，进宾馆的第二天，我的右脚皮鞋的前掌儿开裂了，露出钉子了，在地毯上只能脚后跟着地，走路一瘸一拐的。学校党委宣传部的副部长邢馥德说："这哲学系怎么来了个瘸子？"我心想，这一个月多吃进嘴里的钱足可以买回来两双新鞋，要是不跑到这里来"反修"，哪还会有什么瘸子不瘸子的事？

从河北宾馆回校以后，就是讲课、编资料。寒假后下乡搞"四清"。1964 年从乡下回来以后不久，8 月份我又上了"批修"斗争的第一线。这回是真刀真枪的上火线了。河北省委组织了一个写作组，要写一篇"反修"文章，题目是"无产阶级知识分子成长的道路"，是准备送《红旗》杂志的。写这篇文章的用意，无非是针对苏联知识界"变修"的事实，结合我国知识界的状况，阐述知识分子应当坚持"反修防修"，防止知识分子成为修正主义的社会基础，成为复辟资本主义的社会力量。写作组由十余人组成，其结构形式是一个地地道道的"金字塔"。位于塔尖的是河北省委书记张承先，写作组由他挂帅。那时，天津市不是中央直辖市，只是河北省的省会，这个写作组实际上是一个天津市的写作组，因此，张承先下面的实际负责人是天津市的两位领导干部，一位是市委文教部长王金鼎，一位是副市长娄凝先。他们召集写作组开过两次会，平时就是听汇报、发指示，我们大多数人见不着他们的面。成天同写作组的人一起"摸爬滚打"的领导人是三位大学党委的宣传部长，一位是天津师范学院（现天津师范大学）党委宣传部长江海，一位是河北大学党委宣传部长刘文，一位是南开大学党委宣传部副部长张义和。很巧，这三位都是解放战争时期平津地下党负责学运的老同志，他们的共同语言很多。写作组又分成三个小组，由他们一人带领一个小组，每个小组指定一名执笔人，其中一位是南开大学中文系教师雷声宏（后来调任《红旗》杂志编辑），一位是河北大学哲学系教师陈万全（后来调河北省委宣传部，20世纪80年代做过副部长），另一个就是我，总执笔人是江海。最辛苦的当然是这几个执笔人。写作组集中在天津市干部俱乐部的一座小红楼，这楼为写作组专用。大多数人都是早来晚走，同平日上班一样，只有我和另外两个单身汉索性住在小红楼。

这样组成的写作组，工作效率极低。表面上看组织严密，分工细致，实际上不出活儿。早早把执笔人定下来，不执笔的人只是动嘴，大家就海阔天空、漫无边际地侃大山。新鲜有趣的事儿互相听到很多，落实到文章上的东西却少之又少。折腾了将近三个月，各组弄出来一个初稿交江海统稿。江海是当时天津市有名的"笔杆子"，但他也无能为力，笔下生不出花来。文章最后的去向我不清楚，只知道《红旗》杂志并没有采用。

文章没有写好，但这三个月里我在思想上受到的影响却不可低估。当时认定苏联的知识界形成了一个由高工资、高稿酬撑起的高薪阶层，形成了一群脱离人民的精神贵族，他们是修正主义的社会基础。中国的"反修防修"，一个重要的方面就是要防止出现这样的高薪阶层、精神贵族。在阅读文件和讨论过程中接触到的一些材料，说的都是知识分子的丑陋、阴暗、怪异（其实，这类现象在任何一个社会群体中都可以看到，而不为知识分子所独具。但当时没有获得这样的认识），似乎知识分子的这些问题是同他们的职业特点紧密相连的，是天然地存在的。我有了这种片面认识，因而，对"反右派斗争"以后的一整套"左"的知识分子理论、意识形态理论，便都毫无保留地接受了。想想自己，既然一不小心也成了知识分子，那就要准备思想改造一辈子，时刻不可松懈。总之，我在思想上变得更"左"了，更"革命化"了。

在干部俱乐部红楼写作组的这些日子里，南开大学哲学系还组织了对青年教师鹿世举的批判，我也是这场大批判的积极分子。鹿世举是 1962 年从复旦大学毕业分配到南开的。在复旦上学时，他和他的同学曾同苏联驻上海领事馆有过联系，被检察机关判定为"里通外国"而批捕。送监狱之前，在学校小礼堂开了一个由全校文科教师参加的批判大会。批判鹿世举，是以对敌斗争的形式将批判现代修正主义的斗争推向了高峰。系里指定我为批判会的发言人之一。我对待这项任务的态度是极其严肃、极其认真的。但是，一个意外的情况却使我陷入尴尬，乃至陷入险境。开批判大会的前一天，系党总支通知我上午 8 点回校通稿。我吃完早饭后急匆匆地往回赶，一上公交车就内急，下车后一路小跑奔进八里台 94 路无轨电车站的一个公厕。出于无奈，我用了两页稿纸，并且是用的前两页。通稿轮到我的时候，我很抱愧地说了这个情况，并且说："但不要紧，我都能背下来"。这三位党的领导人是三种态度。徐俊昇的"政治修养"较差，他居然和其他参加通稿的人一起"嘿嘿"地笑；苏驼面无表情，一声不吭；郭毅则是一脸怒气，训斥道："太不像话了！这起码也是骄傲自满。"我真是觉得冤屈，这同"骄傲自满"扯得上吗？但一想，还是忍了吧，人家说的是"起码"，上面还没有封顶呢，这件事能以思想意识问题结论，也就阿弥陀佛了。我再申辩，说不定调子还会往上调呢。那时候，处在阶级斗争的亢奋状态下的人们，不大容易用常人的逻辑去想问题。我想，我要是个什么党总支副书记，可能也会这么做。

批判国际上的修正主义，是为了解决国内的问题，为了反对和防止国内的修正主义。毛泽东认为，在苏联发生的问题，在中国也已经发生和正在发生，最突出的就是据说有人提倡"三自一包"（自留地、自由市场、自负盈亏和包产到户）；在国际关系上有人提倡"三和一少"（对帝国主义要和，对现代修正主义要和，对各国反动派要和，对各国人民革命的支持要少）。既然中国已经出现了修正主义，那就要发动大规模的阶级斗争，来摧毁修正主义的社会基础，挖掉修正主义的根子。这就是要在政治思想领域开展大批判的同时，在全社会开展社会主义教育运动，在农村叫作"四清"（清理账目、清理仓库、清理财物、清理工分）运动，在城市叫作"五反"（反贪污盗窃、反投机倒把、反铺张浪费、反分散主义、反官僚主义）运动。于是，大学文科的师生便陆续开往"四清""五反"运动的前线，当然更少不了哲学系的师生。

1964年春节过后，南开哲学系师生被派往河北省安次县万庄公社参加"四清"运动，5月中旬返校，历时三个月。我和童坦带领63级近20名学生参加了万庄公社大五龙三大队的"四清"运动。这是哲学系派出的一支最大的队伍，同安次县委派的干部共同组建工作队，我任工作队的副队长。

在农村参加三个月的"四清"运动，除了大搞"神秘主义"这一条还记忆犹新以外，其他的事情都没有留下太深的印象。

在工作队进村之前，要求树立起"敌情"观念，在思想上已有了一个预设：这个村子的政权可能不在共产党手里了。因此，我们进村以后，不仅对村干部，而且对其他任何人都心存戒备，不轻易同他们对话。工作队采取土改时的访贫问苦、扎根串联的老办法，先寻找"根子"，重新组织阶级队伍，再依靠这支阶级队伍去寻找问题，发现"敌情"。"根子"的挑选对象，是那些历史清白、社会关系清楚、没有当过村干部、生活仍很贫困的贫下中农社员。为了选择"根子"，把所有的社员都查了个遍，都要"查三代"。以我"蹲点"的第一小队来说，筛来选去，最后确定的两个"根子"是一张姓贫农和一陶姓贫农。但"依靠"了他们一段时间之后发现，这两人的政治素质都不高，他们提出的问题都是一些鸡毛蒜皮，挂不上阶级斗争这个"纲"，其中有些还明显地属于"私愤"。他们的贫穷，并不是因为他们受了剥削或其利益受了什么人的侵害，而主要是因为他们劳动能力不强，年岁大点的张某患有慢性疾病，年纪轻点的陶某连基本的农活儿都不会做。所以，他们在群众中威信不高。其他小队的情况也大体如此。三个月里，清来清去，这个生产大队没有清出什么大的问题。扫尾和善后的工作留给县里派出的工作队员去做，我们按期返校了。参加这次农村"四清"，我没有什么"成就感"。

　　1965 年 9 月，我们又参加了城市的"四清"运动。1964年底至 1965 年初，党中央制定了《农村社会主义教育运动中目前提出的一些问题》（简称"二十三条"）。"二十三条"规定，此后城市和乡村的社会主义教育运动一律称为"四清"运动，"四清"的内容与此前农村"四清"的规定不同，而是"清政治、清经济、清组织、清思想"，并且明确规定，不论农村还是城市，"四清"运动的重点"是整党内那些走资本主义道路的当权派"。

　　南开哲学系师生这次是被派去参加天津市冶金工业局的"四清"工作团。我带领 62 级的十余名学生和几位教师去了冶金局所属的冶金实验厂。这又是哲学系派出的最大的一支队伍。这个厂是河北省委确定的"四清"运动重点单位，工作队由省委派遣，队长是省公安厅的任志成，还有省委政策研究室、省公安厅办公室及其他省直机关的干部，以及从天津市的一些机关和企业抽调的干部，加上南开的师生，一共三十多人。哲学系党总支书记苏驼也住在这个厂"蹲点"，大概学校这个系统也是把这里视为"重点"。我担任工作队的党支部副书记，书记是李银桥同志。李银桥曾是毛主席的卫士长，从 1947 年至 1962 年一直跟在毛主席身边，1962 年调天津国棉二厂任党委副书记。因为国棉二厂是刚刚搞完"四清"试点的企业，便派他带了几个积极分子来参加了冶金实验厂的"四清"工作队。李银桥同志十分和蔼热情，给人一种坚毅、真诚的印象，我对他非常敬重。党支部不是领导机构，它类似机关党委，主要负责工作队内部的管理，包括工作队员的政策理论学习、纪律、作风，等等。因此，我虽然也参加一些"四清"工作的活动和会议，但不固定在某一个工作组或工厂的某一个部门。

　　清查的重点是厂级领导班子，首先是厂党委书记。党委书记赵某确实问题多多，这恐怕正是将这个厂定为"四清"重点的重要原因。这个人浑浑噩噩，不学无术，心思全用在搞女人上面。把这么重要的国家企业交给这种人，确实是很危险的。另外一个重点人物是副厂长姜某，这个人也有生活作风问题，还有经营管理方面的一些问题。在一些中层干部中，也揭露了在经营管理和工作作风、生活作风方面的不少问题。这些问题的揭露和解决，是有助于企业的发展进步的。但是，从现在的眼光来看，把这些问题都纳入阶级斗争的范畴，采用阶级斗争的方式去解决，显然是不必要的，也是不妥当的，这极容易伤及一些存在一般性错误缺点的干部。就拿那位党委书记来说，说他是个"走资本主义道路的当权派"，这在概念上就很牵强。依我看，他整天无所事事，光惦着玩女人，是什么道路都懒得走的，定他个"腐化分子"更为贴切。对这样的干部，严格执行党的纪律就可以解决问题，无须搞这么大的政治运动。在运动中，普通的工人群众也搞了什么"洗手洗澡"，检讨所谓"资本主义思想"，这就更不必要也不应当了。

在冶金实验厂的"四清"运动搞了将近一年，直接同"文化大革命"连接上了。我是于1966年5月底被学校紧急召回，其他的人直至6月底才撤出。

这个时期的社会主义教育运动是"全面开花"的。在去农村和工厂参加两次"四清"运动的间隙，即1964年秋季至1965年春季，学校里也开展了和农村、工厂的"四清"运动性质相同的运动，也进驻了工作组。

1964年秋摄

进驻哲学系的工作组是由天津其他高校抽调的教师干部，组长是天津大学马列教研室的丁学志。他们的工作方式同"四清"工作队大体类似，也是先对系里的政治情况排查摸底，发现积极分子，然后揭露问题，分步骤地解决问题。我本人显然是被工作组确定的"积极分子"，类似于农村的那种"根子"，因为我还被派往三位教师的原籍江苏、山东对他们做过政审。与农村、工厂的"四清"运动有所不同的是，学校里的运动更侧重于清理意识形态方面的问题，哲学系这样的理论系科还包括理论观点、理论倾向方面的问题。但南开哲学系重建的历史不长，正式建系还不到三年，在学术理论上还几乎没有像样的研究成果，个别教师在一些重要理论争论如关于"一分为二"与"合二而一"的争论中有些摇摆，但都算不上什么问题，没有引起有关方面的特别关注。因此，基本上是自我教育，自己检查在对"三面红旗"（总路线、大跃进、人民公社）、对现代修正主义、对党的现行政策等方面的认识错误，以及个人主义、名利思想、资产阶级生活方式等方面的问题。在学生中也开展了这类活动，有的女学生喜欢穿花衣服都要挖挖"思想深处"。

在社会主义教育运动的中后期，还进行了教学改革。教改的方向当然也是"反修防修"。在教育体制上，根据刘少奇"两种教育制度和两种劳动制度"的报告，试行"半工半读"制度。1965年秋季开学后，63级学生开赴天津机车车辆厂实行半工半读，学生进入车间班组编制，既做学生又当工人。在教学内容上，突出毛泽东哲学思想。毛泽东的《矛盾论》《实践论》《人的正确思想是从哪里来的？》《关于正确处理人民内部矛盾的问题》被视为最重要的经典著作，被视为基本教材，同时配合学习毛泽东的其他著作。中外哲学史乃至马列主义经典著作都大幅度减少课时。王兴华同志多年讲授列宁的《唯物主义和经验批判主义》，他对这种改革方案表示不满，这也成了"问题"，被视为对高举毛泽东思想伟大红旗有了怀疑和动摇。可以看出，"文化大革命"中达到了疯狂程度的"大树特树"，这时已经有了它的初步表现。林彪提出的"要用百分之九十九的时间学毛著"，这不能归结为他一个人的荒谬和阴谋，而是逐渐形成的一种社会思潮，是在"反修防修"的旗号或借口下搞出来的。在教学组织形式上，撤销教研室。这不是因为对"教研室建制"这种苏联模式的弊端有了认识，而在实质上是为了淡化、弱化"专业"观念。全系建立一个教师党支部，以便加强对教学活动的政治领导。我被增补为支部委员，并主持支部工作，支部书记的职务则由党总支副书记郭毅兼任。

经过这三四年的"运动"和教育，南开哲学系被改造成了"反修防修""兴无灭资"的阵地。哲学系能"左"到这种地步，我至少起了推波助澜的作用。后来有人贴我的大字报，说一个刚刚大学毕业的小青年，竟如此"红得发紫"，成了"哲学系一霸"，很是愤愤不平。"红得发紫"大体符合事实，但所谓"一霸"就言过其实了。对这种大字报，我毫不以为然，因为其眼光狭隘，思想浅薄，不过是骂骂街而已。如果能够联系当时的历史背景，对我"走红"的原因以及这种状况对我个人、对事业造成的影响做些认真的分析，那么，尽管"大字报"这种形式令人憎恶，但其内容还是值得重视的。

社会大动荡后的沉思（1977—1983）

一、对"四人帮"哲学的系统批判

粉碎"四人帮"，人们都有一种"天亮了"的感觉，都沉浸在"第二次解放"的欢庆之中。当时最急迫的任务无疑是政治上、组织上的清理，思想理论的批判方面在开始时还是有所滞后，当然也做了不少工作。我也写过几篇文章，如与方克立、刘泽华合作写过"评'四人帮'的评法批儒""评'四人帮'的'清君侧'"等。有意思的是，还和魏宏运先生等合作写过"'五四'时期反孔的英勇战士周恩来同志"，洋洋万言，原本是《红旗》约稿，后发表于《光明日报》上。"四人帮"不是搞"批林批孔批周公"吗？我们就写文章来论证，周恩来早在"五四"时期就是反孔的英勇战士了。这些说明，这个时候对"四人帮"的思想理论的认识还是相当有限、相当表浅的。我还写过几篇哲学批判的小文章，如批判"四人帮"的形而上学、"斗争哲学"等，但只是零敲碎打，不得要领，更谈不上什么深刻性。这种状况，显然是不能令人满意的。"文化大革命"是我们国家历史上极其沉重的一页。"四人帮"祸国殃民，给我们国家和民族造成了如此深重的灾难，如果对它只是停留于情感上的愤恨，而不深入进行思想理论上的清理和批判，就不仅很难迅速地改变林彪、"四人帮"横行十年所造成的政治局面,而且会留下无穷的后患。而在思想理论的批判中,哲学的批判又具有根本性的意义。因此,1977年初我萌动了对"四人帮"的哲学进行系统批判的念头。

正好在这个时候,天津人民出版社来南开组稿。编辑部理论组的负责人杨清文(不久后担任了这家出版社的社长)来哲学系找了一部分教师座谈。会上,冒从虎提出应该出一本系统批判"四人帮"哲学的小册子,并且说"老陈就可以做这件事",同时也还有几个人附和他。老冒的意见同我的想法完全一致,但我在会上不敢表态,因为实在是心里没有底。系里的主任赵文芳上心了。散会后的当天晚上,他就跑到我的家里,动员我接受这个任务,说我笔头快,写个四五万字的小册子不费什么劲。老赵是那么诚诚恳恳,而且那么反反复复,我架不住他"磨",只得应了下来。老赵出了我家的门,就走进了牛树春家的门。牛树春是天津人民出版社的一位负责人,原来是南开中文系的教师,也住在南开,离我家很近。第二天,杨清文便奉命再次来到南开,和我正式议定了这件事情。同杨清文说好之后,又见到了方克立,同他谈起此事。老方说:"四五万字算个什么!至少要照着十五万字左右写,那才像本书。"我心想,这四五万字还在发愁呢,十五万字更没谱了。但老方的意见我不能不听。老方是很有眼光的,在学问上我是很佩服他的。后来按照他的建议把二十万字的稿子写出来了,出版了,取得了同最初的设想大不相同的结果,我当然很是感谢我的这位老同学,感谢他在关键时刻提出了关键性的建议。

目标确定之后,第一步也是基础性的一步工作,就是搜集材料,尽可能详尽地搜集"四人帮"的哲学言论及一切应当做出哲学分析的言论。这不只是王、张、江、姚四个人的言论,还应包括"四人帮"的帮派体系中所有骨干人物的言论。为此，我必须查阅"四人帮"横行十年期间由他们控制的报刊，主要是《人民日报》和《红旗》杂志，还要特别注意他们的帮刊如《学习与批判》上的文章。粉碎"四人帮"后，在报刊上发表的一些批判文章中，揭露了"四人帮"及其余党许多未曾公开发表的言论，这些材料十分珍贵。所以，"文化大革命"结束后出版的主要报刊，我也必须跟踪阅读，一天都不能落下。这项工作是十分艰巨的。我没有组建什么写作组，也没有助手，身边连个学生都没有，全靠自己单枪匹马去做。那时候的工作方式也是很原始的，要去图书馆一篇一篇、一页一页地翻看，不似现在可以利用互联网，鼠标一点就都可以看到了。这项搜集材料的工作做了好几个月，至少在马骠先生重提写作资产阶级法权问题的文章之前是没有做完的，因为在我开始写作这本书的初稿以后就再没有承担任何其他的写作任务了。

这些材料堆在一起，庞杂得很。有些带点理论色彩，有些则是帮派人物的信口雌黄。直观地看，那就是一个大杂烩。我的批判不能也搞成大杂烩，用我的大杂烩去对付他们的大杂烩。这就要从庞杂的材料中把握到"四人帮"哲学的基本思想和基本特征，弄清楚"四人帮"的哲学究竟是一种什么哲学。这是最困难也是最重要的工作。弄清楚它是什么之后，对它的批判倒不是特别难做的事情。

"四人帮"不是什么著作家，更不是哲学家，他们的哲学思想不仅从一些零散的哲学言论或同哲学相关的言论中表达出来，而且更是在他们的政治实践中体现出来的。因此，必须把对他们的哲学言论的分析和对他们的政治实践的分析结合起来，并且应以对政治实践的分析为主。否则，就不可能准确地把握住"四人帮"哲学的实质和特征。例如，"四人帮"哲学的基本特征是唯心论的先验论还是唯心论的经验论？对这个问题，我就思考过很久。从其哲学言论看，这两方面的特征都具备，且都很明显。把他们作为个人看，他们的言行都露骨地表现出唯心论的经验论的色彩。他们都是一些极端狂妄的唯我论者，尤其江青，真像狄德罗所十分恰当地比喻的"发疯的钢琴"，"以为它是世界上仅有的一架钢琴，宇宙的全部和谐都发生在它身上"[①]。这是最能表现他们的人格、作风的方面，也是最遭人厌恶的方面。但把"四人帮"作为一个政治集团去看，它的哲学的主要特征则是唯心论的先验论。十年"文化大革命"，他们都是把唯心论的先验论作为理论纲领。他们鼓吹"天才论"，鼓吹"大树特树"，制造个人迷信，把毛泽东神化之后便打着毛泽东的旗号去实现他们的目的。林彪反党集团用"天才论"为他们的政治纲领服务，"四人帮"则抛出"反经验主义为纲"，为他们的"老干部是民主派，民主派就是走资派"的政治纲领提供所谓认识论的根据。他们说"老家伙都是经验主义"，所谓"反经验主义为纲"也就是反老干部为纲。不论"天才论"还是"反经验主义为纲"，都显然是一种唯心论的先验论。这是林彪、"四人帮"哲学的主要特征。（"文化大革命"结束后的"两个凡是"，仍是一种唯心论的先验论，它典型地体现了林彪、"四人帮"哲学的流毒，也最能清楚地说明批判林彪、"四人帮"哲学的意义所在。）因此，我在书里写了这么几句话："唯心论的先验论、天才论，是他们蓄意煽起的毒害整个社会的反动哲学思潮，而唯心论的经验论、唯我论，则常常是他们自己说话办事所实际遵循的原则。"[②]这种区分显然是必要的，是着眼于"四

---

① 转引自列宁：《唯物主义和经验批判主义》，《列宁选集》第 2 卷，人民出版社 1995 年版，第 33 页。

② 陈晏清：《"四人帮"哲学批判》，人民出版社 1979 年版，第 67 页。

人帮"的政治实践的分析做出的。

采取哲学言论的分析和政治实践的分析相结合的方法，可以清晰地看出，"四人帮"哲学的主要内容是唯心论的先验论、斗争哲学、上层建筑决定论以及唯心论的阶级斗争观，而其整个世界观的核心则是权力意志决定论。这是他们在"文化大革命"中全部活动的哲学根据，是我们应当深入批判的主要的东西。另外，作为他们理论活动的手段，并最能表现他们的作风、人品的东西，如实用主义、唯我论、诡辩论、流氓史观等，也应加以揭露和批判，这不仅能使批判工作做得更加完整，也大大有助于人们认识"四人帮"的丑恶面目。这样，我就大体上构造出来了一个批判的基本框架。1977 年 9 月份，当我按照这个框架拟出了一个初步的写作提纲的时候，真有一点"欣喜若狂"的感觉。

这部书的初稿写作用了约四个月的时间，平均每月三章，大体上是十天左右一章。我使用的是 16 开大稿纸的反面，因为"爬格子"太慢，并且依我的写作习惯，初稿只用铅笔。这样便于随时涂改、调整。用铅笔写字比较快，写字快一点也有助于前后连贯、一气呵成。初稿着重于基本论点的确立和材料的安排，文字上不做过细的推敲。所以，这个阶段显得不是特别紧张和劳累。快到春节的时候，写完了初稿。春节过后，正月初六，串门、拜年的高潮过去，我便迫不及待地要把这些铅笔字誊到格子里去了。这个阶段，以平均每天近七千字的定稿速度进行，几乎每天工作 15 小时以上，而且一天也不间断，确实感到非常之紧张和劳累了。1978 年 3 月中旬的一个星期日，还差结束语的一千来字没有誊完的时候，我一个字也写不下去了。正好我的夫人开了几副中药，我便帮她去药店取回，这样可以放松两个小时，回来再写。这家药店是南开大学公费医疗的指定中药店，在佟楼的儿童医院附近。提着几包药草在路上走着，忽然想起年前市委宣传部的江海同志向我吹过牛皮，说他的抗震临建棚子①搭得如何高档，如何舒适，但春天气候转暖，地面开始反潮以后便将拆除，要我一定去观赏一下他的"别墅"。他这"别墅"就在佟楼花园，我便走进花园挨户寻找，照着外观比较高档的棚子去找，果然很快就找到了。又正好是星期日，他不上班，正在那里享受他的最后的"别墅"生活。他见到我就问："你那书写得怎样了？"我说"今天回去把目录抄好，明天就送出版社"，并且把书稿的大致情况说了一下。江海同志说："稿子不要送天津人民出版社了。这个出版社问题不少，我们下周就派工作组进驻。你这种稿子他们不敢定，必须经过外审，这一外审就没准儿了。我帮你推荐到人民出版社去吧。"我当然很是高兴，却又有所顾虑：一是人民出版社高不可攀，那是国家出版社，书稿质量要求很高，审稿很严，这稿子怕人家看不上；二是对天津人民出版社不好交代。虽然没有和他们签订合同，那时候的人们也没有什么合同意识，但信用还是要讲的。是人家约的稿，又不给人家了，将来怎么打交道？（三年之后，我编写的一本发行二百多万册的教材，就曾坚持在这家出版社出版，算作一种补偿。此事后面将详细叙述。）但江海同志讲的道理似乎更硬，如果为顾及面子，把事情搞黄了，那就真是"因小失大"了。

稿子寄去后，不出半月，人民出版社就答复决定采用。（我在为纪念百年南开写的自述里，开始写的是"不出半月"，为避免引起误解，发稿时又改为"不出一月"②，反正半月也在一

① 地震后，为防余震，人们临时搭建了一些简陋的窝棚居住，天津人把它叫作"临建棚"。
② 参见陈晏清：《代序言："返本开新"——我的学术活动历程》，《陈晏清文集》，天津人民出版社 2007 年版，第 2 页。

月之内。）稿子是由一位有经验的老编辑袁淑娟先生审读，她还请她的丈夫、著名学者徐崇温先生帮助审读，同时，时任哲学编辑室主任薛德震先生也抓紧审读。他们的意见一致，都对书稿给予了肯定。后来袁先生跟我说，正好在接到我的稿子之前一周，曾退回过一个批判"四人帮"哲学的书稿。这可能使他们阅读我的稿子时有点新鲜感，可能是使他们这么快就决定采用的一个直接原因。人民出版社将决定采用的意见用电话及时告诉了江海同志。当江海同志把这个消息转告我的时候，那才真算得上是"欣喜若狂"了。我后来还遇到越来越多的好事喜事，但都没有一件事能让我兴奋到这种地步。现在的年轻朋友可能不大理解，一个学人都到 40 岁了，出版一本小书值得那么兴奋吗？我这年龄以上的人都知道，那年头出一本书是非常非常难的，因为出版社很少，国家拨给的出版经费很有限，审稿很严，尤其是政治理论读物，又尤其是在"文化大革命"刚刚结束的时候。

　　5 月中下旬，汪子嵩先生来天津参加一个学术会议，人民出版社托他捎来口信，要我 6 月 10 日（或许是 6 月 15 日，记不清楚了，但肯定是个逢五逢十的日子）去人民出版社修改初稿，要求住在出版社的招待所，时间要准备一个月以上。我从学校财务科借了 30 元钱，兴高而采烈地去了北京。出版社确定由汤群英同志做这部书稿的责任编辑。汤大姐是我的人大校友，工作非常认真细致，待人和蔼亲切，我们合作得很是愉快。因为这次修改之后要由编辑室最后敲定，所以实质性的修改意见是直接由薛德震先生谈的。德震先生虽只长我 6 岁，却已经是很成熟的出版家，同时也是理论家，其眼光之敏锐、思考之清晰，令人叹服。他提出的意见非常中肯，有根有据，有破有立。按他的意见去修改，很是顺手。这对于我后来指导研究生的学位论文都极有启发作用，给学生谈论文的修改意见，一定要得要领，一定要有破有立。我曾说过德震先生"是在我学术成长的起步时期给过我巨大支持和帮助的师长和朋友"①。这一点也没有夸张，绝不只是恭维话。

　　在人民出版社修改书稿的日子，我还结识了一位重要的朋友，这就是段若非先生。他当时是山西人民出版社的编辑，因为通过《人民日报》内参向中央揭发了陈永贵及其控制的昔阳县委的问题，引起了山西方面"官府"的不满，为避免山西"官府"找麻烦，只得躲在北京，也住在人民出版社的招待所。因为他不便出头露面，我还给他做过"地下交通员"，去台基厂给来自山西的人送过信。老段是北大哲学系 61 届毕业的，我们是同行，加上他是方克立在中学时的同班同学，这使我们很容易亲近起来。老段是一位思想深刻、学问功底扎实的学者，又有多年的编辑工作经验，那些日子他又是个"闲人"，所以，我经常向他请教。许多问题都同他讨论过，例如前面说到的关于"四人帮"哲学的主要特征是唯心论的经验论还是先验论的问题，等等。

　　在整个研究、写作和修改过程中，始终回避不了的一个问题就是对"文化大革命"如何定位的问题。人们对"四人帮"的评价是同对"文化大革命"的评价紧密关联的，甚至可以说就是一回事。麻烦在于，"文化大革命"是毛泽东亲自发动和领导的，如何评价"文化大革命"就同如何评价毛泽东直接关联。这个"连环扣"很难解开，在人民出版社修改书稿时也没有完全解开。关于这个问题，我和老段讨论较多。老段的看法十分明确，否定"文化大革命"是迟早的事，把刘少奇等人的案子翻过来是迟早的事。给我印象最深的是，有一次他拿着《哲学

---

① 薛德震：《征途——薛德震哲学书信集》，人民出版社 2010 年版，第 7 页。

研究》上的一篇文章来找我，这篇文章是我在人大上学时一位我非常敬重的老师写的。老段在文章上圈圈点点，批语写得密密麻麻，逐段逐段地加以评论和批驳。这篇文章还在批判杨献珍，这让我也感到惊讶。经过同老段的多次讨论，当然也经过自己的反复思考，我有了明确的认识和处置方案。一方面，在形式上，对"文化大革命"仍只能取"中性"的表述，不做肯定也不做否定。中央尚未做出否定"文化大革命"的决定（这是此后很久的事），而这本书的现实性极强，如果太超前了，是不可能让它出版的。更棘手的是，如果直接批判"文化大革命"就势必批判毛泽东。在专门批判"四人帮"的著作里批判毛泽东，那是绝对不可以的，即使现在，我也认为不宜这样做。另一方面，在实质上又必须对"文化大革命"持否定态度，这就是要否定"文化大革命"的基本理论和基本实践。否则，不仅对"四人帮"的批判进行不下去，而且，这本书即使出版了，也用不了多长时间就会成为一堆废纸。因此，在这本书里有两个问题是绝对不能含糊的。一是关于"无产阶级专政下继续革命的理论"，这是"文化大革命"的基本理论。如果仍然肯定这个理论，那就仍是肯定了"文化大革命"。二是关于刘少奇的问题。打倒以刘少奇为代表的一大批老干部是"文化大革命"的基本实践，继续维持刘少奇的冤案，也仍是肯定了"文化大革命"。这两个问题，现在看来是像一加一等于二那样简单明了的问题，可那时候还是思想界和全社会都十分关注而又没有明确说法的问题。这部书稿是在1978年7—8月间定稿的。中央明确提出所谓"无产阶级专政下继续革命的理论"这个有其特定含义的用语不宜继续使用，最早也是当年年底的事，而给刘少奇以及"文化大革命"中所有冤案平反则是更晚以后的事。这样的问题怎样处理，在当时还是很伤脑筋的。这个问题的妥善处理，保证了这本书的基本质量。当然，即使没有同老段的讨论，即使我自己还有一些糊涂，以薛德震先生的思想水平来说，他也会把好关口，不会让这类的错误在书稿中出现的。只不过经过同老段的讨论，心里更有底、更踏实了，下笔更留神了。从这点上说，段若非先生对于我的修改工作的帮助是让我铭感至深的。

二、对 20 世纪 50 年代以来
我国主要错误哲学思潮的清理

《"四人帮"哲学批判》是紧密结合于政治批判而对"四人帮"所做的理论批判，虽有一定的系统性，但还是比较粗浅的。在写作这部稿子时，我就颇有意犹未尽之感，许多问题限于"四人帮"哲学批判这个话题，不便深说下去。"文化大革命"的发生不是偶然的，从思想根源来说，它的发生是长时期背离马克思主义的思想路线的结果，林彪、"四人帮"是借势将已经发生的错误推向了极端。因此，真正实现拨乱反正的任务，还有许多工作要做，还必须结合总结 20 世纪 50 年代以来的理论教训，在理论和学术的深层上推进。这可以说是当时不少有识之士的共识。《"四人帮"哲学批判》出版后不久，段若非先生就曾邀我加盟写一本中国现代哲学史（他指的"现代"是 1949 年以后，实为"当代"），并且建议我写"文化大革命"前的 17 年这个时期。这本来很合乎我的想法，我就是想应当对这个时期的哲学思潮进行认真的清理，但我却借故推辞了。我觉得，写史和写论是大不一样的。写史要涉及具体的人和事。"文化大革命"前17 年几次哲学论战的当事人大多健在，有些不得不涉及的人还

是我非常熟悉的人，怕由此陷进理论界内部人际关系的是是非非。我想采取写"论"的方式，正面阐述自己的观点，尽量回避具体的人和事，这样效果可能会更好一些，有些问题的阐述也可能更便于深入一些。当然，争论是难以避免的，但那是正常的学术争论，只要处理得好，是不会惹出什么麻烦来的。

当年毛泽东针对某种现象说过"唯心主义盛行，形而上学猖獗"这样的话。固然毛泽东所指向的和后来人们所观察和体悟到的不完全是一回事，但借他的话作为对于我们国家一个时期里哲学状况的总体描述是再恰当不过了。"唯心主义盛行"的突出表现是唯意志论盛行，忽视和藐视客观规律；"形而上学猖獗"的最主要的表现就是"斗争哲学"的猖獗，即在对立面的

同一和斗争这两个方面中，只讲斗争不讲同一。"文化大革命"结束后，在写完《"四人帮"哲学批判》之后的两三年里，我对于哲学理论问题的思考也都是集中在这两个问题上，并写过一些文字。

（一）关于唯意志论

20世纪50年代中期以后的一个时期里，"发挥主观能动性"不只是一种哲学言论，而且成了一个十分响亮的政治性口号，几乎家喻户晓。在"发挥主观能动性"的名义下，片面强调干劲和热情，不讲科学态度和科学精神；在推进各项事业的过程中，片面夸大人的因素的作用，贬低和否定物的因素的作用，一味地批判所谓"条件论"；在人的因素里又只讲精神的因素，因而片面夸大上层建筑的作用、精神的作用，否定经济因素的决定作用；把想象当作事实，把可能当作现实，把只在以后的阶段才能实现的可能性当作现阶段即可实现的可能性，鼓吹"异想就能天开"，盲目追求"高指标"，以及由此而来的浮夸风、瞎指挥风、强迫命令风屡禁不止。所有这些，归结于一点，就是片面地抽象地夸大人的主观能动性，而否定或忽视客观规律、客观条件、客观可能性。有文章宣称社会主义社会已经从各个方面进入了自由王国，并把这叫作我们时代的"时代精神"①。这里所谓"自由王国"就是人们可以为所欲为。这种唯意志论的狂热性、盲动性不仅有理论的论证，而且有反保守、反右倾、反修正主义的政治运动助推，以至在1958年的"大跃进"中和1966年开始的"文化大革命"中达到了登峰造极的地步，给我们国家和民族造成了深重的灾难。这是国家民族的不幸，也是哲学的不幸，因为它把哲学搞得声誉扫地。清理20世纪50年代以来的哲学思潮，首当其冲的就应当是这股披着马克思主义

---

① 参见关锋：《抓住时代的精神》，载《红旗》1958年第12期。

的主观能动性理论的外衣出场的唯意志论思潮。

1979 年夏天，也就是《"四人帮"哲学批判》出版不久，上海人民出版社的编辑朱一智先生到北京组稿。人民出版社的同志向他推荐了我，朱先生便来到天津商谈。他要我自报选题，我首选了《论自觉的能动性》，并谈了大致的想法。朱先生非常高兴，我们当即敲定。这就又开始了我的第二部著作的写作。

写这本书的基本想法是，既要有理论的深度，又不能搞成纯学术的著作。既然写作的目的是清理这个时期的哲学思潮，那就要针对已经发生的问题，全书的布局要以清理思想、解决问题为线索。

唯意志论思潮的主要的、核心的问题，是忽视或藐视客观规律，不按经济规律办事，不按阶级斗争的规律办事，不按各个领域自身的运行规律办事，而是凭人们的主观意志行事，甚至是只凭某一个人或几个人的意志行事。清理这种哲学思潮，最重要的也就是从各个方面阐明主观能动性与客观规律性的关系问题，即人们改造客观世界的活动同客观世界本身固有的规律性之间的关系问题，既阐明主观能动性受着客观规律的制约，又阐明客观规律为人的主观能动性的发挥提供依据，即客观规律乃是人的有目的的活动的基础。而阐明这些问题的最重要的前提则是论证规律的客观性。在关于规律的客观性质的问题上，我选择了这样两个既具有重要意义又容易在思想理论上产生迷惑的问题做较为深入的阐述：一是关于社会历史规律的客观性问题；二是关于规律的变化同人的活动的关系问题。

规律和条件是紧密关联的。一定的客观条件是一定的具体规律发生作用的基础。人们依据于客观规律去创造和改变客观条件，又通过创造和改变客观条件而利用客观规律，使客观规律的作用产生有利于人们的结果，这就是发扬自觉的能动性的过程。针对过去一个时期里出现过的对于所谓"条件论"的批判，我用较大的篇幅阐明了辩证唯物论的条件论。笼统地批判所谓条件论，这种批判本身就是非批判的。各种哲学都有自己的条件论，我们要批判的是唯心论的条件论、机械论的条件论，而应当坚持的是唯物论的条件论、辩证法的条件论。所谓唯物论的条件论或条件论的唯物论，就是承认人们的认识和实践要受到各种条件的制约，承认客观条件是人的主观能动性借以发挥作用的客观基础。所谓辩证法的条件论或条件论的辩证法，就是肯定条件是可变的，并且认为条件是多方面的、复杂的。"铁人"王进喜有一句激动人心的豪言，叫作"有条件要上，没有条件创造条件也要上"。这豪言壮语曾成为一个十分流行的口号，但许多人对这句话的深刻含义并无清晰的理解。对于这个口号就应当做出辩证唯物论的条件论的分析。肯定条件可以创造，这是条件论的辩证法；但创造条件也不是随心所欲的，创造条件也需要一定的条件，这又是条件论的唯物论。坚持条件论的辩证法和唯物论的统一，对于我们在实际工作中正确地发扬自觉的能动性是非常重要的。

　　针对那种认为社会主义时期在一切方面都进入了"自由王国"的论点，我还比较系统地阐述了自由与必然的关系问题。颇具新意的是，我发现，我们过去关于"自由王国"的概念，包括毛泽东在那段关于人类从必然王国向自由王国发展的著名论述里使用的概念[1]，同马克思和恩格斯的"自由王国"概念并不是一回事。恩格斯关于"自由王国"的经典论述是在《反杜林论》里的一段话。他说，一旦消灭了生产资料的私人占有制，产品对生产者的统治将会消除，人们将支配和控制自己的生存条件，成为自己的社会结合的主人，"这是人类从必然王国进入自由王国的飞跃"，并称这是一项解放世界的事业，"完成这一解放世界的事业，是现代无产阶级的历史使命"[2]。显然，恩格斯不是在这里讲认识论。他讲的必然王国和自由王国都是指的社会状态，"必然王国"是指人被物化的社会关系所支配即人受物支配的社会状态，"自由王国"则是指人支配自己的社会关系即人支配物的社会状态。马克思关于"自由王国"的经典论述是在《资本论》里的一段话。马克思说："事实上，自由王

────────────

　　[1] 周恩来在第三届全国人民代表大会所做的政府工作报告中转述了毛泽东的这样一段话："人类的历史，就是一个不断地从必然王国向自由王国发展的历史。这个历史永远不会完结。……人类总是不断发展的，自然界也总是不断发展的，永远不会停止在一个水平上。因此，人类总得不断地总结经验，有所发现，有所发明，有所创造，有所前进。……"这段话编进了《毛主席语录》，在当时已是家喻户晓。

　　[2] 恩格斯：《反杜林论》，《马克思恩格斯选集》第 3 卷，人民出版社 1995 年版，第 633—634 页。

国只是在由必需和外在目的规定要做的劳动终止的地方才开始；因而按照事物的本性来说，它存在于真正物质生产领域的彼岸。"物质生产的领域始终是一个必然王国，"在这个必然王国的彼岸，作为目的本身的人类能力的发展，真正的自由王国就开始了"①。这里同样不是在讲认识论。马克思讲的"自由王国"的基本内涵就是人类能力的发展成为目的本身，这当然指的是一种社会状态，是马克思认为最理想的社会状态。诚然，马克思和恩格斯论述的"必然王国"所指的必然性是有区别的，因而他们所谈的从必然王国向自由王国的飞跃这个命题的具体含义也有所不同，但都是讲的从一种社会状态向另一种社会状态的飞跃却是无疑的，而且，他们的论述在思想实质上的一致性也是无疑的。

我在书中写了这样一段话："我们正确理解马克思和恩格斯的这些论述，就可以弄清人们经常谈论的'自由王国'究竟应当是怎么一回事了。所谓'自由王国'指的是一种社会状态，指人们成了社会关系的主人，因而人不再受物的支配，人的能力的发展成为目的本身，亦即人的能力可以自由地发展的那种社会状态，那就是共产主义社会（社会主义是它的低级阶段）。与'自由王国'相对立的所谓'必然王国'即是指人受物的支配即受自己所创造的社会关系的支配，因而人只是社会发展的工具而不是社会发展的目的本身那样一种社会状态。所以，实现'自由王国'的问题虽然同认识和利用必然有关系，同认识论有关系，但却不是讲的认识论问题。这样，我们也就可以明白，创造了优越的社会条件，或者说人们摆脱了旧的社会关系的统治而争得了社会的政治的自由，绝不等于在一切方面都获

① 马克思：《资本论》第3卷，人民出版社1975年版，第926—927页。

得了自由，绝不等于在所有领域都进入了什么'自由王国'。"①
在认识论的意义上无所谓"自由王国"。如列宁所说的，"必然
性变成自由时并没有消失"②，而自由一旦违背必然性却随时
可以消失。人们处在自由状态或不自由状态，只是必然制约自
由的两种不同的表现形态而已。

把作为认识论范畴的必然与自由，同作为社会历史范畴的
必然王国与自由王国加以区分，是非常必要的。如将它们混淆，
则一方面会造成思想理论上的迷误，如前所述；另一方面会遮
蔽马克思主义关于"自由王国"理论的真实意义。马克思主义
关于"自由王国"的理论的意义是非常重大的，它在马克思主
义整个理论体系中具有根本性的意义。联系到马克思和恩格斯
在《共产主义信条草案》《共产主义原理》《共产党宣言》和《资
本论》第一卷等著作中的一系列相关论述，可以说，马克思关
于"自由王国"的理论正是他对于共产主义的一种哲学表述。
我在书中，在引证了上述经典著作中的论述之后说："人自身获
得自由的全面的发展，是人的最高需要，是人类最美好的理想
境界，是人类真正的'自由王国'。这就是科学共产主义的真
谛。"③正是主要为了阐明马克思关于"自由王国"理论的意义，
我临时决定增写了"人类主观能动性的发展和人的解放"一章
作为最后一章，阐明把人的自觉能动性从不适合于它发挥的社
会条件下解放出来，是人的一切解放的基础。这两对范畴的区
分如此重要，所以我一直想写出专文予以澄清。但在当时，我
觉得尚有不便。一是我对于"自由王国"理论还研究得不够，
只能概说其然，而难以说清其所以然。二是这两对范畴的混淆，

---

① 陈晏清：《论自觉的能动性》，上海人民出版社 1983 年版，第 183—184 页。
② 列宁：《黑格尔〈逻辑学〉一书摘要》，《列宁全集》第 38 卷，人民出版社 1959 年版，第 171 页。
③ 陈晏清：《论自觉的能动性》，上海人民出版社 1983 年版，第 215 页。

在中国理论界乃至理论界之外的大多数人中是作为常识接受下来了的，我本人也是如此。上面引述的毛泽东的那段话，是作为"思想方法与工作方法"这一部分的第一段编进《毛主席语录》的，说的人和听的人都是从认识论的意义上理解所谓"必然王国"和"自由王国"的。如果专门写文章去说而又说得不清不楚，是不会有积极的效果的。

正好在这个时候，1980 年，我开始招收硕士研究生，我便建议李淑梅把"马克思主义关于'自由王国'的理论"作为她的学位论文题目。淑梅的硕士论文做得非常认真。她通读了《资本论》及其手稿以及经典作家其他论述有关人的发展问题的著作。为了读好《资本论》，打下坚实的经济学、哲学的知识基础，她还去本校的经济学系旁听《资本论》的课程，我还带她专门请教了著名经济学家、《资本论》研究专家魏埙教授。因为准备请李秀林、赵凤岐两位老师主持她的论文答辩，我还提前了许多时间把论文送交李秀林老师，并由他陪同，去拜访了著名经济学家吴树青先生（他们是对面邻居）。淑梅的论文做得很成功，基本上搞清楚了马克思的"自由王国"理论是怎么回事。直到1986 年，《哲学研究》第 3 期发表了李延明的文章"怎样认识人类从必然王国向自由王国的飞跃"，直接明确地提出"必然王国和自由王国不属于社会历史范畴，而属于认识论范畴；不是社会状态，而是人的认识——实践活动状态"，这才正好给了我们一个澄清问题的机会，我便和淑梅合作写了题为"应着重从社会历史角度理解马克思主义关于'自由王国'的理论"的文章，同李延明商榷，刊发于这一年的《哲学研究》第 8 期上。①

写《论自觉的能动性》这本书比较从容，不似写《"四人帮"

---

① 参见陈晏清、李淑梅：《应着重从社会历史角度理解马克思主义关于"自由王国"的理论》，《陈晏清文集》，天津人民出版社 2007 年版，第 259—266 页。

哲学批判》那样"只争朝夕"，也不是那么全力以赴，我同时还做了许多其他的事情。主要的写作时间是在 1980 年。1979 年夏天定下任务后，做了一些准备工作；1981 年春天只做了一些扫尾和修改的工作。这年夏天朱一智先生出差北京，我也正好要去北京参加由中国人民大学举办的全国高校哲学教师讲习班（让我讲《辩证唯物主义原理》中的"对立统一规律"一章），便约定在北京面谈和交稿。1981 年 7 月将书稿交给朱一智先生，正好整整两年之后，即 1983 年 7 月出版面世。现在看来，一部十几万字的稿子，"出版周期"两年，时间似乎长了点，但在当时，这是毫不足怪的。

1983 年与首届毕业硕士研究生合影（从左至右：李淑梅、陈晏清、郭天海）

这本书的大部分初稿是在防震棚子里写出来的。1980 年，是唐山大地震过后四年，地震警报早已解除，防震棚子也基本上被拆除，但因住房紧张，还有少量的棚子保留了下来。那年春节过后，我的岳父被查出患了食管癌，从乐亭县老家来天津治病。我的住房是筒子楼里的一个没有厨房、厕所的标准间，住不下老少六人，只得借了一间防震棚子，让岳父母住在楼里，我们一家四口住进棚里。这棚子当然也就成了我的"写作间"。这写作环境确实不好，问题还不在于空间狭窄，设备简陋，或冬冷夏热，蚊虫叮咬，而主要在于太过嘈杂。锅盆碗勺的撞击声，收音机播放的歌声，喊声、笑声、哭声及各种难以辨别的怪声不绝于耳。有一天，一位老兄拉胡琴，那琴是拉得真好，但我正在紧张思考，不仅无心欣赏，而且十分恼火，又无任何理由抗议。那是地道的无名火。我只得摔了一个瓷杯发泄。摔完后又苦笑："何苦呢？还得花时间去买一个！"后来我想出办法了。从这棚子走出二百米，过了马路就是水上公园后门的小树林，那里见不到什么人。有许多次我都是跑到那里去边走边想，打好腹稿后，回到棚子里写出来就可以了。

这部稿子，就清理哲学思潮来说，大体上达到了自己预期的写作目的，却也留下了几个重要的"问题"，亦即留下了进一步研究、思考的空间，其中有的成为我后来研究工作的重要基础。这主要是以下三个问题。

第一个问题是实践观点在马克思主义哲学中的地位问题。这本书的第一章"哲学史的回顾"列了三节，即"一、形而上学唯物主义怎样贬低了主观能动性；二、唯心主义怎样抽象地发展了主观能动性；三、马克思主义的实践论怎样科学地说明了主观能动性"。在第三节的结语里有这样一段话："马克思说：'哲学家们只是用不同的方式解释世界，问题在于改变世界。'这说的是马克思主义哲学和一切旧哲学的根本区别。'改变世界'，这是人类主观能动性的真正所在，是人类主观能动性的真正基础。因此，一切对于主观能动性问题的科学的理论说明，都要归结到'改变世界'的观点上来，归结到实践的观点上来。实践的观点是马克思主义的主观能动性学说的基石，实践论是马克思主义者在主观能动性问题上的基本理论阵地。"①主观能动性的问题不是哲学中的"一个"问题，而是哲学中的全局性、基础性的问题，它不仅涉及认识论，而且涉及历史观的基础性问题。这种思考，为后来在哲学体系改革的研究中坚持将实践观点作为整个马克思主义哲学（不只是认识论）的首要的、基本的观点打下了思想基础。

第二个问题是关于社会历史规律的客观性问题。在这本书中，在论证规律的客观性时，曾把社会历史规律的客观性问题作为一个突出的问题论述过，但也仍是从对"规律"这一概念的一般分析去论述的，而没有从社会历史过程的特殊性去做深入的研究。进入 20 世纪 80 年代中期以后，关于社会规律客观性的讨论日趋活跃。就国内哲学界、思想界的情况来看，既受到了国外非决定论思潮的冲击，也受到了某些在实质上是机械决定论思想的影响，理论上颇为混乱。讨论的核心问题是决定论和选择论的关系。对于这场讨论我不能置若罔闻。一是我既然写过《论自觉的能动性》这本小书，实际上就已经是进入了讨论，而这本小书对于这一问题的解决又很不彻底，连"半截子"都谈不上，我不能不再吭声了。二是这一问题涉及马克思主义世界观的根本哲学基础，不能不予以高度关注。因此，虽然那时候我的研究精力主要转向了社会哲学，但还是用了一定的时间和精力去研究这个问题，并且获准承担了国家社会科学规划重点课题"社会客观规律与人的自觉活动"。这一课题的最

---

① 陈晏清：《论自觉的能动性》，上海人民出版社 1983 年版，第 30—31 页。

终成果是我和阎孟伟合著的《辩证的历史决定论》，曾三易其稿，于 2007 年才由中国社会科学出版社出版。这一课题的研究还是继续《论自觉的能动性》一书的基本思路。所谓决定论和选择论的关系，在理论上也就是客观规律性和主观能动性的关系。因此，对于这一问题的理论解决，也仍是牢牢立足于实践的观点。"社会生活在本质上是实践的"（马克思语）这一命题便是作为历史决定论和历史选择论之统一的辩证的历史决定论全部立论的基础。

第三个问题是关于"自由王国"的问题。由对马克思主义关于"自由王国"理论的思考，联系到对人道主义问题的思考。

这种思考在我后来对于马克思主义哲学主体性维度的强调包括对于唯物史观价值论维度的注意以及政治哲学研究中关于认知和规范（事实与价值）的统一的研究，都产生了重要的影响。

（二）关于斗争哲学

不论在当时还是在后来，"斗争哲学"的概念都曾被滥用。在我的理解中，所谓"斗争哲学"不只是指那种"整人哲学"，而是指在对立面的同一和斗争这两个方面中只讲斗争不讲同一这样一种哲学思潮。在一个时期里，辩证法被归结为一个"斗"字，一个"分"字。最响亮的口号是"斗则进，不斗则退"，认为只有斗争才是事物前进发展的动力，一切对于斗争的限制都是对于事物发展的限制。只能讲"分"，不能讲"合"。讲"分"是革命辩证法，是马列主义；讲"合"则是矛盾调和论，是修正主义。这种哲学在实践上的表现就是无限制的斗争、不停顿的"革命"，什么破字当头、斗私批修、拔白旗、"穷过渡"、限制资产阶级法权、打"土围子"、实行"全面专政"等，均属此列。"文化大革命"登峰造极，以至人民四分五裂，人与人之间处于一种普遍的"战争"状态，国民经济也被"斗争"推向了崩溃的边缘。清理 20 世纪 50 年代以来我国的哲学思潮，这种"斗争哲学"同唯意志论一样，也是应当首先加以批判的。因此，在写作《论自觉的能动性》的同时，我还用了一些时间和精力去思考辩证法特别是对立统一学说的问题。

针对这种"斗争哲学"，首先思考的是矛盾同一性的作用问题。我写的第一篇阐述对立统一学说的文章，就是"论矛盾同一性在事物发展中的作用"，发表于《南开学报》1979 年第 4 期。关于矛盾同一性在事物发展中的作用，可以列出许多条，我在这篇文章中也列举了若干方面，而且这些内容都基本上由我写进了肖前等主编的教育部统编教材《辩证唯物主义原理》，但那些论述可以说还只是描述性的。按照对立统一的观点，同一性的最重要的作用是在于它对斗争性的制约作用，即矛盾的具体的同一性制约着矛盾斗争的形式和界限。绝不是什么"斗争就是政策"，绝不是在任何情况下都越斗越好、斗得越狠越好，绝不是只要去"斗"就能给人民带来福祉。如果不依据于对矛盾同一性的具体分析而选择斗争的恰当形式，不掌握斗争的界限，那就是乱斗一气，只会斗得天下大乱。整个"文化大革命"就是这种乱斗一气的"斗争哲学"的实践。关于同一性制约斗争性的思想，或进一步来说，同一性和斗争性相互制约的思想，最先做出明确阐述的是我的老同学吴启文教授[①]。而就我本人来说，关于同一性与斗争性相互制约的思想对于对立统一学说和整个辩证法学说的意义的更深刻的理解，还是在后来我和他共同思考同一性范畴的含义时才获得的。在"论矛盾同一性在事物发展中的作用"这篇文章中，我觉得颇具新意的是初次阐述了恩格斯关于辩证法也有保守的方面的重要论断。恩格斯在《路德维希·费尔巴哈和德国古典哲学的终结》里说："诚然，它（指辩证哲学——引者注）也有保守的方面：它承认认识和社会的每一个阶段对自己的时间和条件来说都有存在的理由。"[②]在事物有其存在的历史理由的时候，也就是矛盾双方相互依存的同一性在一定条件下仍然有利于事物的发展、有利于各种积极因素的作用充分发挥的时候，就应当保持矛盾双方的相互依存，使矛盾统一体不破裂，这就是斗争的界限。这是具体的矛盾同一性制约斗争界限的最重要的方面。在"斗争哲学"

---

① 可参阅吴启文的两篇文章：（一）《论矛盾的统一性在事物发展中的作用》，载《中山大学学报》1978 年第 3 期；（二）《怎样在对立面的统一中把握对立面》，载《哲学研究》1979 年第 4 期。

② 恩格斯：《路德维希·费尔巴哈和德国古典哲学的终结》，《马克思恩格斯选集》第 4 卷，人民出版社 1972 年版，第 213 页。

猖獗多年、辩证法的"革命性"被片面地膨胀多年之后，从辩证法学说的核心——对立统一规律上阐明辩证法也有它的保守的方面，阐明作为毫无片面性弊病的发展学说的辩证法应是相对的保守性和绝对的革命性的统一，这显然是有重要的拨乱反正的意义的。

在写这篇文章的时候，我已经发觉沿袭多年的、写进了权威教科书的关于"同一性"范畴的规定是有问题的。传统教科书是将同一性规定为"矛盾双方的相互依存和相互转化"，不仅肯定对立面的相互转化是"同一性"的一种含义，而且认为是比对立面的相互依存更加重要的一种含义。用这样的范畴去思考和解释现实生活、批判"斗争哲学"，去思考和解决辩证法的诸多理论问题，都遇到了不可克服的逻辑障碍。但这个时候，我还没有能力也没有勇气提出修正"同一性"范畴的问题。我只是在文章中指出："这种'斗争哲学'在同一性和斗争性的一般关系问题上，只承认斗争性是事物发展的动力，否认同一性在事物发展中的作用；在同一性的两个方面中，又认为只有对立面的相互转化才有积极的意义，而对立面的相互依存则是消极的。斗争和转化，是事物矛盾运动中的同一种倾向。'斗争哲学'就是片面地夸大了这种倾向。因此，要清除'斗争哲学'的流毒，关键是正确地说明对立面相互依存的同一性在事物发展过程中的作用。"[①]

当时，哲学界空前活跃，在几乎所有基础理论问题上都发生过或大或小的争论，在辩证法的领域也是如此。后来展开讨论的一些问题，例如关于同一性的相对性和斗争性的绝对性问题等，都和对"同一性"范畴的理解相关联，解决这些问题的

---

① 参见陈晏清：《论矛盾同一性在事物发展中的作用》，《陈晏清文集》，天津人民出版社2007年版，第168页。

理论上、逻辑上的困难都直接或间接地源自于以往对"同一性"范畴的不清晰的规定。这时候，我又重读了辩证法经典著作家们的一些论著，如黑格尔的《逻辑学》、列宁的《黑格尔〈逻辑学〉一书摘要》、马克思的《政治经济学批判导言》、恩格斯的《自然辩证法》、毛泽东的《矛盾论》，等等。我看到，经典作家们都是把辩证法的同一性规定为矛盾双方的相互依存，而不包括"相互转化"。比较棘手的是《矛盾论》里的一段论述，因为这段论述正是一直被视为将同一性规定为"矛盾双方相互依存和相互转化"的经典依据的。《矛盾论》里说："同一性、统一性、一致性、互相渗透、互相贯通、互相依赖（或依存）、互相联结或互相合作，这些不同的名词都是一个意思，说的是如下两种情形：第一，事物发展过程中的每一种矛盾的两个方面，各以和它对立着的方面为自己存在的前提，双方共处于一个统一体中；第二，矛盾着的双方，依据一定的条件，各向着其相反的方面转化。这些就是所谓同一性。"①这里似乎把相互转化作为同一性的一个含义是无疑的了，但联系《矛盾论》全文仔细研读这段话，甚至只需从语法上分析这段话便可以看出，毛泽东说的同一性的"两种情形"，乃是说的同一性的两种表现，相互转化只是相互依赖（或依存）这种同一性的表现。对立面之间相互转化的趋势表现着同一性是毫无疑义的。一物转化为他物，这他物是自己的他物，"是向自己的对立面的发展"②。所谓"自己的对立面"，就是本来和自己相互依存着的对立面。这就是说，对立面相互转化的趋势是由矛盾的具体的同一性规定的。正是在这点上说相互转化表现着同一性。但同一性和同

---

① 毛泽东：《矛盾论》，《毛泽东选集》第 1 卷，人民出版社 1969 年版，第 301—302 页。

② 参见列宁：《黑格尔〈哲学史讲演录〉一书摘要》，《列宁全集》第 38 卷，人民出版社 1959 年版，第 288 页。

一性的表现不是一回事，正像现象表现着本质但现象不是本质一样。经典作家们在表述方式上难免有些差异，但他们关于同一性范畴的基本规定是一致的。我确信自己的认识符合马克思主义，符合辩证法的精神实质。于是，我和吴启文合作，先后写了《矛盾同一性的含义及其与矛盾斗争性的关系》（主要由我执笔）和《必须用对立统一的观点理解同一性的含义》（主要由吴启文执笔）两篇文章，系统地阐明了我们对于"同一性"范畴的理解。我们的基本观点是：矛盾的同一性指矛盾双方的相互依存，即矛盾双方的相互肯定，一方肯定自己以肯定对方为条件。矛盾的斗争性则是指矛盾双方的相互排斥即相互否定。对于对立面的相互转化与同一性的关系，要区分转化的原因、过程和结果而加以分析。从其原因和结果看，对立面的转化表现着同一性，但它本身并不是同一性。从对立面相互转化的过程看，在这个过程中矛盾的一方既要排除对方的某种规定性，也要获得对方的某种规定性。获得对方的某种规定性可视为相互依存的同一性的转化形式。因此，对立面转化的过程是一个矛盾双方又斗争又同一的过程。但就其主要倾向来说，它是一个斗争性得以贯彻的过程，因为即使获得对方的某种规定性也是以排除对方的某种规定性为前提的。

在方法上，我们强调用对立统一的观点去研究对立统一规律本身。同一性和斗争性是辩证矛盾的两种互相反对又互相联结的属性。同一性与斗争性相互联结的实质就是相互制约，是以相互制约的形式表现的相互联结。也正因为它们是互相反对的，才能互相制约。有了这种互相制约，才有事物的矛盾运动，才有事物的正常发展。同一性制约着斗争的范围和界限，使事物在一定条件下保持相对的稳定性；斗争性制约同一性则使同一不至成为僵死的同一，使事物最终突破自己存在的界限而变成他物。同一性和斗争性互相制约的思想，对于理解"同一性"（和"斗争性"）范畴，对于理解对立统一规律，对于理解辩证法的诸多原理都至关重要。不是互相反对的东西是谈不上互相制约的。对立面的相互转化和对立面的斗争不是相互反对的，而在基本倾向上是一致的，转化不可能对斗争起制约作用。中国的"文化大革命"就是把斗争和转化紧紧地缚在一起这样一种理论的实践，这正是导致人们重新思考同一性含义的契机之一。

我们合作的第一篇文章《矛盾同一性的含义及其与矛盾斗争性的关系》是在学术研讨会上宣读的。1980 年 12 月，在总工会干校召开了全国辩证法讨论会，我的大学同学吴启文也到会了，那时他在中山大学任教。我请他看了我的文章后，他非常兴奋，说他对此问题也有过长时间的思考，表示完全支持我的观点。启文兄是我们班上的老大哥，是一位学术功底相当深厚的学者。有他的支持，我心里就更加踏实了。于是，我提议，这篇文章以我们俩的名义在会上发表，启文兄欣然同意了。出乎意料的是，在会上同我们辩论的主要对手竟是高清海先生。高先生的发言思辨性很强，针对性也很强，对于我们进一步的思考极具启发意义。我印象最深的是他强调了对立面相互转化的思想在辩证法学说中的重要性，强调只有从对立面的相互转化才能真正理解对立面的同一。我们回应的意见是，只有从对立面的相互转化才能理解对立面的同一，这无疑是完全正确的，这正好说明对立面的转化最深刻地表现着对立面的同一性，但它本身并不是同一性。争论两个回合之后，我准备打退堂鼓了。这倒不是因为"理屈词穷"了，而是有一种心理上的障碍。高先生已是享有盛名的大学者，我不过是初出茅庐的"小字辈"，我觉得这么没完没了的争论是对长者的一种不敬。但高先生却不这样看，他还是一再叫板，我也只得硬着头皮应战，结果当然是谁也没有说服谁。可这件事情给了我很大的影响，使我们之间开始建立起十分难得的信任和友谊。我觉得这是高先生看得起我，是把我的意见当回事，是对我的尊重，这让我深受感动。同时，我们的争论是纯学术的争论，没有掺杂个人意气，没有掺杂任何学术以外的东西。经过"文化大革命"之后，学术界最需要恢复和提倡的正是这种学风。能有机会加入这样认真、这样高水平的学术讨论，令我十分兴奋。我和高先生是在一个月前即 11 月份在昆明参加《辩证唯物主义原理》一书的审稿会时才认识的。在审稿会上，我对高先生的印象是此公思维非常清晰，口才极好，一脸威严，神圣不可侵犯。而且在我看来，他的年纪似乎比肖前老师还要大点（其实不然）。所以，我不怎么敢和他套近乎。没想到，高先生竟是这么豪爽，这么平易近人。此后几十年里，我和高先生交往甚密，一直把他视为良师益友。这同这次辩证法讨论会上给我留下了极好的最初印象显然是有关系的。

就"同一性"这个哲学理论问题来说，讨论会上高先生及其他一些学者的意见也给了我们重要的启发和帮助。两年之后主要由启文兄执笔的第二篇合作文章《必须用对立统一的观点理解同一性的含义》，就比第一篇文章的论证更加深入和充分了。例如文章中强调应当区分同一性和同一性的表现、强调同一性和斗争性相互制约的思想等，就显然是认真考虑了高先生的意见的。

对于"斗争哲学"的批判和思考所取得的理论成果，包括关于同一性的作用、同一性的范畴规定以及对立统一规律的重新阐释等，都由我作为撰稿人，写进了哲学教科书和辞典。肖前等主编的教育部统编教材《辩证唯物主义原理》（人民出版社1981 年出版）的"对立统一规律"一章由我执笔，《中国大百科全书》哲学卷（中国大百科全书出版社 1987 年出版）的"对立统一规律""矛盾""矛盾的斗争性""矛盾的同一性"等词条释文由我撰写。

1983 年 3 月出席《中国大百科全书》哲学卷编委会成立大会时，与应聘为词条释文撰稿人的同班同学合影（从左至右，前排：方克立、陈晏清、李惠国、陈瑛；后排：吴元樑、温克勤、唐凯麟、刘启林）

对以往这些错误哲学思潮的清理，是同新时期思想解放的历史需要相适应的。我国于 1978 年开始的思想解放运动正是从哲学发端的。在哲学上最早开展、最为重要、影响最为深远的，当数下述三个方面的大讨论：其一是在认识论上关于真理标准问题的讨论，它引导人们从禁锢思想的个人迷信中解放出来，重新确立了实践的权威，恢复了马克思主义的思想路线，成为中国波澜壮阔的改革实践的先导；其二是在历史观上关于人道主义和异化问题的讨论，它引导人们从"谈人色变"的思想理论枷锁下解放出来，恢复了"人"的研究在哲学社会科学中固有的地位，这场讨论及其在后来的发展，为"以人为本"的科学发展观的形成提供了重要的思想理论资源；其三是辩证法领域关于矛盾同一性问题的讨论，它引导人们从"在绝对不相容的对立中思维"的形而上学思维方式的束缚下解放出来，为我们在改革开放的新时期和日益全球化的背景下正确地观察问题、处理问题提供了基本的方法论。吴启文教授在给我的信中说，对于前两个方面，人们的认识比较清楚，而对于后一个方面则往往缺乏清楚的认识和足够的重视，以至有些谈论中国改革初期思想解放运动的文章或文集几乎未予提及。我非常赞成启文兄的评论，因为我有着与他同样的感受。其实，关于矛盾同一性问题的讨论对于实际生活的影响是很大的，尽管它不像另外两次那样引发了政治上的轩然大波。事实上，这种对于人们思维方式变化的影响，是更为持久，其意义也是更为深远的。这些年来，我们在实践中摒弃过火的斗争和不成熟的"变革"，以及引进外资，鼓励私有经济，提倡"互利共赢"，提倡对话、协商，提倡包容、和谐等，这在哲学上，在方法论上，就是要充分发挥矛盾同一性的作用，注意保持矛盾双方在一定条件下的相互依存关系，利用对立面的发展来发展自己。党中央在经济建设、政治建设、文化建设、社会建设、生态建设等方方面面提出的方针和措施中，在处理国际事务中，这种辩证法的方法论得到了广泛的成功的运用，同时也鲜明地体现了现代政治思维方式的进步。可惜，我们许多人对党中央的政策、决策缺乏深刻的、达到哲学层面的理论认识，因而往往是知其然而不完全知其所以然。矛盾同一性问题讨论的思想解放作用是那么显著，但许多人却意识不到这一点或理解不了这一点。之所以出现这种情况，从理论工作这一方面来说，主要是因为我们当时未曾对于这场讨论的实践意义从理论上进行更为深入的发掘和阐释，而在后来的许多年里，对于作为思维方法的辩证法的研究和宣传又几乎停滞了下来。这是一种缺憾，一种教训。

哲学教科书改革（1980—2001）

一、"跪一条腿造反"

粉碎"四人帮"后，百废待举。就哲学教育来说，最急需的是编写一部新的、具有一定权威性的教科书。"文化大革命"十年，无休无止、无限上纲且多是捕风捉影的大批判，搞乱了人们的思想，搞乱了理论。林彪、"四人帮"和他们的理论家们都是打着最最革命、最最马列的旗号兜售他们的那一套的，以致"文化大革命"结束之后，人们一时分不清真假马克思主义，不知道哪些理论不能再讲，哪些理论还能讲，能讲的又该怎么讲。1978年的真理标准问题讨论之后，思想界、学术界异常活跃，哲学的领域也是如此。在哲学基础理论方面，几乎每个问题都有所争论，许多基本原理都有人提出质疑。这种理论争论的状况，到1983年前后达于极盛。从1984年开始，我曾给南开哲学系的本科毕业班开设了一门叫作"哲学原理提高课"的课程，讲了四十多个专题，其中大多数就是涉及当时争论的问题。在1980年提出编写新教科书之前的几年，正式的学术争论问题似乎没有后来那么多，但问题并不是不存在，只不过有些问题还只是作为思想上的疑惑，尚未作为"理论问题"表达出来而已。记得1979年我就曾给南开哲学系和马列教研室的哲学教师做过讲座，1980年河北省的高校马列课教师在承德举办暑期讲习班时也请我去讲课，我和中国人民大学的徐禾先生同台讲学，他讲经济学，我讲哲学，讲的也都是当时争论的问题或人们有所疑惑的问题，颇受关注和欢迎。这些情况说明，编写一本正本清源的新的哲学教科书，确实是一项重要而紧迫的任务。

教育部将编写这样一本新的哲学教科书的任务交给了中国人民大学哲学系。人大哲学系可以说是新中国高校哲学教师的摇篮，有丰富的哲学教学经验，有强大的教学和研究队伍，肖前教授就曾是艾思奇主编的《辩证唯物主义历史唯物主义》编写组的主要成员。而且，当时已经由肖前、李秀林、汪永祥等主持编写了试用教材《辩证唯物主义原理》，这是编写新教科书的重要基础。因这本试用教材是校内使用的讲义，没有什么装帧，封面只是一张白纸，所以人们管它叫作"白皮书"。人大哲学系接受了教育部委托的编写哲学统编教材的任务后，于1979年12月在北京西郊红山口的中国人民解放军军事学院（国防大学前身）主办了一个全国性的研讨会。这个研讨会就是讨论"白皮书"如何修改。承蒙老师们的厚爱，我也被邀请与会，并在会前获寄"白皮书"。对于参加这次研讨会，我很是当回事。一是觉得这时候快点编出一本好教材来，意义重大；二是三位主编都是我的老师，而且是直接的授业老师，在老师面前我应当表现得好一些；第三，更重要的是，这是我生平第一次参加全国性的地道的学术会议，不能一出场亮相就叫人们认出是位"南郭先生"。所以，这本"白皮书"我读得非常认真。读得越是认真，发现的问题就越多，意见也越大。开会之前，我曾给秀林老师写过一封信，大致讲了我对"白皮书"的修改意见，着重讲了"对立统一规律"一章的修改设想，并寄去了提纲。到北京见到秀林老师时，他说"真是所见略同"。这使我很受鼓舞。在老师的鼓励下，我在会上做了一个戏称"跪一条腿造反"的长篇发言。我一开头就说："学生造老师的反多是跪着造反，但两条腿都跪下这反就造不成了，一条腿都不跪那就不是学生。"

这个发言，从编写框架到具体表述说了一大通，其中有些是颠覆性的意见。我记得讲的时间最长也最为激烈的是两个问题：一个是关于哲学中的"两个对子"的问题；一个是关于"对立统一规律"一章的叙述方式问题。

"两个对子"是毛泽东的一个通俗说法。他说："在哲学里边，唯物主义和唯心主义是对立统一，这两个东西是相互斗争的。还有两个东西，叫作辩证法和形而上学，也是对立统一，相互斗争的。一讲哲学，就少不了这两个对子。"①这说法当然是不错的。但我不赞成把这"两个对子"并驾齐驱，作为教科书的编写框架。我讲的一个理由是，从哲学史上看，只能说是两大阵营，不能说是四军对垒。辩证法与形而上学的斗争是附着于唯物论和唯心论的斗争的，它们不是独立的基本哲学派别。我讲的另一个更加重要的理由是，如果把辩证法与形而上学的对立独立出来、突出出来，这样编成教科书去教学生，很可能给他们思想方法上造成不良后果。从现实生活看，"文化大革命"中及"文化大革命"前的一个时期里，在哲学上最严重的教训之一就是脱离唯物论去讲辩证法。其结果之一是助长了唯心论。有些人就正是以"革命辩证法"的名义公开鼓吹唯心论；其结果之二是导向了诡辩论，即主观地应用概念的灵活性，辩证法成了变戏法。辩证法成了单纯的证明工具，可以用它去为各种错误乃至罪恶做辩护。在一个时期里，辩证法被搞得声誉扫地，

---

① 毛泽东：《在省市自治区党委书记会议上的讲话》，《毛泽东选集》第5卷，人民出版社1977年版，第346页。

它不再是人们学习、尊崇的对象，而成了人们嘲弄、奚落的对象，就是因为有些讲辩证法的人离开了唯物论，离开了实事求是的原则。因此，我们的教科书应当强调唯物论与辩证法的统一，强调正确地理解和运用辩证法。

从艾思奇主编的《辩证唯物主义历史唯物主义》开始，我国的哲学教科书都基本上是按照《矛盾论》的框架叙述对立统一规律的，"白皮书"仍然沿袭这种叙述方式，我很不赞成。这种叙述方式的弊病是应当突出的重点不突出，把对立统一规律本身的基本内容湮没在大量仅仅同理解和运用这个规律相关的问题里。学生学完这一章之后，误认为重点是矛盾的普遍性和特殊性问题，关于"矛盾的特殊性""抓主要矛盾"这一类的知识和方法倒是把握得比较清楚，但关于对立统一规律本身却往往不甚了了。因此，我建议改变这种叙述框架，把重点放在讲授对立统一规律本身的基本内容上，讲清楚什么是辩证矛盾，什么是同一性，什么是斗争性，同一性和斗争性是什么关系，展开地说明同一性和斗争性各在矛盾运动过程中起何种作用，有条件的相对的同一性和无条件的绝对的斗争性相结合如何构成了事物发展的动力，以及如何分析具体的矛盾，如何达到在对立中把握同一、在同一中把握对立，等等。只在这一章的最后设"矛盾的差别性"一节，讲述矛盾的特殊性、矛盾力量发展的不平衡性及矛盾解决形式的多样性。关于普遍性和特殊性的关系问题无疑是辩证法学说的最重要的问题，毛泽东把它称作"关于事物的矛盾问题的精髓"，它也是整个辩证法学说的精髓，"不懂得它，就等于抛弃了辩证法"[1]。但也正因为如此，就不能把它的意义局限于对于对立统一规律的理解。理解辩证

---

① 毛泽东：《矛盾论》，《毛泽东选集》第 1 卷，人民出版社 1969 年版，第 295 页。

法的其他两个基本规律也同样需要把握其普遍性与特殊性的关系。质量互变规律讲任何事物的发展都是由量变到质变又由质变到量变，这是一般规律，是普遍性；同时，不同的事物又都有不同的质变形式和量变形式，这就是特殊性。否定之否定规律讲事物的发展要由肯定到否定再到否定之否定，是前进性和曲折性的统一，讲一切事物的否定都是事物的自我否定，都是"扬弃"，这些都是辩证否定的一般性质，都是讲的普遍性；同时，不同事物的发展又都经历各自特殊的否定过程，又有各自的辩证否定的特殊性质和特殊形式，这就是特殊性。其实，讲所有的哲学问题都应当是这样。普遍和特殊是辩证法的一般范畴，在任何一章讲得太多都不大合乎逻辑，而在范畴一章里辟专节去讲述才比较合乎逻辑。为了避免可能发生的误解，我还特意讲了教科书和《矛盾论》的关系。毫无疑问，《矛盾论》是马克思主义哲学宝库中的重要篇章，但也同其他任何一部马克思主义的经典著作一样，不是给后人撰写的现成的大学教材，而是为了解决一定的历史任务而写作的。教科书的编写只能依循教学内容本身的内在逻辑，而不能从本本出发。

　　我的这个发言，好像都是讲的否定性意见。这倒并不要紧，因为既然是讨论"白皮书"的修改，就应该是需要改的地方才讲，不需要改的地方还讲它做什么。问题是我的这种说话方式很可能让人生厌，因为在实际上是一条腿也没有跪下。讲的时候酣畅淋漓，忘乎所以，像搞大批判似的，讲完以后心里可就扑通开了。我暗自责怪自己怎么会那么张狂，也不想好这是在什么场合、对什么人说话。我过去做过许多次的大会发言、讲演，从来没有像这一次那样懊悔过。发完言后，很长时间坐在那里愣神，下面的发言基本上没有听进去，心里很是忐忑。和永祥老师、秀林老师平日交往很多，我们之间非常熟悉，说话也很随便。我怕的是肖前老师。我在人大上学时，肖老师已是享有盛誉的著名哲学家，我们只能远远地仰视他，后来也几乎没有什么交往。我这班门弄斧，也"弄"得太离谱、太不是地方了。可万万没有想到，肖老师不但没有任何反感，反而表示赞赏。他老人家当即决定邀请我参加教科书的编写，怕我不答应，还请当时的人大副校长、我上学时的系主任张腾霄老师出面动员。肖老师如此虚怀若谷，唯真理是从，真是大哲学家的胸襟，令人感动不已。我感到和肖老师的距离一下子拉得很近了。这是我们之间后来几十年亲密无间的师生情谊的开始。当时我喜出望外，非常高兴地接受了老师的要求，参加教科书的编写工作。

参加这次会议并在会上发言这件事，对我的哲学生涯产生了意想不到的深远影响。首先是学术上的自信心受到了极大的鼓舞。我的发言能在会上得到普遍的认同，得到肖前等老师的认可，秀林老师还将我提交的关于改写"对立统一规律"的意见推荐到《教学与研究》发表，这些都告诉我，只要认真，只要思考对路，是可以对哲学事业有所贡献的。让我参加教科书的编写，这不仅使我有机会向肖老师和秀林、永祥老师重新系统地学习哲学，而且能有机会结识许多学界的前辈和朋友，在这种学习和交流中大大开阔了学术视野。在肖老师的直接带领下，我迅速地走上了全国性的学术舞台。我参加编写教科书，做的事情不多，但学的东西不少。尤其是跟着肖老师这样的哲学大家编这样的权威教科书，只要用心，是可以学到从其他任何途径都难以学到的本事的。对于一个教师来说，对于一个希望自己能够有所作为的教师来说，编写教材是最重要的本事之一。我后来主持或参与主持过几部哲学教科书的编写，就构成我的事业的极重要的一个部分，这个事业就正是从跟着肖前老师编写这本《辩证唯物主义原理》开始的。

　　在 1980 年《辩证唯物主义原理》昆明审稿会时人大校友留影（自下而上第一排：张腾霄（右一）、肖前（右二），第二排：李秀林（右一）、汪永祥（右二），第四排右三为陈晏清）

　　还有一件事情极少有人知道，那就是我后来受聘为中央广播电视大学的首任哲学主讲，也同这次会议和我在会上的发言有直接的关联。因为这部教材是教育部的统编教材，所以当时教育部高教司文科处的处长陆善功同志也参与主持了这次研讨会。陆善功是 20 世纪 50 年代从人大哲学研究班毕业的，也是学哲学出身。两年之后，筹建中央电大时，他调任电大文科教学处处长。电大创办初期，各门课程主讲教师的挑选极严。老陆和我此前素不相识，后来他跟我说，就是因为在这次会上给他留下了深刻的印象，才想到把我作为候选对象的。担任中央电大哲学主讲这件事情是件大事，我还将在后面设专章讲述。参加这次研讨会，给我后来的工作带来了那么多的影响和机会。我常和自己的家人与学生说，这件事对于我来说，真够得上是一个"历史事件"了。

二、中国哲学家考察团活动始末

《辩证唯物主义原理》于 1981 年 5 月由人民出版社出版，随后（1983 年）又出版了《历史唯物主义原理》。这部教科书是"文化大革命"刚刚结束之后这一特殊历史时期的产物，它也确实发挥了特殊的历史作用。肖前老师曾一再强调，编这部教科书要力求"最好"，事实上也是达到了当时条件下的"最好"。这是我国哲学教科书改革的一次重要尝试。但也正因为是尝试，而且是初步尝试，所以不论编者还是读者都如实地把它视为改革中的东西。1980 年 11 月在昆明举行的《辩证唯物主义原理》的审稿会上，高清海教授就在肯定这部书稿的成就的同时，提出要对这部教科书仍然沿袭的基本框架进行改革，即打破苏联教科书把马克思主义哲学分成"两个主义"（辩证唯物主义、历史唯物主义）、"四大块"（唯物论、辩证法、认识论、唯物史观）的框框，并表示回去以后就要着手按此意图编出一本新的哲学教科书。对高先生的这种想法，时任教育部高教司司长季啸风立即表示支持。在审稿会的总结会上，季司长说："等你编出来新的教科书，我们还到昆明来开审稿会，我请你吃汽蒸鸡。"时任人民大学副校长张腾霄也表示衷心的欢迎和支持，他风趣地说，"我们都等着和你一起来吃季司长的蒸汽机（鸡）"，引得哄堂大笑。

　　1982 年初夏，高清海先生在北京五棵松某军事单位召开了一个小型的研讨会，讨论他主编的《马克思主义哲学基础》的编写大纲。承蒙高先生厚爱，我也被邀请与会，记得还有我的老师吴江参加。肖前、李秀林、汪永祥等老师因故未能出席，高先生硬要我"代表"人大发表意见。他这是看得起我，可实际的效果却是弄得我什么话也不敢说。我一再申明，我不代表人大，也不可能代表人大，我参加《辩证唯物主义原理》的编写，只是做了一点很局部性的工作。在那样一些"杂念"的束缚下，我很难稍稍放开点去讲。可以肯定的是，我不会讲出任何尖锐性、实质性的意见。所以，我在会上到底说了一些什么话，现在真是一点记忆也没有留下了。但这并不意味着这个大纲本身没有给我留下深刻的印象。这个大纲和后来编成的教科书我都认真拜读过。高先生主编的这部教材是从"体系"上动刀了，可以说，这是哲学教科书改革的真正开始。它力图贯彻列宁的辩证法、认识论、逻辑学三者一致的思想，把世界观、认识论和方法论统一起来，打破苏联教科书"两个主义""四大块"的各个部分相互分离的框架结构，是哲学体系改革上一次有历史性意义的尝试。当然，由于当时中国学界总体认识水平的局限，这次改革也还是没有完全到位的。按人们后来达到的认识，高先生的书以意识和存在的关系为基本线索，以"客体—主体—主客体统一"为基本构架，这大体上仍是一种认识论的范式。尽管如此，高先生倡导的从体系上进行改革的这种改革精神和改革方向却极大地鼓舞了整个哲学界。自 20 世纪80 年代中期以后，哲学体系改革的呼声是越来越高了。

　　哲学体系改革的呼唤，不是几个学人的无病呻吟，而是一种时代的声音。旧的教科书体系所体现的基本上是一种本体论的哲学思维范式，其主要的弊病就是纯客观主义的倾向或如有的学者说的"本体论化"的倾向，也就是主体性维度的缺失。哲学似乎只是在心平气和地静观世界，只是在描绘世界的图景即单纯地解释世界。哲学作为世界观，也是人们用以"观"世界的。人们对世界的把握是有两个尺度的，一个是客观世界本身的尺度，或曰物的尺度，另一个是作为观察者的人的内在尺度。这后一种尺度就是主体性的尺度。这本来是马克思十分强调的一个尺度。马克思在《关于费尔巴哈的提纲》里批评旧唯物主义对对象、现实、感性"不是从主体方面去理解"，就是指主体性维度的缺失，并且说这是旧唯物主义的"主要缺点"。但是，这个对于理解马克思主义哲学的实质来说十分重要的方面，却在我们过去的教科书中被忽略了。这样一来，我们的哲学就被搞得十分简单和贫乏。马克思主义的哲学本来是具有陶铸人们的心灵、唤起人们在实践中改天换地的激情的理论魅力的，但旧的教科书哲学却越来越让人感觉到它同自己的生活、同自己的命运没有什么关联，感觉到它在实际生活中越来越显得苍白无力。过去总是说，哲学是人类争取自由的武器，但旧的教科书哲学似乎并没有让人感觉到给自己提供了这样的武器。这就是人们经常地提出"哲学到底有什么用"这类问题的根由。哲学有没有用、有什么用，这正是从主体角度提出的问题，哲学自身失去了主体性的维度，就使得对这一类的问题难以做出清楚的回答。这种教科书哲学离开马克思主义哲学的真精神实在是越来越远了。

这种"见物不见人"的哲学体系，是同苏联的计划经济体制和高度集权的政治文化体制相适应的。在中国实行市场化取向的经济体制改革和全面的社会改革之时，旧的教科书体系的弊端也就日益显露出来，中国的社会改革越来越强烈地呼唤哲学的改革。我的同学吴启文教授在给我的信中说，旧的哲学体系应对苏联社会主义实践的失败负责。我在给他的回信中说，他这话有些言重了。苏联失败的原因很复杂，这么沉重的历史责任单由哲学去担负，是担负不起的。但是，把哲学同社会主义的命运关联起来去思考是很自然的，是很必要也很合理的。这样的关联思考，恐怕也正是呼唤马克思主义哲学体系改革的最本质、最深层的原因。按我的理解，哲学体系改革的根本意义就在于清除苏联教科书哲学的消极影响，这是当代中国的马克思主义哲学必须完成的历史性任务。

1986 年 1 月摄于广州

哲学体系改革的研究得到了国家的有力支持。1985年，国家教委设立了"马克思主义哲学原理体系改革"的重点课题，翌年又被提升为国家社会科学规划的重点课题，由全国高校马克思主义哲学专业的博士点共同承担。课题组由著名哲学家肖前教授、黄枬森教授主持，由十余位博士生导师和著名教授组成，我本人也作为南开博士点的带头人参加了课题组。

1986年1月28日中国哲学家考察团访问港澳归来在孙中山故居前合影（左起：高清海、肖前、黄枬森、夏基松、陶德麟、黎克明、胡景中、陈晏清）

哲学改革的基本目标就是要使哲学适应时代的要求，适应我国改革开放实践的要求。因此，课题组一建立，就经国家教委批准，以课题组主要成员为主体，组建了中国哲学家考察团，分别在我国东部地区、西部地区和中部地区选择若干省市进行社会考察。考察团组建时的成员是：肖前（中国人民大学哲学系教授,国务院学位委员会哲学学科评议组召集人）、黄枬森（北京大学哲学系主任）、陈志尚（北京大学哲学系教授，国家教委文科科研处处长）、高清海（吉林大学哲学系主任）、陶德麟（武汉大学哲学系主任)、夏基松（南京大学哲学系主任)、胡景钟（复旦大学哲学系主任)、刘嵘（中山大学哲学系教授)、黎克明（华南师范大学副校长)、陈晏清（南开大学哲学系主任）共十人，由肖前任团长，黄枬森任副团长。

中国哲学家考察团与香港中文大学同行学术研讨会留影（居中为作者）

第一次考察活动是 1986 年 1 月，考察珠江三角洲地区，包括深圳、珠海两个特区和香港、澳门。由深圳特区领头的珠江三角洲地区是我国改革开放的前沿。这些地区锐意改革，打破旧的框框，走经济发展的新路，并注重调动各方面的积极性，经济和各项社会事业获得了迅速发展。我们了解这个地区改革发展的历程，看到改革前后巨大的社会变化和人们思想观念的变化，很受鼓舞，也很受教育。在香港的考察活动是由新华社香港分社安排的。我们听取了新华社香港分社和大公报社关于香港社会情况的全面介绍，接触了一些文化界、工商界的人士，

考察团在中山市与霍英东先生会晤（右三为霍英东先生，右六为作者）

参观了金银贸易场、证券交易所、九龙城寨、海洋公园和一些大商场，访问了香港的廉政公署和社会慈善机构，还同香港中文大学、香港大学的同行进行了学术交流。香港是我们观察当代资本主义的一个窗口。我们对香港社会的最深刻的印象是经济繁荣，居民生活富裕，竞争激烈，法制比较健全，但精神文明和物质文明的反差很大。从香港社会的状况看，资本主义社会也进行了一些适应于当代情况的改革和调整，因而仍然保持着较为旺盛的生命力。肖前老师风趣地说，所谓"垂死的资本主义"和新生的社会主义，犹如老年人和青年人，老年人如果不瞎折腾，注意调整、保养自己，也可以活得很长久，青年人要是瞎折腾，也会出大问题。这话非常朴实，却蕴意深刻，这是对"文化大革命"十年瞎折腾的批判，也是对社会主义改革的必要性和紧迫性的论证。实事求是地说，八九天时间走马观花式的社会考察，要得到对于香港社会、对于当代资本主义社会的深入认识是根本不可能的，但对于我们增强改革意识和开放意识却无疑起了重要的作用。

在长江三角洲考察时与肖前老师合影

　　第二次考察活动是 1987 年 5 月，考察长江三角洲地区。先是于 5 月 5 日至 10 日在苏州召开了主题为"时代精神与哲学"的研讨会，来自全国各地的近百名学者到会。会后，从 5 月 11 日至 31 日，考察团去苏南的几个县市考察，考察团的成员也有所调整和扩大。江苏考察结束后，考察团的大部分成员又去了上海考察和访问，我因为家里有事，提前从南京返回天津。长江三角洲地区也是我国改革开放进展较快较好的地区。给我们印象最深的是这里乡镇企业发展迅速。苏南地区有以上海为中心的城市群作为依托，有一批技术力量可以利用，青年农民的文化素质普遍较好，再加上人口稠密、水陆交通便利等条件，乡镇企业得以迅速发展起来，有的县（如无锡县）绝大多数的村都有了自己的工业。乡镇工业兴起和强大以后，他们实行以工补农、以工建农的方针，利用乡镇工业积累的资金大大增加农业的投入，使农业生产条件大为改善，由分散经营逐步过渡到适度规模的集中经营，并为农业机械化打下了初步基础。产业结构、经济结构的变化，促使农村经济逐步纳入了市场经济的轨道。农民"离土不离乡，进厂不进城"，缩小了工农差别、城乡差别。苏南农村的改革发展，展示了一个农村现代化的诱人的前景。我们在江阴县华西村看到了一条醒目的标语写道："无农不稳，无工不富，无商不活，无才不兴！"可以看出，当地的领导和群众在改革中已经形成了对于农村经济社会发展的某种系统性的认识。苏南地区的城市改革也取得了较大的进展。同时，张家港市和江阴县华西村的精神文明建设也给我们留下了深刻的印象。

在苏州与陶德麟先生合影

第三次考察活动是 1988 年 1 月，考察天津地区。考察长江三角洲的活动结束后在南京开总结会，会议快结束时，肖前老师说应在适当时候搞一次对于课题本身的理论讨论，讨论哲学体系改革的思路，并接受大家的提议，决定在天津举行，由我负责筹办。这次活动，社会考察不多，只是用了不到两天的时间参观访问了天津经济开发区、天津港和大邱庄，会外搞了一个哲学讲座，主要是开讨论会，讨论会在天津宾馆举行。这次天津会议是课题组的一次关键性的会议，并且在全国产生了重大的影响，因此，我想在后面专门叙述。

第四次是 1988 年 7 月在四川省内的考察活动。前三次都是东部地区，这次是西部地区，包括成都平原、凉山彝族自治州和攀枝花大三线地区。在成都平原考察了广汉市和资阳县。在广汉市参观考察了一些企业和农牧场，包括我国第一个撤社（人民公社）建乡的向阳乡；在资阳县主要是了解和学习当地正确处理商品经济发展与党的建设的关系以及党员带领农民致富的经验。在攀枝花市主要是了解和学习大三线的干部群众艰苦创业的奋斗精神。给我们留下的印象最深的是凉山彝族自治州的考察。我们深入到自治州腹地昭觉县，并访问了一些彝族同胞的家庭。那里的生产力水平仍很低下，许多农民一年就是养三五只羊。有人戏说那里的社员（人民公社时期的农民）"人人都是一朵向阳花"，因为凉山平均气温较低，农民的"生产活动"就是带着他的几只羊在温暖的太阳下放牧。农民生活仍很贫穷，他们的住宅多是人畜共居。从凉山可以看出我国东西部地区在生产力水平和人民生活水平上的巨大差别。这种见识，对于我们改造自己的理论思考方式有着不可低估的启发意义。我们思考理论问题、哲学问题，一定要从中国的国情出发，既要面向未来，又应背靠现实。这也是我在一个长时期里，对于那些远离中国国情的不着边际的高谈阔论不十分感兴趣的一个原因。

在西昌卫星发射基地，看到那里的将士们为了祖国的强盛和安全，默默地奉献自己的青春，奉献自己的一生。由于那里偏僻、闭塞，经济落后，教育也落后，因而不仅他们自己要做出牺牲，他们的下一代也要做出牺牲。他们中许多人是我的同龄人，是出身名牌大学的很优秀的人。我们考察团里的每个人都在心灵上受到震撼。我想过，要是当年我去学工科，学军工，毕业后要我到西昌干一辈子，我恐怕受不了。

第五次是 1992 年在湖北省和三峡工地的考察活动。湖北属我国中部地区，也很有代表性。这次湖北和三峡的考察活动，是在本课题的最终成果《马克思主义哲学原理》的审稿会之后进行的。在武汉大学举行的这次审稿会也具有重要意义，因此，我也想在叙述天津会议之后对这次会议的情况做些较为详细的说明。

考察团在游览三峡的船上留影（从左至右，前排：高清海、陈晏清、齐振海、夏甄陶、夏基松；后排：辛敬良、陈志尚、赵凤岐、黄枬森、肖前、徐崇温）

上述几次考察活动，除天津那一次不足十天以外，其他各次都在半月以上。上述省、市（州）委和新华社香港分社的负责同志都热情地接待了考察团，有些省、市（州）委的主要负责人，如天津市委书记李瑞环、湖北省委书记关广富等，还同我们就许多重大的实际问题和理论问题进行了同志式的对话和讨论，对哲学体系改革的研究工作提出了殷切的希望。这几次考察活动，对于我们了解实际生活，了解我国改革开放的形势，增强改革意识（包括社会改革和哲学改革），改变哲学思考的方式等，都起了积极的作用。

考察团的组织工作，包括同各省、市委的联络，大多是由考察团的秘书长、北京大学的陈志尚教授去做的，他功不可没。在考察团里，我最年轻，所以，考察团的一些"公共事务"，特别是一些文字方面的工作，我也就义不容辞了，例如有几个考察报告就主要由我执笔。参观考察到某个地方（这样的地方其实不少）就有可能要考察团题词，在许多情况下都是由我拟词，高清海、陶德麟两位书法家写字，大家签名。我的位置大体上就是志尚秘书长领导下的一个秘书。

在珠江三角洲、长江三角洲、四川省、湖北省的考察，大多是安排我和肖前老师住一个房间。我不仅最年轻，而且是肖老师的直接的学生。这样安排的本意可能是让我在生活上照顾肖老师，但实际上这个意图是完全落空了。我这个人也是一个生活自理能力极差的人，在家里常是治理"脏乱差"的重点。我没有把肖老师照顾好，这是个遗憾，但我们相处得非常融洽。我们无话不谈，学问、做人、家庭、社会，当然较多的还是哲学理论问题，我从中学到了许多做人、做事、做学问的道理。我对肖老师当然是发自内心的尊敬，但又不是唯唯诺诺，而是十分坦率。什么话当说什么话不当说，什么事当做什么事不当做，我都毫不隐讳地讲出来。只要我说得对，他老人家从来都是虚心听取。肖老师对我非常爱护和信任，我们之间的师生情谊越积越深。考察团里的其他几位长者，如黄枬森、高清海、陶德麟、夏甄陶等，尽管在哲学观点上难免有些差异，但论其学识人品都是极可尊敬的人物。不论在考察团活动期间还是在活动结束之后，几十年里，我一直把他们视为老师，一直保持一种亦师亦友的良好关系。恐怕可以这样说，正因为我最年轻，所以应当向这些师长学习的东西更多，收获也更大。

除了上述几次规模较大的社会考察活动以及与考察活动同时举行的研讨会以外，还有 1989 年在北京与中国自然辩证法研究会联合举行的"马克思主义哲学与现代自然科学的关系"研讨会，以及中国哲学家与苏联哲学家关于当代哲学问题的研讨会等。这些研讨会也取得了重要的成果，对哲学体系改革的研究有重要的借鉴意义和促进作用。

长城留影（从左至右：陈晏清、肖前、夏甄陶）

三、"哲学体系改革研究"课题组的天津会议

1988年1月在天津召开的研讨会交给南开筹办，这件事情是我的老朋友夏甄陶先生对我搞的一次"突然袭击"。当肖前老师提出要开这么一次会议的时候，老夏立即响应："同意！我建议这个会就在晏清那里开。"大家异口同声："好！同意！"这么重大的决定，不到一分钟就做出来了。老夏这一手，近乎"恶作剧"。我和老夏太熟了。他是安化人，我们是同饮一江水的老乡。在我们还比较年轻的时候，都喜欢互相搞点小恶作剧，那都是非常友好、信任的表现，每一次的得逞，都给双方带来不可言状的快意。这一次他得逞了，看到我那么为难又赖不掉的样子，心里不知道有多快活。我难在哪里？难在没有钱。课题组是没有经费的，别看它是个国家社科基金重点项目，也没有多少钱，大概也就是万把块钱，根本不可能用它来办什么会议。那时候高校的哲学系穷得很，我这个系主任有支配钱的权力，但没有可支配的钱。向学校里要？那也只能是"免开尊口"。后来，是国家教委高教司的副司长李进才同志给拨了三千元的专项资助，我又想了点其他办法，才勉强把这个会开了下来。虽然是个穷会，但会议的意义很大，不仅对本课题的研究有了实质性的推进，而且对全国马克思主义哲学界产生了重大的影响。

这次会议是课题组的一个扩大会议，到会二十余人，集中了我国马克思主义哲学界一批优秀的老、中、青学者，包括中国人民大学的肖前、夏甄陶、陈先达、杨彦钧，北京大学的黄枬森、赵光武、陈志尚，吉林大学的高清海，武汉大学的陶德麟，北京师范大学的齐振海，中山大学的刘嵘，复旦大学的辛

敬良，华南师范大学的黎克明，以及一批当时已崭露头角的中
青年学者如李德顺、郭湛、陈志良、王东、欧阳康等（因时间
相隔久远，当时的记录已部分丢失，所以可能有重要遗漏）。讨
论非常热烈，都是涉及哲学体系改革中的要害问题。主要讨论
了以下五个方面的问题。

（一）对现行哲学教科书体系的评价

对于现行的哲学体系如何评价，这是哲学体系改革思路的
出发点。因此，这个问题是讨论哲学体系改革的前提性问题。
在会上，形成了两种互相对立的意见。

第一种意见认为，现行的哲学教科书体系仍不失为科学的
体系，它也需要改革，因为它也有严重的缺点。它的缺点主要
是内容不完整，马克思、恩格斯、列宁讲过的很多东西没有包
括进去；某些内容陈旧、过时；逻辑性不强，如范畴的排列不
是从简单到复杂、从抽象到具体，辩证法的规律和范畴的区分
不合理，唯物论、辩证法、认识论、唯物史观这"四大块"的
排列顺序不合理，等等。

在天津水上公园与高清海先生合影（右为作者）

第二种意见则认为，现行的哲学教科书体系不是一个科学的体系，问题不在于它内容的多少、新旧或逻辑性强不强。这些问题也存在，但不是主要问题。旧体系的主要问题是它没有把握住马克思主义哲学的实质。它不仅由于"左"的教条主义影响，存在简单化和僵化的情况，而且更重要的是它的本体论化、客观主义化的弊端。它的主线是本体论的，基调是描绘客观世界的图景，基本倾向是纯客观主义，它表述的不是一种"改变世界"的哲学，因此，是走了样的马克思主义哲学。

这两种评价意见针锋相对。对现行哲学体系的评价的分歧，是由于人们评价的"尺度"不同，这尺度就是评价者的基本的哲学观念。这次会议在下述问题上的热烈争论，都是基本哲学观念问题的争论。

（二）关于哲学的对象

在哲学家们各不相同且互相争论的哲学观念里，首要的是关于哲学对象的观念。以往的哲学教科书都说"哲学是理论化系统化的世界观"，这已成为一句公认的套话。世界观是什么？说是"关于整个世界的根本观点"。这话是相当含混的。到底如何理解所谓"关于整个世界的根本观点"？这就出现了两种根本不同的理解方式。

一种理解方式是从整体和部分、一般和个别的关系上解释所谓"关于整个世界的根本观点"的，认为哲学的对象是整个世界，科学则是关于世界的某个领域、部分或方面的知识，哲学和科学的区别是整体和部分、一般和个别的区别，是概括层次上的区别，因而是"大道理"和"小道理"的区别。哲学的概括是在最高的层次上，它是关于整个世界的普遍本质、普遍规律的科学，因而是"大道理"。这是以往学界的传统的解释，现行的哲学教科书体系就是依据于这种理解方式建造的。

　　另一种理解方式则是从人与世界的关系上去解释，认为哲学是研究人和世界的关系，是研究和解决世界对人关系中的矛盾。所谓世界观也就是关于人与世界之关系的根本观点。持这种观点的学者认为，按照第一种理解方式，一系列的重要问题难以说清。首先是哲学和科学的区别说不清。特别是在现代，在科学的整体化趋势如此鲜明的情况下，在出现了像系统论这样具有最广泛的跨学科性质的横断科学的情况下，如何划清哲学与科学的界限？不断扩大知识的领域，逐步接近于对于世界整体的认识，这是该由科学去管的事情。如果硬要哲学去管，认为哲学不去管就无事可做，那势必把哲学逼到无以立足的地步，那无异于取消哲学。其次是思维和存在的关系问题为何成为哲学的基本问题，从哲学是关于世界普遍本质、普遍规律的科学的观点推论不出来。再次是关于世界观、认识论、方法论的统一的原则，找不出它的内在逻辑。

　　持这第二种理解方式的学者认为，哲学作为世界观是要把握世界的整体性的，但不是由部分合成整体，也不是简单地由个别抽象出一般，而是应从人与世界关系的角度去把握世界的整体性。人和世界的关系是多元的，又是一元的，所谓把握世界的整体性，也就是解决这个多元和一元的关系问题。即是说，世界本来是统一的、一元的，但就其对于人的关系来说又分裂为多元的了。哲学要把握的世界的整体性，是要把握这个分裂了的世界的统一性。自从有了人以后，世界便分裂为自然世界和属人世界、客观世界和主观世界。这种分裂的根源就是人的实践。人的实践这个制造分裂的东西，也正是使分裂了的世界统一起来的基础。过去的哲学找不到这个分裂的根源，也找不到这个统一的基础，对于世界整体性的把握就只能采取简单归并的方式，或者是与自然齐一，或者是归属于人（人的意识）。

只有马克思主义哲学，由于它确立了科学的社会实践的观点，才能正确地说明世界的分裂和统一，才使所谓世界"整体性"的研究成为可能的、科学的。

在天津水上公园与黄枬森先生合影（右为作者）

（三）关于本体论的问题

关于本体论的问题,同关于哲学对象的问题是密切相关的。在哲学对象问题上持第一种意见，即认为哲学研究的对象是客观世界本身的学者，都明确肯定，马克思主义的哲学不仅有它的本体论，而且本体论是它的核心。所谓世界观就是本体论（或存在论），马克思主义哲学首先就应是一个本体论的体系。

第二种意见则认为，本体论本是一个旧哲学的概念，马克思主义哲学应当扬弃这个概念，并给予它以适当的位置。这里最重要的是区分"本体论"和"本体论化"这两个概念。具体地说，独立的本体论是没有意义的，但作为认识论、方法论的前提而与认识论、方法论相统一的本体论则是要承认的。不管叫不叫作"本体论",描绘世界的图景还应当是哲学要做的事情。

尽管各个时代人类知识的总体背景不同，对于世界图景的描绘
也不同，但各个时代的哲学都会有对于世界图景的描绘则是无
疑的。重要的是区分哲学的世界图景和自然科学的世界图景。
这个区别不是整体和部分的区别，而是属人方式和非属人方式
的区别。哲学描绘的世界的图景应是人在其中生活和活动的世
界的图景，因而在本质上是人和世界关系的图景。我们只能在
这个意义上承认和建构马克思主义哲学的本体论。而本体论化
则一无可取，应坚决抛弃。旧的哲学教科书体系就是一个本体
论化的体系。按它的"四大块"来说，不仅唯物论部分是本体
论化的，对于人的认识也是按照本体论的方式，把人的认识作
为一个自然过程加以描述的，历史观也是排除人的活动而去纯
客观地描述社会关系结构及其演进的。哲学体系的改革，正是
要改造这个本体论化了的体系。

（四）关于主体性问题

关于主体性的问题是这次会议讨论最为热烈的问题之一。
从探讨哲学体系改革的思路这个角度说，关于主体性的问题同
上述关于本体论的问题实质上是一个问题。按照会上许多学者
的意见，哲学体系改革是要改变现行体系的本体论化的倾向即
纯客观主义的倾向，那就是要恢复和强调马克思主义哲学的主
体性原则。可奇怪的是，关于主体性问题讨论到最后，却又有
人说大家没有什么原则分歧，所以会议纪要里没有写上什么分
歧意见。后来我们在编写《马克思主义哲学高级教程》时才搞
得更加明白，严重的、实质性的思想分歧，是在把主体性作为
一个哲学维度去看时才清楚地显现出来的，而如果只是把主体
性作为哲学中的一个理论问题、一个理论内容去看时，则难以
看出有什么大了不起的分歧。这次会议上，许多发言确实是把
主体性问题作为当时学界的一个认识论的热点问题了，而作为

哲学体系改革思路提出的主体性原则，则基本上是在关于本体论问题的讨论中阐发的。

（五）关于"实践唯物主义"

关于"实践唯物主义"的问题是这次会议讨论的中心问题、总体性问题。学者们对于这一问题发表的意见，可以说是关于哲学体系改革基本思路的结论性意见。

在上述几个问题上持第二种意见的人，即主张对于本体论化的旧哲学体系实行根本的改革，认为哲学应研究人与世界的关系，应恢复和强调马克思主义哲学的主体性维度的人，肯定马克思主义哲学是一种实践的唯物主义，应当按照"实践唯物主义"的原则改造哲学体系。有的学者（如高清海教授）只是不愿采用"实践唯物主义"这个称呼，但同实践唯物主义的主张在实质上是一致的。而在上述问题上持第一种意见的人则不赞成说马克思主义哲学是实践唯物主义，认为实践只是历史唯物主义的最基本的范畴，而不是宇宙观的基本范畴。马克思和恩格斯在《德意志意识形态》里用生产劳动解释社会历史现象，这就是实践唯物主义。如果认为实践也是宇宙观的基本范畴，离开人的实践即无宇宙，那就大成问题了。

显然，这两种意见的分歧不只是对于"实践"范畴的哲学意义的理解上的分歧，而主要是对于马克思主义哲学的实质的理解上的分歧，首先是对于马克思所实现的哲学变革的实质理解上的分歧。持第二种意见的一些学者认为，哲学变革的实质是哲学思维方式的变革，哲学内容的变革、哲学理论形式的变革都是取决于哲学思维方式的变革的。马克思以前，哲学思维方式基本上可以归结为两种。一是从抽象的观念、意识出发去解释世界，或者说，单纯从属人关系上解释人和世界的关系，从而夸大人的活动的主观性而否认客观制约性，夸大人的活动的能动性而否认受动性的一面。这是一种片面的哲学思维方式，一般是唯心主义的哲学思维方式。另一种则是从抽象的自然、物质出发解释世界，或者说单纯从自然关系上解释人和世界的关系，即用机械的决定论的观点看待人的活动，只是从客体的、直观的形式去理解事物，这是旧唯物主义的方式，也是一种片面的哲学思维方式。马克思在《关于费尔巴哈的提纲》里总结了全部哲学史的教训，也就是总结了这两种片面的哲学思维方式的教训。在马克思看来，只有既不是从抽象的观念出发，也不是从抽象的自然出发，而是立足于能够把意识和存在、观念的东西和物质的东西统一起来的人类实践，才能把握主观性和客观性的统一、人的能动性和受动性的统一、客观世界和主观世界的统一、自然世界和属人世界的统一，才能从根本上正确地说明人和世界的一般关系。

在上述问题的争论中，我是持第二种意见的。我在会议上的主要发言，曾以"按照'实践唯物主义'的原则改造哲学体系"为题，刊发于 1988 年第 3 期的《天津社会科学》（在这一期同时发表了到会的其他几位学者的文章），在上面关于这次会议的争论情况的叙述中就较多地包含了我个人的意见，因此，在说话方式上也就难免带有自己的倾向性。讨论会开得非常严肃、认真，但基本上是心平气和的，是马克思主义哲学工作者内部的同志式的讨论。当然，也出现过个别的不和谐的情况。作为这一段重要历史的一个细节，我也愿意如实记载下来。会议开始不久，我在发言中说，旧的教材体系的这个"四大块"的板块结构，现在是"人人喊打"了。我发言过后不久，北京大学的赵光武先生在发言中却直接将矛头指向高清海先生，说高先生把马克思主义哲学说成"过街老鼠"，并且放出狠话："堡垒是最容易从内部攻破的！"似乎高清海是一个企图从内部颠覆马克思主义的人。真是莫名其妙！高先生的回应很平和："这话不是我说的，说了也没错。"当他再次受到攻击时，他还是重复这句话。我想了想，在老赵这个劲头上，我不宜立即站出来澄清。我一站出来就意味着参战，那就会使局面复杂起来。而且，我自知涵养较差，恐难做到心平气和。只好等到会议中间休息时，我才说："光武老兄，'人人喊打'那个话不是老高说的，而是我说的。谁都能听明白，人人喊打的是那个'四大块'的结构体系，而不是'马克思主义'！"老赵不再吭声了。这个插曲，可能会给人们心理上、情感上留下一些难以去除的阴影，但在事实上并没有对后来的整个会议产生什么影响。

会议期间，时任天津市委书记李瑞环会见了参加会议的全体人员，并发表了重要的讲话。瑞环同志很重视哲学，他本人就是一位学哲学用哲学很有成就的领导干部，因此，大家都希望听听他的指导性意见。肖前老师一再指示我，一定要把瑞环同志请出来讲一讲。时任天津市委研究室主任王鸿江同志原来是南开历史系的教师，我们是很好的同事和朋友，我通过他与瑞环同志联系，瑞环同志满口答应。讲话前，他经过鸿江同我沟通了三次，主要是询问会议讨论什么问题、参会人员的身份以及我们的要求，等等。1月26日，瑞环同志和天津市的其他领导同志一起会见了会议全体人员，他做了一个多小时的讲话。在我的印象里，这个讲话曾在《求是》发表，因为《求是》杂志的编辑阎长贵同志专程来天津找我商量过讲话稿的整理。2010年出版的李瑞环新著《务实求理》收录了这篇讲话，题目是"改革需要哲学，哲学需要改革"。

李瑞环同志的讲话，全面地阐述了中国的社会改革和哲学改革的关系，阐明了改革和发展哲学的重要性，并由此出发，对哲学工作者提出了殷切的希望；同时，还用了比较长的时间谈了领导干部学习哲学的问题，要求哲学专业工作者关心哲学的普及，积极推进马克思主义哲学的大众化。其中，他讲的两个问题给我留下了极深刻的印象。

一个问题是讲中国改革的阻力何在。他说："中国的改革，阻力不在于政治上有什么保守派，而在于有些人思想上僵化，而思想上的僵化又同陈旧的思维方式、思想方法有密切关系。"①这是一个十分重要的符合当时中国实际的政治判断。如果不是这样看问题，而是认定当今中国存在一个反对改革的保守派，企图制造一场批判保守派的政治斗争去清除改革的阻力，那就仍然是"以阶级斗争为纲"的思维方式，只能把事情搞乱。因此，瑞环同志说，这个问题只能靠学习来解决，"靠学习马克思主义，特别是学习马克思主义的哲学来解决"②。这鲜明地凸显了马克思主义哲学对于改革开放的重要性。马克思主义哲学是必须发展的，而"发展主要是针对思想僵化来说的"③。我们的哲学体系改革作为一种发展马克思主义哲学的努力，其目的就是要为人们提供适应于改革开放新形势的思想观念和思想方法。当时，我就联想到我们的研讨会。社会改革尚且如此，哲学的改革就更是如此。在这次研讨会上，人们的思想分歧很大，争论十分激烈，但争论归争论，却并不存在那种政治意义上的派别。这可以说是持不同观点的学者们的一种共识。个别的人想把哲学观点上的分歧往政治上拉，但绝大多数人都不以为然。这是一种大家都很欢迎的良好局面。如果这样一个由纯粹的学者参加的会议，到了这个年月，还允许肆意混淆学术分歧和政治分歧的界限，那中国的学术繁荣就真的是没有希望了。

---

① 李瑞环：《务实求理》，中国人民大学出版社 2010 年版，第 925 页。
② 李瑞环：《务实求理》，中国人民大学出版社 2010 年版，第 925 页。
③ 李瑞环：《务实求理》，中国人民大学出版社 2010 年版，第 925 页。

我们对瑞环同志的这番讲话并没有专门讨论，但我想，大家都会受到震动，产生共鸣。参加这次会议的许多人都是当时哲学界的领军人物，他们对于学术和政治的关系能够取得正确的共识，就保证了学界的团结，保证了这个学科在近20年里的繁荣和发展。

　　另一个问题是李瑞环同志以一种颇为特别的方式强调了哲学社会科学的重要性。他语重心长地说："从长远观点来看，我们国家如果将来出毛病，多半不是出在自然科学方面，而是出在哲学社会科学方面。"①这真是警世之言。我相信他的话经得起历史的考验，但又很担心他的话不幸被证实。这番话既是强调哲学社会科学事业的重要性，也是强调哲学社会科学工作者的责任意识。对于从事哲学改革研究的学者来说感到更加亲切。作为马克思主义哲学工作者，必须有对历史负责、对人民负责的责任感，在改革哲学、发展哲学的事情上既不能不作为，更不能乱作为。

四、"哲学体系改革研究"课题的最终成果

　　"哲学体系改革研究"课题的最终成果是新编哲学教科书《马克思主义哲学原理》，由课题组成员共同编写。各学校按照分工写出初稿后，于1992年10月在武汉大学开了一个审稿会，这也是一次十分重要的会。我和肖前、赵凤歧老师等先于10月7日至12日在江苏南通参加了一个学习邓小平南方谈话的讨论会，再从南通到武汉，中间在南昌、九江停留了一两天，见到了我的大学同学余品华、霍伟光，并在九江的共青城拜谒了

---

① 李瑞环：《务实求理》，中国人民大学出版社2010年版，第925页。

胡耀邦墓，然后从九江乘船到武汉。这次在武汉开会的条件大
为改善，与四年前在天津的会议大为不同了。当时陶德麟先生
刚刚上任武汉大学校长，他可以调动武汉大学的人力、物力支
持会议，环境非常安静、舒适、方便，讨论会也就开得聚精会
神，很是认真深入，这对于保证书稿的基本质量起了重要作用。

在九江共青城胡耀邦墓前留影

　　会议开始之前，肖前老师征得到会的课题组主要成员的同
意，提议由我担任《马克思主义哲学原理》的副主编（由肖前
任主编，黄枬森和我任副主编）。对这件事情，我毫无思想准备。
我和肖老师在南通开了几天会，从南通到武汉又是水路旱路一

道走来，这十多天的时间里几乎是形影不离，但关于此事，他一直只字未提，连一点暗示都没有过，待到武汉征得了课题组各位教授的同意之后才找我谈话。肖老师说完此事，我一时不知该如何应答。做这样的安排固然是肖前老师、黄枬森老师和其他师长对我的信任和厚爱，但我的第一感觉却不是人们通常会有的那种高兴，而是有些畏怯，有些不安，有一种将要把自己推到炉子上去烤的感觉。一是我没有这个资格，论辈分，我在这个课题组里应是最后一个位置；二是我没有这个能力，要把这种"七嘴八舌"的稿子整成大体上像一个人说的话，谈何容易！这绝对是一桩费力不讨好的苦差事。但我又不能拒绝。我要帮肖老师做点事，这是诚心诚意的。这不仅仅是因为我对肖老师本人非常尊敬、非常感激，而且还包含了我对母校的一种情感和希望。中国人民大学一直是我国马克思主义哲学学科的"龙头"，肖老师又处在那样一种学术地位，他确实应该再做成一两件在全国学界有重大影响的大事来。我们这些散落他乡的弟子，应当和他身边的弟子密切配合，多帮帮他老人家。尤其是秀林老师去世后，我更应当多帮帮他。所以，我不能直接拒绝，免得他老人家多心。正好在这个时候，北京大学的赵光武教授从北京匆匆赶赴武汉，要阻拦此事。我真的以为是救兵来了。如果他能把这件事情搅黄了，我会请他喝酒的。那样，事情该怎么干我还怎么干，却可以不担此名声和责任了。没有想到，最后的结果竟是光武先生自己反倒被大家阻拦了。

正式宣布我做副主编，也就同时明确了我做这部稿子的总统稿人。徐崇温先生赐给了我一个"总统"的雅号，让我哭笑两难。这样，在审稿会上，我就不仅要认真听，还要认真记。会上的合理意见，在统稿时都是尽量吸取了的，但这个会议的记录找不到了，难以详细叙述会上的意见和情况。我对这次会

　　《马克思主义哲学原理》审稿会合影（第一排：齐振海（左一）、赵凤歧（左二）、高清海（左三）、刘嵘（左五）、黄枬森（左六）、肖前（左七）、徐崇温（右四）、辛敬良（右三）、夏甄陶（右二）、陈晏清（右一）；第二排：陶德麟（左七））

议的印象是：就会上发表的意见来说，在改革的总体思路上，绝大多数的学者达成了共识，即力求在全书贯彻实践的观点；在各章涉及的许多具体问题上有明显的推进，有的甚至可以说是突破；总之，同天津会议相比，学术上有了明显的进步。但就交上来的初稿本身来说，却是差异甚大。如果要用一句"求同存异"的老话，那就是，能"求"得的东西相对较少，会"存"下的东西相对较多。听得出来，审稿会上的多数人不赞成一味地"存异"，而是要尽可能地消除差异，力争搞出一个大体上能够内容圆融、逻辑自洽的教材交给读者。因此，这次统稿、修改的任务是一项极为繁难的任务。遵照肖前老师的指示，有几章先请李德顺、郭湛、陈志良、王南湜这四位年轻同志改写之后，再从文字上、风格上做统一处理。

　　《马克思主义哲学原理》作为这项课题的最终成果，于1994年1月由中国人民大学出版社出版面世，因篇幅较大（共计61万字），所以分成了上下两册。出版社按规定给作者发了稿费，也给我们三人发了主编费，肖前主编600元，黄枬森和我两位副主编各400元。该书出版后，1994年7月，在国防大学开办了一个面向高校哲学教师的讲习班。受肖前主编委托，我在讲习班上对这本书的总体情况做了介绍。这个报告稿经修改后，以"哲学教材体系改革的探索"为题，刊发于1994年第5期的《教学与研究》上。

我认为，这本新的哲学教科书无疑是我国马克思主义哲学学科发展历程中的一项重要的标志性成果，它的根本性意义在于引导中国学界走出旧的哲学体系——苏联哲学教科书体系。许多东西，在它被创造出来之后，特别是过了一段时间之后，会有人觉得它很简单，很粗糙，没什么了不起。这里面有一部分原因是这些人自己的水平提高了。如果历史地看，它其实是并不简单的。就这本新教科书来说，许多人不满意，我也不满意（这一点，下面将专门谈论），但无论如何不能否定它的成就和意义。这本教科书凝结了众多学者的心血，也可以说，它记载了从旧哲学体系下走过来的一代学人的探索和碰撞，记载了这一代学人孜孜求索的思想苦旅。

就这本教科书和传统哲学教材比较而言，我认为它的突破性的进步主要是以下几个方面。

第一，明确了实践范畴是整个哲学体系的核心。实践的观点不仅是认识论的首要的基本的观点，而且是全部马克思主义哲学的首要的基本的观点。这是一个具有根本性质的突破。在以往的教科书中，只是将实践活动作为认识活动的基础，只是在认识论中把实践作为认识的源泉和检验认识的标准加以论述，而在作为存在论或者本体论的自然观和历史观中，则基本上未能贯彻实践的观点。在新的教材体系中，不仅认识论，而且自然观、历史观（这一方面更为根本）都力图将其建立在实践观点的基础上，这样才有可能构成一个认识论与本体论相统一、自然观与历史观相统一的完整的理论体系，而不是像以往那样，认识论、自然观、历史观等各个部分彼此外在，是一种实际上不成体系的体系。

第二，重新规定了实践概念。在以往的教材中，只是从认识论的角度规定实践概念，把实践规定为主观与客观的"交错点""主观见之于客观的东西"。肖前等主编的《辩证唯物主义原理》把实践规定为"人类有目的地能动地改造和探索现实世界的一切社会性的客观物质活动"①，这基本上还是立足于认识论角度规定的。这种规定是不完备的。新的教科书则从认识论与存在论相统一的角度，把实践规定为人与自然之间的一种物质性的否定性关系，这种活动或关系本身即构成了一种客观的存在，一种"能动的现实存在"。这样规定就超出了认识论的眼界，而将它扩展为同时是自然观、历史观的基础。

第三，在实践概念的这种规定中，把主体性的原则逻辑地引入了马克思主义哲学体系的建构之中。由实践概念所内蕴的主体性、能动性、否定性的规定，也使马克思主义哲学的革命的批判的本质能够得到合理的说明。马克思说的对现存事物要从主体方面去理解，就是要从人与对象的否定性关系去理解，即把现存事物作为人类实践活动的历史进程中的一个暂时性环节去理解。

第四，用实践观点改造了旧唯物主义哲学的物质概念。以往的教材是用的列宁的物质定义，但列宁的物质定义往往遭到一些人的旧唯物主义式的曲解。这本新教科书提出要用实践的观点解读列宁的物质定义，并综合了包括列宁在内的马克思主义哲学经典作家的思想，对物质概念做了这样的表述："物质是标志客观实在的哲学范畴，是对一切可以从感觉上感知的事物的共同本质的抽象，因而它既包括一切可以从感觉上感知的自然事物，也包括可以从感觉上感知的人的感性活动即实践活动；这种客观实在独立于我们的精神而存在，为我们的精神所反映。"②这里最重要的改变，是把人的感性活动即物质实践包括

① 肖前等主编：《辩证唯物主义原理》，人民出版社1981年版，第314页。
② 肖前主编：《马克思主义哲学原理》，中国人民大学出版社1994年版，第288页。

到物质概念的规定之中。做这种改变的主要的根据，是马克思说过要把事物"当作人的感性活动，当作实践去理解"[①]，并且说过，人类的生产劳动和创造是整个现存的感性世界的基础。这种改变对于坚持彻底的唯物主义具有极其重要的意义。在论证现实世界的客观实在性时，两个最困难的问题即关于人类社会的客观实在性和微观世界的客观实在性，都只有坚持这样的物质概念才能得到正确解决。

第五，要坚持彻底的唯物主义，具有决定意义的是对于社会历史的唯物主义解释。以往的教材像说明自然过程一样去说明社会过程的客观性，即只是从作为社会客体的生产力、生产关系、上层建筑及其运动过程的客观性上去说明。新的教科书则是依据马克思关于"全部社会生活在本质上是实践的"这一基本思想，将上述社会存在物理解为本质上只是人类实践的存在形式，从而由实践活动的主体性与客观性的统一、能动性与受动性的统一去说明了社会历史过程的辩证决定性。

第六，由于将整个体系置于实践观点的基础上，也就在全书的整体关系上从根本上深化了认识和实践的关系，认识过程被理解为人类社会生活的一个方面，使得认识论完全地根基于作为存在论的自然观和历史观。

第七，将实践观点贯彻整个体系，必然要增添一些为阐发马克思主义哲学的精神实质所必需而又为以往的教材体系所难以容纳的新内容，如价值问题、文化问题等。

第八，也是最重要的，是在对于哲学基本精神的把握上达到了新的高度，阐述了哲学的基本功能就是依据于对思维与存在的关系问题的回答，提供对于自由与必然之现实对立的解决

---

① 马克思：《关于费尔巴哈的提纲》，《马克思恩格斯选集》第1卷，人民出版社1995年版，第58页。

方式。马克思主义哲学就是采取实践论的哲学思维方式，以对于人类自由解放的理论说明为目标的哲学理论体系。

五、编写《马克思主义哲学高级教程》

前面说了，对于新编教科书《马克思主义哲学原理》，我也不满意。或许可以说，我的这种感受比其他许多人更深，因为我本来的期望更高，在统稿时的那种无奈感更重。虽然课题组大多数成员都赞成把实践范畴作为马克思主义哲学体系的核心范畴，把实践的观点视为全部马克思主义哲学的首要的和基本的观点，但这个思想并未真正落实。一是这种认识并未成为课题组全体成员的共识，有些人同这种认识的距离还是很远，他们执笔的那一部分就显得同全书极不协调；二是即使赞成这种观点的人，如果缺乏对于整个体系的总体性的深入思考，那么在写他那一章的时候，实践观点的运用也是难以真正到位的，有时就难免给人一种"贴"的感觉。因此，肖前主编在这本教科书的前言里写道："究竟如何做到真正把实践的观点作为首要的和基本的观点贯穿于马克思主义哲学教材的整个体系，这不论在理论上、逻辑上还是在表述上都还存在不少矛盾和困难，需要经过哲学界同志们进一步的共同探讨才能逐步地加以解决。"这表达了一种实事求是的自我评价。

对于这种结果，我在天津会议时就有所预感。当时人们的思想分歧那么大，在我看来，求得统一是不可能的，也是不必要的。在这两年之前，大约是1986年，南开哲学系的教师开过一个学术性的讨论会。在会上，冒从虎先生有个发言，是同当时的热议唱反调的，但很值得玩味。他说："搞什么体系？！肖前有肖前的体系，高清海有高清海的体系，你陈晏清也可以有陈晏清的体系。"他好像已经看透了，那种大家一致赞同的哲学体系是搞不出来的。企图把各路神仙请到一起，建立一个什么课题组，编出一本大家观点一致、逻辑自洽的哲学教科书，这种事改革以前可以做到，现在就难以做到了。天津会议期间，我时不时地想起老冒的这番话，并萌生了一个念头：搞一个南开自己的体系！这种教材体系只是马克思主义哲学的解释体系。在我看来，当时高校马克思主义哲学学科的博士点本来就不多，哪一个博士点都有条件也应当去搞自己的"体系"，然后各种"体系"在竞争中优胜劣汰，而不必依靠某种学术以外的力量事先定于一尊。就说我们这个课题组的最终成果吧，不论它搞成什么样子，各学校在使用时也都会不同程度地有所取舍的，谁也不会拿别人的观点（自己不同意的观点）去教自己的学生的。

武汉审稿会之前，这件事情还基本上只是在酝酿之中。审稿会议之后，如果我们的意图和观点能大体上得到体现，那就没有必要浪费精力再去编什么书了，而且，武汉会议上已确定我做副主编和统稿人，这是贯彻自己意图和观点的便利条件。但是，从交上来的稿子和会上的讨论情况看，整个框架已经很难变动了，放不开手脚了，在原有初稿的基础上很难做出大幅度的修改，有些基本的意图很难落到实处。例如，我认为应当把自由和必然的关系作为基本的理解线索（这道理将在下面详细叙述），于是，在统稿时有几处将自由与必然的关系同思维与存在的关系关联起来提出，但这种写法往往让读者感到突兀，不可理解。这说明，要贯彻自己的思路，不是在这个稿子上这里加一段、那里加一段就能奏效的。到这个时候，我才最后下定决心"另搞一套"，编写《现代唯物主义导引》一书。当然，这"另搞一套"是有限度的。一是必须尽心尽力把那个"副主编"做好，一切对于改进那本书的书稿质量有价值的东西都要合乎逻辑地用到书稿上来，决不为"另一套"留一手；二是必须在课题组共同成果的基础上推进，主导思路应当保持一致。

我们的研究和写作几乎与课题组同时，那么强大的课题组刚刚做完之后紧接着去做同一个课题，这似乎不自量力。但我想，我们的有利条件也是明显的。最重要的有利条件是我们的思想观点一致，不会有互相掣肘乃至互相抵消的情况发生，这是我们绝对优越于课题组的地方。另外，我们也有了一定的研究基础，参加几年课题组的活动，特别是天津会议之后，已经形成了比较明确的思路，基本上弄清楚了问题在哪里，困难在哪里，以及解决问题的可能方式是什么。王南湜的博士学位论文的题目就是"人类活动论导引"，他确实有了较长时间的深入系统的思考和研究。因此，我认为可以一试，也值得一试。

我们力求超越课题组的地方，也是我们曾在《马克思主义哲学原理》的统稿中力图贯注却又未能完全贯注得了的基本意图，主要是以下三个方面。

第一，把握哲学的精神。

这就是要把自由与必然的关系作为一条基本的理解线索。自由与必然的矛盾构成了人类活动的本原性矛盾，它与人类共存亡。人类的全部活动都是要把自然世界改造成适合自己目的的理想世界，都是在分裂了的世界中追求其统一，实质上就是寻求自由与必然之矛盾的解决。哲学作为对于人类自身活动的反思，它的任务就是求得人类自由与必然问题的总体性和终极性的解决。这就是哲学的精神。所谓"哲学是人类争取自由的武器"一类的话所表达的正是这种哲学的基本精神。普列汉诺夫说过一番很精彩的话。他说，自由与必然的问题是个旧的，然而永远是新的问题，它产生在一切哲学家面前，并且像斯芬克斯那样向这些哲学家们说:"请你解开我这个谜,否则我便吃掉你的体系!"[①]事实上,正是一个一个的体系被吃掉了。当然,哲学总是在推进这一问题的解决。一个哲学体系在解开自由与必然关系之谜上推进了一步,它就是哲学史上的一种进步。但是,以往的哲学家都未能真正解开这个谜,只有马克思才解开了这个谜。我们就是力求按照这种理解线索,做些哲学史的梳理,以说明为什么马克思揭示了社会生活的实践本质就能解开这个谜,说明马克思强调"改变世界"的实践同他对于整个哲学精神的把握之间的内在关联。

从马克思的实践论或人类活动论的立场看,更是应当把自由和必然的关系作为基本的理解线索。旧的哲学解释体系是将哲学的基本问题即思维与存在的关系问题作为基本的理解线索的,但因其局限于旧的哲学范式、旧的解释框架,思维与存在的关系问题为何成为哲学的基本问题这一点本身就讲不清楚。只有把它同自由与必然的关系问题联系起来,把它作为解决自由与必然的关系问题的理论前提,才能弄明白它对于人类活动的意义,弄明白它为什么会成为哲学的基本问题。思维与存在的关系是自由与必然的关系的最抽象的表达。可以说,任何哲学都是依据对思维与存在的关系问题的回答,提供对于自由与必然的现实对立的解决方式。我们的任务,就是要把马克思主义哲学逻辑地解释为一种在现代条件下,以其特有的方式解决思维与存在的关系问题,并进而解决自由与必然之现实对立的哲学体系。

第二,阐明马克思哲学的范式。

从哲学史的眼光看,马克思实现的哲学革命,其实质是哲

---

① 普列汉诺夫:《论一元论历史观之发展》,生活·读书·新知三联书店 1961 年版,第 87 页。

学范式的变更。所谓哲学范式，宽泛地说就是哲学类型，就是哲学思考的基本方式、基本进路。前面讲的解决思维与存在、自由与必然的关系问题的"特有的方式"就是讲的范式。"范式"是个大概念，不是任何一种意义上的"类型"或"方式"都可以称得上"范式"的。在哲学史上，最先出现的是本体论（或世界论）的思维范式，继而是认识论（或意识论）的思维范式，马克思开创的则是人类活动论（或实践论）的思维范式。"哲学家们只是用不同的方式解释世界，问题在于改变世界。"①这宣示了新的哲学思维范式的创立。马克思主义哲学博大精深，我们这本书的目的不在于详尽无遗地叙述其丰富的内容，或将其丰富的内容编织成一个严密的理论体系，而是要从总体上讲清楚马克思主义哲学是一种什么样的哲学，亦即阐明马克思哲学的范式。所以，我们把书名叫作《现代唯物主义导引》，主要的意义在于"导引"。

阐明马克思主义哲学的范式，主要的是阐明马克思主义的基本的哲学思维方式，马克思主义哲学的理论特征，马克思主义哲学的基本形态，包括其唯物论的形态、辩证法的形态，等等。

哲学思维方式的变更，首先是哲学思维出发点的变更。马克思确立的哲学思维方式是实践论的哲学思维方式。在实践论的哲学思维方式中，出发点既不是抽象的自然，也不是抽象的精神，而是现实的人。现实的人是从事现实实践活动的人，是对象性的存在物。哲学从现实的人出发，它所关注的便是人的对象世界，即同人发生对象性关系的世界，而不是同人无关的世界。因此，哲学研究的是人和世界的关系，即人在自己的实

---

① 马克思：《关于费尔巴哈的提纲》，《马克思恩格斯选集》第1卷，人民出版社1995年版，第57页。

践活动中形成的同外部世界的关系，研究和解决世界对人的关系中的矛盾。

实践论的哲学思维方式就是把实践的观点作为全部哲学的基础，一切哲学问题的思考和解决，最终都要归结到实践的观点上来。因此，马克思主义哲学的最基本的理论特征就是实践性。马克思主义哲学还有辩证性和历史性的特征，而它的辩证性和历史性都应由它的实践性去说明。实践性就内在地包含着辩证性，实践就是一种能动的、否定性的活动，它是辩证法的革命批判本质的真正基础。所谓"历史性"主要是指将历史发

展原则作为一个基本的哲学原则，因而历史主义成为这种哲学世界观的一个理论特征。历史性特征就包含在辩证性特征之中，它当然也归根到底要由实践性去说明。

马克思主义哲学唯物论的形态是实践论的唯物论。过去关于唯物论历史形态的表述是：古代的朴素唯物论，近代的形而上学唯物论，现代的辩证唯物论。这种表述确实抓住了各时代唯物论哲学的一个重要特征，但很显然它是同旧的解释体系相吻合的，是一种适合于旧的解释框架的表述方式。可以按照恩格斯的说法，将这种表述方式改变一下。恩格斯说，唯物论和唯心论只是依其对于思维对存在、精神对自然界的关系问题的不同回答而划分的，除此之外，这两个用语本来没有任何别的意义。我们按照各个时代唯物论解决哲学基本问题的方式去把握它们的特征，应当说更加符合马克思主义。古代哲学是本体论的范式，哲学的基本问题是限于本体论范围的一般存在和个别存在的关系问题。古代唯物论设定的一般存在物是具有空间特征的、原则上可感知的，因此说它是一种唯物论。但是，由于它用以解释个别存在的一般存在是直接设定的，即直接设定了某种解释世界的原则而未经反思，因而可以把这种唯物论称为独断论的唯物论（所谓"朴素唯物论"也是此意）。近代哲学是认识论的范式。到了近代，主观与客观、思维与存在的对立获得了比较充分的发展，必须通过论证思维与存在的同一性去论证世界的统一性。思维与存在的关系问题是在近代"才被十分清楚地提了出来，才获得了它的完全的意义"①。把哲学基本问题表述为思维与存在的关系问题，是典型的近代哲学的表述方式。近代唯物论是以感性经验为基础去解决思维与存在的

① 恩格斯：《路德维希·费尔巴哈和德国古典哲学的终结》，《马克思恩格斯选集》第 4 卷，人民出版社 1995 年版，第 224 页。

关系问题，即主张思维以感性经验为中介而统一于外部存在，因此可以把它称为经验论的唯物论。现代哲学是人类活动论的范式，现代哲学思考的不只是人类的认识活动，而是整个人类活动；各种哲学流派都是以不同的方式对近代哲学的唯理智主义或纯粹认识论立场的超越。哲学范式的这种变更，使哲学基本问题的提出方式也应变化。思维与存在的关系问题仍是哲学的基本问题，但应具体化为人类活动中物质性活动与精神性活动的关系问题。肯定物质性实践活动对精神性活动的决定作用，用物质实践的观点去说明全部人类生活，这就是马克思的现代唯物论的典型特征，可以把它称为实践论的唯物论。

马克思主义哲学辩证法的形态是实践论的辩证法。马克思无疑继承了黑格尔的历史主义的辩证法，但他是对黑格尔辩证法进行了艰巨的改造工作才重建了自己的合理形态的辩证法的。这种改造工作不是简单地把辩证运动的主体由"绝对观念"转换成了"物质"，而是改造了它的基础。黑格尔是在一种唯心主义的基础即非现实的基础上建立他的历史主义辩证法的，马克思则将其建立在一种现实的基础上。马克思认为，辩证法的基础既不是抽象的理性，也不是抽象的（自在的）自然，而是现实的人本身，亦即现实的人类活动本身。人类的实践活动就是一种辩证运动，是一种类似于康德意义上的综合的活动。人类思维的辩证结构是人类实践的辩证结构的内化。因此，理解人类思维与人类实践的同构性便是理解和说明理论形态的辩证法的关键。马克思的辩证法就是这种实践论的辩证法，而不是那种超越于人类活动的纯粹理性的辩证法或纯客观的自在的自然辩证法。

第三，恢复马克思主义哲学的主体性维度。

这就是要遵照马克思的论述，把人类的实践，把生产劳动和创造视为"整个现存感性世界的非常深刻的基础"，对现实"从主体方面去理解"，把它"当作感性的人的活动，当作实践去理解"①。这样，就可以立足于实践的观点，阐明马克思主义的实践论的自然观念、社会观念、历史观念、知识观念以及作为全部哲学观念之综合和归结的自由观念。

1）实践论的自然观念，是"人化自然"的观念。人化自然的过程是一个"赋形"的过程，即人通过自己的活动赋予自然界某种符合人的需要的形式，因此，人化自然在本质上是人类实践的存在形式。马克思的现代唯物主义的自然观同旧唯物主义的根本区别不在别的方面，而在如何看待人与自然的关系上。旧唯物主义的自然观是依据自然科学的成果，去描绘一个同人无关的、纯粹客观的自然图景，其中即使包含了某种辩证的图景，也仍然不是现代唯物主义的自然观。马克思的现代唯物主义自然观则是从人出发，从人的活动与自然界的关系上去考察自然界。它无疑是把自然界视为一个有机系统，但认为这是一个人类通过自身的活动与周围自然耦合而成的有机系统，即人化自然的有机系统。"人化自然"的观念是对工业革命所引起的人与自然关系的革命性变化的深刻反映。关于"自在自然"与"人化自然"之关系的讨论，其实质不在于是否承认自在自然的存在，是否承认自然界的优先地位，也不在于是否承认人化自然或自然的人化，而在于澄清两种自然观的分歧。由"自在自然"的观念到"人化自然"的观念，是自然观的变革。只有"人化自然"的自然观才同马克思主义整个世界观相一致，并成为其整个世界观的基础性部分。

2）实践论的社会观念，是把社会视为人类在物质生产基础

---

① 马克思：《关于费尔巴哈的提纲》，《马克思恩格斯选集》第 1 卷，人民出版社1995 年版，第 54 页。

上形成的交往关系的产物。社会结构就是社会的交往关系结构。各个层面的交往关系的制度化、规范化便形成社会的制度结构即社会的显结构。正是不同时代人类的活动结构决定了各该时代的社会结构。社会的变迁就是在物质生产发展的推动下，由社会交往活动的变化所造成的社会交往关系的变迁。

3）实践论的历史观念把历史看成人的活动，是人们自己创造自己的历史。人们的历史活动归结为改造自然和改造社会这两种基本的活动，在人的活动中也就形成两种基本的关系即人与自然的关系和人与人的社会关系。这两种关系的互为中介的发展，主要地表现为生产力和生产关系相互作用的辩证运动，它构成了人类历史的实在内容。马克思揭示了这两种关系之间互为中介的关系，便一方面把人与自然的关系引入了历史并作为整个历史的现实基础，从而在历史观上实现了变革；另一方面也把历史的观念带进了自然领域，从而实现了自然观上的根本变革（如前所述）。把历史看成人的活动，看成人们自己创造的历史，便从人的活动的主体性和客观制约性的统一说明了社会历史过程的辩证决定性。

4）实践论的知识观念，就是把实践的观点作为认识论的基础，这是马克思主义哲学的解释体系从来都很坚持的。本书有所改进的地方是把认识活动视为人类活动诸样态之一，即视为人类社会活动总体的一个部分或一个环节，这就有助于把认识论和历史观统一起来，使认识论获得坚实而正确的本体论基础。对于认识的主体和客体的规定，对于认识的"主体—工具—客体"的三维结构的揭示，都是依据于实践论的历史观与认识论的统一的。

5）自由是真善美的统一，这是人类活动的本质，也是人类活动的目标。如果说求真必须以实践为基础，那么求善就是实践的宗旨，实践活动本身就是求善的活动。因此，研究"善"的价值论也无疑应是实践论的，它主张从合目的的物质实践的观点去理解"善"，把求善看成主体将自己的价值尺度运用到对象上去，从而否定和扬弃客体的现存形式，达到主客体的统一。"美"的问题也必须立足于实践论的观点，从审美活动与实践活动的关系中把握美的本质。审美活动是为补偿实践活动的有限目的性而产生的。审美活动所必备的一切要素的创造和形成都离不开实践的基础。求真、求善、求美是人类活动的三种基本样式，是人类解决必然与自由问题的三种不同的方式或途径，但它们又是统一的，它们统一的基础还是实践。

《现代唯物主义导引》一书的写作任务是由王南湜、李淑梅完成的。该书约 34 万字，于 1996 年 12 月由南开大学出版社出版。1999 年，我们以此书为基础，申报"九五"国家教委重点教材《马克思主义哲学高级教程》，并获准立项。2001 年 12 月，《马克思主义哲学高级教程》由南开大学出版社出版，哲学教科书改革的工作暂时告一段落，就我个人来说，整整历时 22 年。我本人和我主持的南开马克思主义哲学学科，为这件事情投入了大量的时间和精力。可是，我看过几个关于哲学体系改革讨论和"实践唯物主义"讨论的综述，几乎听不到南开的声音，似乎南开置身事外。各种综述上听不到南开的声音，是因为南开的学者关于哲学体系改革的议论发得太少。造成这个状况，同我的指导思想有直接关系。我认为，关于哲学体系改革的原则性意见，关于应当如何改、不应当如何改的议论，发一发是必要的，是应该的，但不能热衷于、得意于、停留于这些议论。比这更重要得多的事情是把观念化为行动，把自己心中的"应然"变为"实然"，这就是在自己已经接受、已经确立的哲学观念支配下，去实实在在地进行哲学研究的活动，用自己研究的成果去验证自己的那些"应当"。有一年,听说李德顺先生在苏州举行的马克思哲学论坛上发表了一个关于"打井学"的演讲,讲的是学界的一种风气,许多人热衷于研究"打井学",就是不去打井。真是一语道破。这绝对不是一种好风气。以我对学术和人生的理解,我不愿意我的学生们染上这种风气。

在社会转型中推进哲学研究的"转型"
（1984—　　）

一、哲学的困境

经过哲学上拨乱反正、正本清源的工作，特别是哲学体系改革中对于马克思主义哲学的主体性和实践论思想的深入挖掘，我国的哲学研究确实取得了重大的进步。哲学上的这种进步，在实际上是适应于中国社会现实的变化的。然而，即使这样，也仍不足以使我们的哲学从根本上摆脱困境。

哲学曾经很热，热得烫人。那是因为政治热，哲学沦为政治的婢女后，当然也跟着热了起来。在那"以阶级斗争为纲"的年代，政治是社会生活的中心，而每发动一场政治斗争，都要求哲学为它做论证、做辩护。另一方面，任何一个哲学问题，也都要把它同政治关联起来，这叫作在一种理论倾向背后发现它的政治倾向。哲学完全政治化了。因此，哲学热实质上是一种政治热。哲学政治化了，就没有自己的独立性了。哲学没有自己独立的园地，没有独立的研究，也就没有自己的生长空间，没有学术上的建树。这当然是一种严重地阻碍和损害哲学发展的局面。

改革开放以后，改变了这种令人厌恶的局面，不再是"以阶级斗争为纲"，而是以经济建设为中心，哲学与政治的关系逐渐摆正了，政治自身的位置也逐渐摆正了。哲学从过去那种过热的状态逐渐冷却了下来，这种适度的冷却是有利于哲学的发展的。但是，不知从什么时候开始，哲学又变得太冷了，过冷了，冷得让人窒息。那些年，流行这样一个说法，叫作"经济（指经济学）繁荣，哲学贫困"。又有人对"哲学贫困"做了注解，说它指的是哲学的贫困、哲学家的贫困、哲学系的贫困。这三大"贫困"，把我国哲学学科的尴尬描绘得很完整、很真切。很不幸，我就正是在这个"哲学贫困"的时候，当上了这种贫困系的系主任，而且一当就是 13 年，从 1985 年到 1997 年。这是最贫困的时候。1984 年以前虽然也贫困，但是还没有从与其他学科的对照当中意识到这种贫困，就是说还没有什么贫困感，到 1997 年我下台的时候，就快要走出贫困了。那时候"贫困"到了什么程度？拿"哲学系的贫困"来说，可以说是到了寸步难行的程度。首先是优质生源枯竭，第一志愿的考生极少，绝大多数是"拉郎配"，从"服从分配"的考生中录取进来的。学生捏着鼻子进了哲学系以后，专业思想极不稳定。学校又出台了一个本科一、二年级可以转调专业的政策。这个政策从理论上讲是没有问题的，因为学生的专业兴趣对他接受教育和成才的影响确实很大，我自己就有过这种切身体验。但这个政策对于当时的哲学系来说无异于雪上加霜，几乎把哲学系逼上了绝路。对于这项政策，我是发自内心的抵触。我曾表示坚决不执行，认为南开大学可以办，我哲学系不能办。结果是当时的校长在一个批件中对此提出了批评，当然还不算特别严厉。转走了的学生欢天喜地，没有转走的学生也有他们的办法。有一年，哲学系本科生的英语四、六级考试成绩拿到了全校第三名，这是很出乎人们意料的。公共外语教学部的两位负责人特意到哲学系来道喜，并希望能总结经验，鼓舞士气，再上一层楼。我心想，这喜从何来？学好外语当然是好事，问题是在什么背景下学好的。哲学系的学生不好好学哲学，大部分时间去学外语，我这系主任还能喜得起来吗？这不是道喜来了，而是敲警钟来了。对公外的两位老师，我不能怠慢了他们，他们有他们的职责，但在哲学系的干部会上我就是讲的另外一套话了。学生的毕业分配是一年比一年困难，尤其逻辑学专业。教师队伍也极不稳定。很多人不愿在高校任教，高校教师进的少，出的多，流失较大，哲学系更加突出。为了解决办学经费紧张、教工收入偏低的问题，纷纷搞起社会有偿服务，也就是"创收"。这无异于集体下海。哲学系的创收就是办班，收点学费。这种创收活动对正常的教学构成了严重的威胁。有的教师说，我们所有的教师个个都全心全意地投入教学，也未必能够保证教学质量，再要叫许多人，用许多心思去办班创收，这教学质量能不下滑吗？人人都认为哲学系不能这么办，可人人都感到无奈。这是一种极其严峻的困难局面。我手头还存了一份 1988 年 3 月 25 日发出的当年第 7 期南开大学简报，这份简报是转发哲学系1988 年的工作要点，并加了学校的按语。这个要点，列出了二十来条，如学校按语所说，"比较具体、细致"。我无须一一叙述，只择其要者列出，以说明当时的情势。要点中提出：逻辑学专业本科暂缓招生；哲学专业的招生减少计划内的本科生名额，适当增加研究生名额（主要用于适应面较宽的学科）；如有可能，本科不再参加统一招生，改为从在校生中招收第二学士学位生；增加其他办学形式，开办同哲学专业邻近的其他专业，如政治理论、文化理论、宣传（含对外宣传）理论等；为增强学生适应社会需要的能力，增开哲学专业相邻学科的课程，如经济学、政治学、行政学、管理学等；提倡和组织师资合理流动，有控制有选择地调入少量确有真才实学的中年学术骨干，同时，大力提倡向外流动；实行教师分流，一部分以科学研究和指导研究生为主，一部分以开展社会有偿服务为主；开辟有偿服务新途径，改进有偿服务收入的分配办法，等等。此外当然也还包括了一些在教学、科研和师资建设等方面的积极措施。但从其基调来看，整个儿是一个"哲学大逃亡"的行动方案。这个工作要点后来并没有真正实行，或没有完全实行，有些也只是有了一点动作，并没有做成什么。它不过是作为南开哲学系的一个历史文献，记载了当时的情势和人们的心迹。

这真是哲学事业发展的一个严重关头。关心哲学事业的人应当好好想想，当了哲学系主任的人就更应当好好想想，这种局面到底是怎么造成的？该如何应对这种局面？

哲学陷入如此严重的困境，有哲学自身的原因，也有哲学以外的原因。这外部原因就是哲学赖以生存的大环境的变化。在市场经济大潮的冲击下，人们的价值观念发生了急剧的变化。经济效益成了人们衡量事物的基本价值准则，理论以及文史哲一类人文学科知识都被当作一些无用（即无效益）的东西抛向了视野之外，遭到了社会的冷落。传统人文学科迅速地边缘化，作为纯理论学科的哲学被边缘化的状况就更加突出了。这种价值观念的变化，不是观念上的进步，而是观念上的混乱。对于这种局面，许多有识之士都表示深深的忧虑。1988年，我写了一篇题为"民族的振兴亟须鼓舞理论探索精神"的文章，从人们价值观念的混乱、对以往那种虚假的理论兴趣急剧衰落的现象缺乏批判性的思考以及包括理论工作者在内的知识分子状况未能获得根本改善等方面，分析了当时理论兴趣低落的原因，并尖锐地指出了它的危害。这篇文章讲的是理论建设的问题，实际上也适用于传统文科，它的最直接的背景正是前面所说的哲学的困境。我把文章寄给《求是》杂志，想借重《求是》的声望造成更强烈些的社会影响。可能是其中有些话比较激烈，在这样的刊物发表有所不宜，编辑部的阎长贵同志把文章推荐给了《教学与研究》。在这篇文章里，强调的是改变理论活动的环境，呼吁调整相关的政策。我写了这样一段话："激发人们的理论热情，主要地不应是直接着眼于理论活动自身，而是要从经济、政治、思想文化各个方面改造理论活动赖以进行的环境。……从我国目前的情况看，恐怕可以说，这种对于理论活动环境的改造，比理论活动本身要艰难得多，也重要得多。"[①]

但是后来我意识到，这篇文章表现了一种急躁情绪。把造成这种困境的原因主要地归于外部环境，这也明显地表现了一种认识上的片面性。社会上人们价值观念的变化，人文学科遭受冷落，国家的改革尚不到位，政策的调整尚不到位，如此等等，这些固然是造成哲学困境的重要原因，但根本性的原因还在哲学自身，是哲学自身不能适应这个大变革的时代。我在后来的另一篇文章里就补充和修正了上一篇文章的观点。我说："平心而论，哲学不景气的原因不能完全归之于哲学自身，但我们的哲学在急剧变化的社会中未能充分履行自己的职责却是一个内在的根本性原因。"[②]哲学的那三种"贫困"里，基础性的贫困无疑是哲学自身的贫困。如果你这个哲学家是搞贫困哲学的哲学家，你怎么能够不贫困？如果哲学系是用那种贫困的哲学去教学生，你这个哲学系怎么能够不贫困？而哲学的贫困又是怎么造成的呢？最基本的原因，就是哲学跟不上变革的时代。自改革开放以来，我们生活于其中的社会已经发生和正在发生如此巨大的变化，但我们的哲学却仍然满足于重复那些已经重

---

① 陈晏清：《民族的振兴亟须鼓舞理论探索精神》，《陈晏清文集》，天津人民出版社 2007 年版，第 20 页。
② 陈晏清：《哲学应是植根于现实生活的终极关怀》，《陈晏清文集》，天津人民出版社 2007 年版，第 53 页。

复了多年的条条，哲学研究的兴趣仍然囿于一些脱离现实生活的纯概念分析、纯逻辑推演，对于现实生活的变化，对于现实生活中出现的新情况、新问题熟视无睹，在最需要哲学去解决问题的时候，哲学却"不在场"。

哲学的命运历来是以满足社会和时代的需要之程度如何而定的。哲学不能满足社会和时代的需要，社会和时代就不需要这种哲学，这是天经地义。因此，最紧要的事情是实行哲学自身的变革，把哲学变得适应社会和时代的需要。哲学本来是为思想解放、为市场化取向的改革呼号论证的，但当我们把思想解放呼来了，把市场经济也喊来了，反过来倒把自己冲击得"不亦乐乎"。这说明，在我们呼唤市场经济、呼唤改革大潮的时候，我们这个学科自身并没有做好迎接变革大潮的准备，我们只顾去当"啦啦队"了。因此，走出哲学困境的唯一出路，就是把哲学置身于社会变革的潮流之中，在社会的变革中实现哲学自身的变革，实现哲学研究方式的"转型"。这是我们在思考哲学困境时得出的一个基本结论，是我们后来选定社会政治哲学作为主要研究方向的一个基本理由。

二、社会哲学研究

倡导和开展社会政治哲学的研究，以期在社会转型中推进哲学研究的"转型"，是我的十分重要的学术经历，其重要性绝不低于参与教科书改革的研究。就本人来说，它可能成为我的学术生涯的归宿；就南开的马克思主义哲学学科来说，它的成败得失也将在很大程度上影响这个学科发展的前途，至少在一个不算太短的时期内是如此。因此，这件事情我必须尽可能讲得详细一些、清楚一些。

（一）社会哲学研究的起始阶段

1984 年底，教育部在广州召开了一个有各高校哲学系主任和相关人员参加的哲学教育改革座谈会。当时还没有正式任命我做系主任，但学校已经有此考虑。与我同去的还有时任南开大学哲学系党总支书记陶文楼、南开教务处处长姜尚谦、天津市高教局某处处长熊希笑等。这是一次重要的会议。从它的影响来说，对于南开哲学系后来的发展就更显其重要了。在这次会议上，教育部高教司司长夏自强同志提出，高校的哲学系应当开设"当代中国哲学"的课程。这个话，许多人乃至绝大多数人都是听听就完了，但我却上心了，因为这个意见同我的认识非常一致。我认为，我国哲学教育的突出弊端之一就是脱离中国实际，这种状况若不改变，哲学教育的改革是没有出路的。我曾经想过，如果我做了系主任，首先要做的事情之一就是抓学风的转变，推动哲学的教学和研究面向中国实际，尤其是我所在的马克思主义哲学学科更应率先实现这个转变。这是我设想过的改造哲学系的重要措施之一。因此，我还没有离开广州就下定了决心，回去之后尽快着手建设这门课程。

1987 年，我们以"中国社会主义现代化的哲学思考"为题，申报了国家教委"七五"规划项目，并获准立项。参加这个课题组的成员一共十人，包括南开大学的哲学系、政治学系、国际经济系的教师和博士研究生。这些人承担这一课题的积极性都很高。他们按照统一的编写提纲和进度要求，于 1988 年内陆续交出初稿。最后由我于 1989 年 5 月完成修改、定稿，并送交天津人民出版社。1989 年的 5 月是很特殊的日子。窗户外面热闹异常，窗户里边却仍很宁静。其实，窗户内外人们的思考所指向的是同一个问题：中国社会走向何处？中国的社会问题如何解决？我们的书稿仍是按照自己的研究和理解去修改和定稿，并没有产生思想上的任何波动。

自拟定编写提纲起，我就为这本书的书名发愁。用申报的课题的名称"中国社会主义现代化的哲学思考"或与其相近的名称？觉得这类题目已经用得很多了。同时，我还参与了李秀林老师主持的国家社会科学规划重点课题"马克思主义哲学和中国社会主义现代化建设"的研究，这个课题的最终成果就是《中国现代化之哲学探讨》，我还是这本书的主编之一。如果这两本书的书名太靠近、太类似了，那显然不好。仍用夏司长说的"当代中国哲学"作为书名？这个题目的含义又很不确定，可以从不同的角度规定它的对象和内容，最容易产生的歧义是从哲学史角度去理解，以为是写的中国哲学的当代史。我征求过学界许多老师和朋友的意见，最后是夏甄陶先生敲定了："你就叫'当代中国社会哲学'不是很好吗？又切题，又简练。"我接受了夏先生的意见，采用了"当代中国社会哲学"的书名，这样就同"社会哲学"结缘了。但当时，我还是有些惴惴不安，因而在该书的后记里写了这么几句话：题目由原定的"当代中国哲学"改为"当代中国社会哲学"，"这一更改，在消除原来题目的不确定性方面是前进了一步，但它本身仍是不确定的。在我国，社会哲学作为一个学科尚未建立起来，所谓'当代中国社会哲学'应当研究什么就更加说不清楚了。不过我想，既然读者已经了解我们现在编写这本书的主要目的还不是要建立一个什么新学科，那么，对于这个书名在科学意义上的确切与否也就不至于苛求了。"[①]

---

① 陈晏清主编：《当代中国社会哲学》，天津人民出版社 1990 年版，第 582—583 页。

　　其实，夏先生建议采用的书名原则上是没有什么问题的，我的那些"惴惴"不是特别必要的，就这本书探讨的问题来说本来就是社会哲学的问题。该书紧紧抓住当代中国社会由自然经济向商品经济的转变这一中心线索，阐明当前的社会大变动是经济、政治、思想文化等各个方面彼此制约、社会的发展和人的发展相互推动的整体性变动，并力图运用阶段性和连续性、统一性和多样性、宏观和微观、协调和竞争等几对范畴揭示当代中国社会整体性变动的基本规律性。这无疑是一种哲学层面的考察，达到了一定程度的系统性和深刻性。作为一门课程的建设，更是达到了它的基本目的的。这本书对于学生和读者理解自己生活于其中的社会，理解我国改革开放的实践及其推动

的社会转型是有帮助的。更重要的是，它在实现哲学教学和研究面向现实生活这一重大的哲学转向上迈出了一大步。但是，这种研究还只是运用原来的哲学教科书的理论原理提供的观念框架去解释当今的社会生活，尚未建立起社会哲学的独自的理论和方法，尚未建立起社会哲学的独自的解释系统即观念系统，一句话，尚不具备社会哲学的学术自觉，因而，这"社会哲学"就显得不那么地道。这是我国社会哲学的起始阶段难以避免的事情。因为我们不是已经建立了社会哲学的学科才去进行社会哲学的研究，而只能在研究中探索着建立起社会哲学的学科。

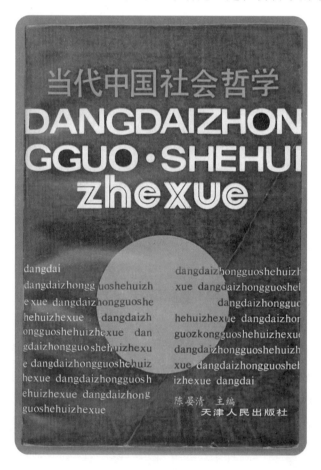

采用《当代中国社会哲学》这个书名，以及由此而产生的心理上的不安，反倒变成了一件大好事。它激起了我的学术上的责任心，成了我继续探索社会哲学学科建设的一种动力。在这本书付梓之后，我想我一定要搞明白：什么是社会哲学？在中国有没有必要建立社会哲学？

（二）社会哲学的兴起和哲学研究范式的转换

在社会哲学研究的起始阶段，还只是为了探寻理论联系实际的途径，即只是运用既有的理论原理去解释新的社会现实，而不是从对于社会现实的研究中去探寻新的理论原理。那种从理论原理出发的哲学研究方式并没有根本改变，在哲学的基本理论、观念方面也并没有实质性的更新。这对于走出哲学的困境、消解"哲学的贫困"不能说完全没有作用，但其作用是非常有限的。

《当代中国社会哲学》于 1990 年 9 月出版。进入 20 世纪90 年代，哲学教科书体系改革的研究渐近尾声，曾经几乎席卷全国马克思主义哲学界、吸引老中青几代学者踊跃参加的关于"实践唯物主义"和主体性问题的讨论也悄然停息。虽然也还有很少的人在关注这场讨论，但其中有的人是另一种关注，是企图把"实践唯物主义"同所谓资产阶级自由化勾连起来。这种鼓噪当然也不会有什么人去搭理它。人们不知道应当关注什么问题了，此即所谓"90 年代无热点"。无热点即表明无方向。在邓小平南方谈话之前的一两年里，我不知道该研究什么问题、写什么文章了。在这"左""右"为难、哲学社会科学的学术创新几乎处于停滞状态的年头，我只得做些同现实生活无关的纯学术性的事情，这就是主持编辑了两部资料性的著作。一部是在时任中共天津市委常委黄炎智主持编辑的《马克思恩格斯学说集要》里，由我做哲学卷的主编，组织人员从已出版的全部马克思、恩格斯著作的中译本中查找摘录他们的哲学论述，最后由我和葛树先同志将其编辑成书。此书由天津人民出版社出版。另一部是由我和许瑞祥共同主编的《哲学思想宝库经典》。这是一部哲学名著导读，介绍了古今中外167位哲学家的200部重要哲学著作。该书由大连出版社出版。这两件事倒还算是正经事，我自己也由此而补充了一些知识。

我从1986年开始招收博士研究生，已历五届。到1991年和1992年这两年，我却主动停止了招生。这也是极为罕见的事情。当时博士点数量不多，博士生导师也很少，我又处在50岁上下的年纪，正当年富力强，突然停止招生，这很让人费解。

我主动停止招生的唯一原因，就是我的研究工作没有方向了。就原理研究原理的老路子走不下去了，我也实在不愿意再这么走了，可新的研究路子又还没有探索到。在这种情况下，我把学生招进来干什么？叫他们去做什么课题？

　　人们都感到无所适从的时候，也正是酝酿着哲学的重大转向的时候。哲学体系改革的研究告一段落之后，也恰好是邓小平南方谈话之后，越来越多的学者开始思考哲学发展的新走向，探索哲学研究的新路径。这不是从某个可以叫作"权威"或"中心"的地方发出的统一的号令，而是学者们各自的独立思考、独立探索。这样一种思考、探索、徘徊的时间持续了好几年，

就整个马克思主义哲学界来说,至少贯穿了 20 世纪的 90 年代。我以为,这才是一个关乎哲学发展的最为重要、最为关键的时期。

1996 年湘潭大学聘我做教授(湘大和南开共聘,即所谓"双聘")兼哲学研究所所长。1997 年 5 月,趁举行哲学研究所成立大会之机,由我负责筹办,湘潭大学与中国辩证唯物主义研究会联合举办了"21 世纪中国哲学的走向"的学术研讨会,马克思主义哲学界的许多著名学者如高清海、陈先达、陶德麟、夏甄陶、陈中立、赵家祥、李德顺、郭湛、孙正聿、俞吾金等出席。讨论的问题就是在新的世纪哲学研究走什么路子的问题,研讨会的这个主题就是在上述学术背景下选定的。会上,陈先达先生的发言给我留下了深刻的印象。他说:"哲学的走向就是哲学家的走向。"哲学研究的路是哲学家去走的。哲学家的路怎么走,是由他脑子里的哲学观念支配的。他这一句话抓住了要害,也是对于当时哲学界的学术状况的很好概括。当时我还想过,陈老师的这个话还暗含着一个意思,即不要指望通过一两次这类的研讨会,就能约定一个大家可以"齐步走"的共同走

与陈先达老师在湘潭合影（右为作者）

向。哲学观念的变革是持续的，人们哲学观念上的分歧和碰撞是不可避免的，哲学研究也就不能只是一个路径。哲学研究只能是一副框架、一种路子的局面不会再有了。在这次会上，学者们理解的哲学走向就明显地存在着差异和分歧。事实上，自20世纪90年代中期以后（有些更早一些），学者们已经在纷纷开辟各自的新的研究方向和研究领域。但有一点却是与会学者们的共识，那就是思考中国哲学的走向必须同时思考中国社会的走向，哲学的走向和社会实践的走向应是相互适应、相互一致的。

前排就座的学者：陈晏清、陈中立、陈先达、夏甄陶、陶德麟、高清海（左二至左七）；唐凯麟（右三）、赵家祥（右四）

有的学者如孙正聿教授等提出，在20世纪90年代，我国的马克思主义哲学研究的取向正经历着由"体系意识"到"问题意识"的转变。"体系意识"所支配的研究取向，就是追求结构体系的完整、自洽，在内容没有得到基本的更新的时候急于建构新的体系，这就是就原理研究原理的老路子。而"问题意识"所支配的研究取向，则是追求内容的创新，从现实实践中的问题即时代的问题出发，在寻求问题的哲学解决中提出新的观念、新的理论。从"体系意识"到"问题意识"的转变，其实质就是哲学的实践转向。"从体系意识到问题意识的转变"这个概括无疑是正确的。我只想顺便说明一点。这里说的"体系意识"，同 20 世纪 80 年代的哲学体系改革研究不可完全混为一谈，哲学体系改革的研究不都是在所谓"体系意识"支配下进行的，而从"体系意识"到"问题意识"的转变也不是对于80 年代哲学体系改革研究的全面放弃。哲学体系改革中说的"哲学体系"，只是指马克思主义哲学的解释体系，也就是哲学教科书体系。哲学体系改革的最初发起者们都是具有丰富的哲学教育经验的著名教授，他们是在长时期的哲学教育实践中认识到以苏联哲学教科书为蓝本的哲学教材体系的严重缺陷才提出这个课题的。而且研究这个课题的任务和目标也是非常明确和有限的，那就是要编写出符合现时代需要的、具有中国特色的马克思主义哲学教科书。它所要解决的问题是如何更准确地表达马克思主义哲学的实质，如何增强对于当代问题的解释力，如何更能够为思想界和广泛的社会成员所接受。但没有想到的是，这件事情后来搞成那么大的规模，那么大的声势，几乎席卷了整个马克思主义哲学界，成百上千的人以不同的方式参与，有研究的、没有研究的或很少研究的人都来发表"意见"，各色各样的或大或小的"体系"如雨后的春笋，我就曾收到过好几个显然不是业内人士研制的"体系"。这种局面的出现，使得一些人误以为研究体系是哲学研究的基本任务，也是哲学研究的基本路径。这种情况下的"哲学"意识，才是典型的体系意识，它离开"哲学体系改革研究"的初衷越来越远了。因此，有些人，特别是一些仍怀抱着"哲学体系改革研究"初衷的人们，提出了"哲学体系"与"体系哲学"之辨，这是有它的道理的。我的看法很简单，要区分"哲学体系"和"体系哲学"，首先就要区分哲学教育和哲学研究这两个方面。从哲学教育来说，不能不讲哲学体系，教科书就应是一种哲学体系的表达；而从哲学研究来说，则应当放弃"体系哲学"。20 世纪 80 年代哲学体系改革后期出现的情况，确实表现了企图建构体系哲学的"体系意识"，表现了一种已经过时的哲学研究范式。后来，我看到汝信主编的《20 世纪中国知名科学家学术成就概览》哲学卷，在它的"20 世纪中国哲学学科发展史"中，讲到新时期（1976—2000 年）马克思主义哲学的繁荣和发展时，是将哲学体系改革和从"体系意识"到"问题意识"的转变作为两件事情去叙述的，既肯定了哲学体系改革的成就，又采纳了孙正聿教授等的说法，肯定了从"体系意识"到"问题意识"的转变及其意义。依我自己的学术经历来评判，我觉得这种叙述很客观，很符合这个时期中国哲学发展的历史实际。因此我愿意将其中与本题相关的两段论述抄录于下：

"（3）哲学教科书改革。……1985 年高清海主编的《马克思主义哲学基础》出版。该书力图把世界观、认识论、方法论统一起来，打破前联教科书的'两个主义'（辩证唯物主义、历史唯物主义）和'四大块'（唯物论、辩证法、认识论、历史观）的各个部分相互分离的框架结构，是哲学教科书体系改革的重要尝试。这部教科书从体系上进行改革的改革精神和改革方向大大地鼓舞了哲学界。80 年代中期以后，哲学教科书体系改革形成热潮，1985 年国家教委设立了'马克思主义哲学原理体系改革'的重点课题，翌年又被提升为国家哲学社会科学规划的重点课题，由全国高校马克思主义哲学专业博士点共同承担，课题组由肖前、黄枬森主持。课题的最终成果《马克思主义哲

学原理》（由肖前任主编，黄枬森、陈晏清任副主编）于 1994
年由中国人民大学出版社出版。该书明确了实践是整个哲学体
系的核心范畴，实践的观点不仅是认识论的首要的、基本的观
点，而且是整个马克思主义哲学的首要的、基本的观点，对马
克思主义哲学的实践论和主体性思想做了较为深入的发掘和阐
述。这部教科书表达的一些马克思主义哲学的基本观念、基本
原则，不仅把这一个重要时期中国哲学改革发展的许多重要成
果以教科书的形式肯定了下来，而且为哲学的进一步发展做了
重要的开拓。这对于帮助人们摆脱苏联教科书哲学的束缚具有
积极的作用。"

"20 世纪 90 年代以来，随着国际上发生的东欧剧变和中国
改革开放的深化，中国马克思主义哲学研究的内外部条件发生
了重大而深刻的变化。1992 年邓小平的南方谈话重新强调坚持
改革开放并进一步明确了市场化取向的经济体制改革的方向。
中国社会加快进入了由社会主义市场经济的发展所推动的社会
转型时期。在这种大背景下，中国的马克思主义哲学研究适应
这种变化，研究工作以中国社会转型过程中提出的哲学问题为
中心，实现了从体系意识到问题意识的范式转换，其中最重要
的表现就是领域哲学的兴起。即通过对自然、社会、人、历史、
文化、经济、政治、法律、道德、宗教、艺术、教育、管理，
甚至日常生活等人类生活某个领域或侧面的关注，而形成了自
然哲学、社会哲学、人的哲学、历史哲学、文化哲学、经济哲
学、政治哲学、法哲学、道德哲学、宗教哲学、艺术哲学、教
育哲学、管理哲学、日常生活哲学等。其中，社会哲学、人的
哲学、文化哲学是影响比较大的几个领域。"①

---

① 汝信主编：《20 世纪中国知名科学家学术成就概览·哲学卷》，科学出版社 2014
年版，第 15—16 页。

（三）从学科角度关注社会哲学

从"体系意识"到"问题意识"的转变作为一种哲学研究范式的转变，是一种研究路向的转变，首先是哲学研究的出发点的转变。依据于"体系意识"的研究范式，是就原理研究原理的范式，就是把理论（原理）作为出发点；依据于"问题意识"的研究范式，则是把时代的问题即现实实践中的问题作为出发点，也就是把实践作为出发点。我说的哲学研究的"转型"，首先就是这种研究路向的转变。从学科角度看，社会哲学的兴起，典型地体现了这种研究范式的转换。很显然，社会哲学作为一个学科能不能成立，亦即有没有必要从一般哲学中分离出一种社会哲学的专门形式，关键正在于在实际生活中、在现实实践中有没有专属社会哲学的问题。

1990 年，我们向国家教委申请了博士点（第三批）专项科研基金项目"社会哲学研究"，并获准立项。国家教委社科司在 1990 年 11 月 20 日下达的资助项目通知书上转达了评审专家们的意见："1. 应明确社会哲学的学科性质、对象和范围，它与历唯（即历史唯物主义——引者注）、历史哲学、理论社会学的关系，确立其独立存在的价值。避免与历唯原有内容的重复。2. 须贯彻从实际出发的原则，立足于社会现实。"专家意见表达的是学界普遍存在的疑惑，这也正是我们必须思考和解决的主要问题。针对课题评审专家的上述意见，我们思考和初步解决了两个带根本性的学科观念问题，一个是关于"社会哲学"的观念，一个是关于"领域哲学"的观念。

中国学界有一个根深蒂固的观念，即认为历史唯物论就是社会哲学。因此，我们遇到的最尖锐的问题就是既然有了历史唯物论还去搞什么社会哲学？这就是要我们讲明白，唯物史观和社会哲学是不是两个东西，它们有什么异同，是什么关系？

带着这个问题，我们重新学习了马克思的社会历史理论，阅读了一些相关的马克思著作。我们从中清楚地看出，在马克思的社会历史理论中是存在着两种哲学维度的，这就是历史哲学和社会哲学这样两个维度。历史哲学的维度基本上是一种纵向研究的维度，它从历史的发展过程中揭示人类历史的一般本性和一般规律；社会哲学的维度则基本上是一种横向研究的维度，是直接关注现实社会生活的维度，它从具体社会形态的社会结构切入，研究人们的现实社会生活过程。历史哲学的维度是一般历史观的维度，即唯物主义历史观的维度，这是我们十分熟悉的，但社会哲学的维度却被以往的研究者们忽视了。实际上，对于马克思社会历史理论的许多重要内容，只有从社会哲学的维度去把握，才不至造成不应有的误解。例如，马克思在他的经济学著作中考察了欧洲资本主义社会的经济结构；在他的政治、历史著作中考察了当时欧洲社会的阶级矛盾，剖析了资本主义社会的政治结构和意识形态结构；在他的一系列著作中考察了资本主义社会中人的生存状况，揭示了人的异化的根源，以及扬弃异化、实现人的全面自由发展的现实条件和途径；在此基础上，他考察了经济、政治、文化的关系结构，从各种社会矛盾相互交错、相互作用的社会整体运动中揭示了欧洲社会发展的一般趋势，论证了社会主义代替资本主义的必然性；他还在同欧洲社会的比较中对东方社会的社会特征和发展道路进行了一定的研究，等等。这些都是社会哲学的重要内容。但过去由于我们忽视了社会哲学的维度而只是重视了历史哲学的维度，因而往往把马克思当时考察欧洲社会的一些具体的理论结论也纳入历史哲学（唯物史观）的理论体系，而当这些具体的理论结论被历史进程所修正时，有些人也就借此而否定唯物史观的理论价值。这是很需要记取的理论教训。至于对于后来马克思主义的继承者们所阐发的社会历史理论，这种理解上的偏差就更大了。我们的历史唯物论教科书越编越厚，往往把对于一定历史时期某个国家的具体社会矛盾、社会状况的认识结论（且不说这种认识正确与否）也写进教科书，纳入"唯物史观"的理论体系。这看起来是在抬高唯物史观，实际上是贬损了唯物史观，对真正坚持和发展唯物史观是十分不利的。

在马克思的思想中，历史哲学和社会哲学这两个哲学维度的区分是十分清楚的，这二者的联系和结合也是十分清楚的。对于现实社会生活过程的关注和研究，是马克思社会历史理论的源泉和起点，而他在考察现实社会生活过程时又总是保持着高远、深邃的历史视野，并善于从对于现实历史的研究中抽引出历史哲学的结论。马克思在批评旧的历史哲学时说："这种历史哲学的最大长处就在于它是超历史的。"①他还说："对现实的描述会使独立的哲学失去生存环境，能够取而代之的充其量不过是从对人类历史发展的观察中抽象出来的最一般的结果的综合。这些抽象本身离开了现实的历史就没有任何价值。"②马克思的唯物史观就是这样的"综合"。在马克思主义哲学中，历史哲学和社会哲学这两个哲学维度的关系实际上就是唯物史观和现实历史的关系。马克思主义的历史哲学即唯物史观必须根植于现实历史，并只有回到现实的历史中去才能保持它的活力。因此从学理上讲，社会哲学应是历史哲学的基础。唯物史观代替不了社会哲学，它也离不开社会哲学。认识了历史哲学和社会哲学这两个哲学维度的区分和联系，我们就找到了社会哲学的合法性的最重要的根据。

---

① 马克思：《给〈祖国纪事〉杂志编辑部的信》，《马克思恩格斯全集》第 19 卷，人民出版社 1963 年版，第 131 页。

② 马克思和恩格斯：《德意志意识形态》，《马克思恩格斯全集》第 3 卷，人民出版社 1960 年版，第 31 页。

我们确立的另一个重要的哲学观念是"领域哲学"的观念。我们是把社会哲学视为一种领域哲学的，因此，领域哲学的合法性也就成为社会哲学合法性的直接根据。"领域哲学"究竟是什么？它同第一哲学是什么关系？弄清楚这个问题既关乎社会哲学的合法性，也关乎社会哲学研究的基本路向。

对于"领域哲学"的最普遍的误解，是把它视为应用哲学，视为哲学基础理论在各个领域中的应用。我的看法是，哲学的应用是天经地义的，但应用哲学是没有的，因为所谓应用哲学不构成为一种独立的专门的哲学形式。我们编写的《当代中国社会哲学》倒是大致像被一些人称为"应用哲学"的东西，因为那里面并没有建立起社会哲学的概念系统，而只是应用既有的教科书里的哲学理论和概念去观察当代中国社会转型期的社会生活。但我还是那句话，这本书对于改进哲学教育是有价值的，而对于哲学的发展则几乎没有什么意义。"当代中国社会哲学"是我们在仓促中选用的一个书名，这本书不足以体现关于"社会哲学"或"领域哲学"的观念。我们要搞的社会哲学不能是这个样子的。

对于领域哲学的另一种较为流行的误解，是把它视为一种次哲学形式，是一种比第一哲学低一个层级的哲学。我在 20世纪 80 年代中期就曾接受了这种看法。后来，我逐渐认识到这种看法是有问题的。哲学就是哲学，不应当有层级之分。所谓低层级的哲学，次哲学，实质上就是认为它还不是哲学。次哲学形式就是非哲学的形式。"次哲学"这种说法混淆了哲学和科学的界限，类似后现代思想家詹明信所说的"直接叫作'理论'的书写"，似乎是哲学"终结"了，没有了，只能直接叫作"理论"而不能叫作哲学了。领域哲学不能是这种非驴非马的东西。

我们获得的一个最重要的基本认识是，领域哲学乃当代哲学的基本的存在形式。对于当代哲学，人们熟悉的是各种领域哲学，如社会哲学、历史哲学、政治哲学、科学哲学、道德哲学、宗教哲学、艺术哲学等，而很少有那种只能叫作"哲学"的哲学。这不是一般哲学的终结，不是第一哲学的终结。原来，第一哲学是以体系哲学的形式存在的，近代体系哲学无可挽回地终结以后，第一哲学便是以领域哲学的形式存在了。考虑到汉语的表达习惯，我们仍然采用"领域哲学"的称法，但不能认为领域哲学是哲学在各领域中的展开，或者将领域哲学看作对某一领域知识的概括和总结，当然也就不能将领域哲学看成当代哲学的组成部分，即将当代哲学看成各种领域哲学相拼加。在严格的意义上，在实质性的意义上，领域哲学应当被看作哲学的一种特殊的维度，一种特殊的视角或特殊的言说方式，而并不是哲学的一个领域或层面。哲学具有总体性和反思性的特征，是对于人类生活、对于人与世界关系的总体性思考，但人类生活世界不是一个抽象的总体世界，而是一个多层面、多维度的总体世界。哲学家不是直接地面对这个总体世界（那是古代哲学家的思考方式），因而这种所谓总体性思考也就不能采取那种直接性的态度和方式，而只能从不同的领域切入，从各自不同的维度去思考和把握总体世界。这就是说，会形成不同的哲学视界，但它们思考和把握的却是同一个总体世界。这正是当代哲学的一个显著特点。从当代哲学的大背景去看领域哲学（包括社会哲学）的意义，眼界就更高、更开阔了。在我们后来将研究工作的重点转向政治哲学后，对于当代哲学的这一特点的认识，对于领域哲学与第一哲学的关系的认识更加清楚和更加深刻，因为政治哲学在领域哲学中更具典型性。这些年来，这种关于领域哲学的观念一直是支配我们的哲学研究工作的一个基本理念。

在我们获得了关于社会哲学的上述认识，确立了基本的学科观念之后，便将社会哲学确定为主要的博士研究方向。1993年我恢复招收博士研究生，从这一届的博士生杨桂华、郝永平开始（杨桂华的学位论文选题是"转型社会的控制和社会控制的转型"，郝永平的学位论文选题是"进步观念的当代重建"），基本上都是做的社会哲学方面的选题，而且招生人数大大增加。在此后的十来年里，我本人几乎每年都招收了三、四名，整个学科最多时达十余名。这是南开的社会哲学研究最为活跃、最富有成果的时期。1997年，学校批准建立了社会哲学研究所，由我任所长，王南湜任副所长，社会哲学正式纳入教学科研体制。

在 1998 年 5 月举行的南开大学社会哲学研究所成立大会上讲话

（四）如何开展社会哲学的研究

在按照上述学科观念开展社会哲学的研究时，首先应当明确的是社会哲学研究的对象。在我国社会哲学刚刚兴起的时候，学者们提出的关于社会哲学对象的规定是很空泛的。比如，有的人说社会哲学就是关于社会的哲学；有的稍微具体点，说是关于社会的基础、本质、动力、规律等的哲学，这种说法似乎前进了一点，但实际上同没有前进一样。于是，有些人就只是在"社会"的概念分类上做文章，提出诸如广义社会哲学、中义社会哲学、狭义社会哲学这类概念。这些说法都没有什么错，但也都没有什么用。社会哲学一开始就是以这种面目出场，无怪乎后来学界的人一看到"社会哲学"这几个字就摇头。

　　这里，关键不在于如何给社会哲学的对象下定义，而在于找到研究的适宜的切入点，找到了切入点才能使研究对象具体化。社会哲学作为一种哲学形式，当然也是对于人们的现实社会生活过程的总体把握，但这仍然是讲的社会哲学的一般内容。社会生活的总体也是有着多种可能的存在样态的，因而社会哲学的研究就不能不涉及对于它的各种存在样态及诸样态间转换方式的把握。就是说，社会哲学面对的是一个庞大的社会体系，它的对象是一个包含了诸多方面的研究对象。因此，必须找到适宜的切入点。如果找不到适宜的切入点，研究工作就无从下手。

　　理论研究的切入点，归根到底是由研究者生活于其中的社会实践背景所限定的。是现实的社会实践给理论研究提出课题、提出任务，也是现实的社会实践为理论研究提供最基本的信息资源。中国正处在一个由社会主义市场经济的发展所推动的社会转型时期。一方面，迫切地需要从哲学的层面上提供一种总体性的观念，以实现对于这个转型过程的观念引导；另一方面，由于社会转型是一种社会的整体性变迁即结构性变迁，社会运动的整体性特征即社会各种矛盾、社会生活各个领域的相互制约关系能够更鲜明地呈现出来，因而它又为这种哲学研究提供

了坚实的客观基础，提供了最丰富、最直接的鲜活素材。因此，
社会哲学研究的最适宜的切入点，就是当代中国社会结构的转
型。把当代中国社会转型作为切入点，能够最为清楚地把握住
社会哲学的维度，它既是对于现实社会生活的关注和研究，又
获得了一种透视人类社会生活总体的最好的视角。

考诸社会哲学思想史，近代西方社会哲学的兴起，也是与
西方国家由市场经济的发展所推动的社会转型相伴随的。近代
以来，西方社会哲学的研究十分活跃，这几百年里支配社会变
革和人们社会生活的许多深入人心的大观念，可以说都是社会
哲学研究的成果。中国正在进行的社会转型是世界范围内现代

化进程的一个方面或一个部分，因而西方社会哲学的许多积极成果对我们仍然具有可资借鉴的价值。但中国的社会转型是处在现代化这整个世界历史时代的后发阶段，它同西方主要资本主义国家即"先发"国家相比，有着不同的历史起点，并且面临着完全不同的世界格局。即使在"后发"国家里，中国也有自己不同于其他国家的国情。因此，必须建立中国自己的社会哲学。就我们的哲学研究来说，现在从一般哲学中分离出一种社会哲学的专门形式，实在是正当其时。

以当代中国的社会转型为切入点，在研究方法上就必定是、必须是以问题为中心，即以当代中国社会转型中提出的重大问题为中心。有些评论者如高清海教授等评论我们的社会哲学研究是问题中心主义，这是很准确的。以问题为中心，就是要从实际问题出发，而反对从概念出发。这个道理是很清楚的。我们为什么要搞社会哲学的研究？还不就是因为旧的社会观念不足以解释和引导新的社会现实，就是为了建立能够解释和引导社会现实生活的新的社会观念。新的社会观念还没有通过自己的研究工作建立起来，研究者们要从观念出发，就只能是从旧的观念出发，那还研究什么？

以问题为中心，同时也是反对体系先行。社会哲学研究应当确立的学术目标，是经过学界的共同努力，建构一个体现现时代的时代精神并富有中国特色的社会哲学理论体系，但这是一个相当长远的历史性的任务。在社会哲学研究开展之初是决然谈不上建立这样的理论体系的。这个时候如果急于去建构体系，那只能有两种结果：一种是将教科书里的现成的哲学范畴往社会领域硬套，也就是系统地扦标签，建造一个由若干标签构成的体系；另一种也许比这种"标签体系"更糟糕，那就是虚构，构造一个既没有正确的理念依据又没有确凿的实际依据的虚妄的"理论"体系。这一类东西没有任何价值，往往有害无益。社会哲学以研究现实问题为中心，就是要从对现实生活的研究中提炼出揭示社会生活某方面的本质、能够引导社会的变革潮流的大观念。所谓理论体系，在一定意义上说不过是这些观念的系统化。

我们坚持以问题为中心，对当代中国社会转型过程中的一系列重大问题进行了比较系统的研究，撰写了上百篇论文，并于1998年、1999年出版了由我主编的"社会哲学研究丛书"，含《当代中国社会转型论》（陈晏清主编）、《从领域合一到领域分离》（王南湜著）、《转型社会控制论》（杨桂华著）、《社会转型与信仰重建》（荆学民著）、《社会转型的文化约束》（吴秀生著）、《社会转型代价论》（李钢著）、《市场经济的伦理基础》（晏辉著）、《效率与公平：社会哲学的分析》（史瑞杰著）、《可持续发展——新的文明观》（蔡拓著）、《社会转型与人的现代重塑》（李淑梅著）等共十种。另外还有几本未能纳入丛书的著作，如《社会秩序及其转型研究》（沈亚平著）、《当代中国权利规范的转型》（常健著）、《中国农村社会转型论》（申延平著）、《市民社会论》（王新生著）、《社会哲学——实践哲学视野中的社会生活》（王南湜著）等。因为同山西教育出版社签订的合同规定的字数是二百万字，纳入丛书的十本已达250万字，如再增加则须重新签订合同。从下面的叙述就可知道，那是完全不可能的事了。在这些论文和著作中，提出和论证了一系列对于理解当代中国的社会转型具有重要意义的新观念。例如，关于社会转型过程中社会结构变化的基本趋势的观念，即经济、政治、文化三大活动领域的结构关系从领域合一到领域分离的趋势的观念；关于社会转型过程中两种类型的代价的观念，即将社会转型的代价划分为模式代价和过程代价的观念；关于文化的层面

性结构的观念，即将文化区分为理想性文化和实用性文化两个
层面的观念；关于公平和效率之间具有三重关系的观念；以及
关于现代市民社会的观念；等等。应当说，已经初步形成了一
个中国人自己的社会转型理论的框架。

社会哲学研究丛书

这套丛书出版以后，社会哲学的"合法性"，社会哲学研究对于哲学的学科建设和学术发展的意义，被学界越来越多的人所认同。在汝信主编的《20 世纪中国知名科学家学术成就概览·哲学卷》的"20 世纪中国哲学学科发展史"部分，在叙述新时期马克思主义哲学的繁荣发展时，对我们南开的社会哲学有如下评述："社会哲学研究是由改革开放后中国社会巨大发展、变迁所催生的。发展是当今时代的重要主题，随着发展进程的加速，发展中所产生的各种矛盾也逐渐暴露出来，90 年代以来社会发展理论的研究一直是人们关注的热点之一。在此基础上，社会哲学应运而生。其中，陈晏清的《当代中国社会哲学》是比较早的著作之一，而他主编的'社会哲学研究丛书'（共 10 本）于 1998 年、1999 年由山西教育出版社出版，成为当时最具系统性的社会哲学著作，初步奠定了我国社会哲学研究的规模。"[①]这是对我们的鼓励，更是一种鞭策，我们应当继续坚持这个研究方向。

这个研究工作经历了十多年的时间，也经历了许多的碰撞。现在写到文字上来，倒是给人一种像是轻描淡写的感觉，让人看起来是如此的平淡无奇。为了稍稍有助于改变这样的印象，我在这里只想简单地讲讲这套丛书出版的过程，因为这套丛书的出版情况，从一定角度反映了那个年代的理论工作的状况，而且这些情况即使丛书的作者们也不是十分清楚的。

出版一套丛书的愿望当然是有的，但从当时的条件来说，我们不敢提，也不敢想。这件事情是在一种很偶然的情况下，带着一种可成可不成的心态试探着提出来的。当时，南开哲学系逻辑学专业温公颐先生指导的博士研究生张晓芒毕业后在山

[①] 汝信主编：《20 世纪中国知名科学家学术成就概览·哲学卷》，科学出版社 2014 年版，第 16 页。

西高校联合出版社做编辑。1996年年初他来南开时，我同他谈起我们的社会哲学研究情况，并且表示了出版一套丛书的意图。晓芒听后饶有兴趣，表示愿意全力协助，并经他与出版社领导沟通，于1996年4月与出版社达成了出版意向。那时候，山西高校联合出版社还是一个刚刚成立不久的小社，资金很困难，我们自己也没有取得任何经费资助。但社长刘长鼎先生是位学者型的出版人，很有学术眼光。他敏锐地感觉到，这很可能是一个引起社会关注的大选题，所以很快就拍板，决定由社里筹措资金出好这套丛书。遗憾的是，此后不久，山西高校联合出版社因故被撤销了。

要不是晓芒担任这套丛书的责任编辑，这事到此也就罢休了。山西高校联合出版社撤销后，晓芒自己也有个饭碗问题，当时山西省委政策研究室有意用他，研究室主任已约他去面谈，这应当是一个很不错的去处。但他觉得这套书的出版要是在他的手里黄了，有愧于母校的师长学友，便婉拒了省委政策研究室，而拿着包括"社会哲学研究丛书"在内的选题计划去山西教育出版社"碰运气"。据晓芒自己后来说，他那时颇有些杨子荣揣着联络图上威虎山的感觉。教育社的社长任兆文先生对晓芒这个人和他的选题计划很感兴趣，并让他重点谈了"社会哲学研究丛书"。晓芒用了两个多小时的时间，详细讲述了这套丛书研究的背景与思路、作者群体、重点讨论的问题、可能达到的社会效果和可能引起的争论，等等。任社长听后，连人带题都接受了。

在丛书的编辑出版过程中又是障碍重重。山西省出版局对这个选题盯得很紧。其中，最重要的问题是"社会转型"这个提法能不能成立。这套丛书都是讲的社会转型中的问题，头一本带总论性质的书的书名就是"当代中国社会转型论"。如果"社会转型"这个概念不能成立，整个这套丛书就得告吹。这种事在当时是不奇怪的。在此之前不久，《中国青年报》就曾专门发过一版关于能否提"社会转型"的争论文章。1996 年 8 月，我去大连参加一个国家教委召开的会议，见到了我的老同学郑杭生教授，他谈到罗国杰教授（也是我的大学同学）就不赞成"社会转型"这个提法。罗国杰是大名鼎鼎的马克思主义伦理学家，是在学术界很有影响的人物。杭生不经意的一句话，引起了我对这套丛书的前途的深深的忧虑。后来果然听晓芒说，这套丛书的选题曾有两次险些被砍掉，只是在晓芒的认真的解说下（他还曾专门去中宣部咨询过关于"社会转型"的提法问题），也在任社长的支持下，这个出版计划才在磕磕绊绊中往前走着，终于在 1998 年出版了第一批四本。但到第二批六本即将付梓时，国家出版署出台了新规定，即版权页必须有"图书在版编目（CIP）数据"，然而在国家出版署的数据库里却没有"社会转型"这个词。山西省出版局接到国家出版署的电话后，立即通知教育社和张晓芒。晓芒也是立即给国家出版署有关部门打电话，将这套丛书的整个选题酝酿过程，"社会转型"的实质含义，社会争论情况及其结果，这套丛书的价值和意义，已出版的四本书的学界影响，这十本书的基本内容和整套丛书的逻辑线索，如此等等，认真仔细地一一说明，通话两个多小时。接听电话的同志不但没有倦意，而且越听越有兴趣，最后做了结论："这是一套有影响的好书。出吧。"

晓芒为这套丛书的出版，为推进南开社会哲学的研究，是立下了汗马功劳的。

三、社会哲学研究的重点转向政治哲学

按照我的最初设想，当我们对社会转型的问题研究到一定程度时便逐渐转向社会哲学基础理论的研究，将对于现实问题研究的理论成果有效地吸取到基础理论的研究中去，逐渐建立起一个具有时代内容和中国特色的社会哲学的概念系统。这个架势是拉得很大的。对于实现这个目标的困难，我也不是没有想到。1998年5月，我在南开大学社会哲学研究所成立大会上做的报告"关于社会哲学研究的几个问题"中，最后一句话就是："这无疑是异常艰难的道路，但除此以外，别无他途。"这些年走下来，真真切切地体会到了这的确是一条"异常艰难的道路"，其艰难程度远远超出了当初的想象。再加上我们的研究力量跟不上，这条路不能不走很长很长的时间。可是，现在似乎是一个盛行"短平快"的年代，人们对一个学科、一个学者的期待也不免带上这种"短平快"的眼光。就算是我们自己还有耐心，许多客观情况也不允许我们有那么大的耐心。2000年，我们申报教育部人文社会科学重点研究基地和一级学科博士学位授权点，2002年又申报国家重点学科，这几次申报连连失利。对于前两次申报失利，我还想得通。重点研究基地是教育部第一次审批，我们没有经验，没有学会"申报"。比如，用房面积只有一百平方米，我们不敢填报二百平方米；图书只有一万册，不敢填报二万册；电话机只有一部，不敢填报二部；如此等等，我们的得分当然也就不会很高。另外，我们报的是社会哲学的研究基地，专家不大了解我们的研究思路和研究状况。有的人对"社会哲学"的看法，大概还是1990年我们申报博士点基金

项目时一些评审专家的看法。这都是可以谅解的。2004年南京
大学申报"社会理论"的研究基地时，对它的误解反倒比"社
会哲学"要少得多。我还是那次评审的专家组组长。实事求是
地说，论研究基础他们不如我们（这也是专家组其他人发表的
看法），但我还是毫不迟疑地支持了他们。至于博士学位一级学
科授权点的申报失利就更是可以理解的了。南开哲学学科的发
展很不平衡，除已有的三个二级学科博士点（马克思主义哲学、
中国哲学和逻辑学）外，其他五个二级学科几乎到了难以为继
的地步（至于为何走到这个地步，在后面适当的地方将做详细
叙述）。我是陪着当时的系主任阎孟伟去北京向学科评议组汇报
的。我感觉学科评议组的专家们是很公道的。当时各学科评议
组自己定线，哲学组定的线是哲学八个二级学科中应有四个已
是博士点才能成为一级学科博士学位授权点。有的专家（如刘
放桐先生）提出，如果南开还能报出一个二级学科点来，他们
愿意再做出努力，争取解决，但我们确实是一个也报不出来了。
所以，对于这两次申报失利，我没有太强烈的不满情绪。但重
点学科申报的失利却给了我极大的刺激。1988年国务院学位办
公室组织专家对马克思主义哲学学科进行学位授予质量的检查
评估时，南开的这一学科在全国排位第五，仅次于当时的四个
国家重点学科（中国人民大学、北京大学、武汉大学、吉林大
学）。这十多年下来，我们这个学科的力量明显地有所增强，事
情也做得不少。就是2002年的评审，我们的得分也是排位第七，
可这一轮评审正好上了七个国家重点学科，却还是没有南开。
这样，我就不能不对我们的教学科研情况，特别是作为主要博
士研究方向的社会哲学的研究工作，做一番思考了。

要是事情只涉及我个人，如影响个人的奖励、"荣誉"之类
的东西，我是不会为了逢迎某种意见而轻易改变自己的想法和

做法的，顶多那些东西我不要就是了。在下定决心确立社会哲学的研究方向时，我就已经做了充分的思想准备：不图一时虚誉，不计眼前得失。但这事涉及一个学科，涉及一个学科有没有稍好一些的发展平台，我就不能由着自己的性子来了。这许多年里，我也积累了一点经验，凡遇到不利的事情，多从自己方面想想，这有利于采取积极态度，有利于问题的解决，也还有利于自己的健康。应该说，我们设想的研究路子，我们已经走过来的治学道路都是正确的、积极的，我们已经取得的研究成果也是有价值的。但是，费了力不一定能讨好。从实际生活中提炼出新的观念、总结出新的理论，干这种活儿，比干那种从书本到书本的活儿，显然是困难得多，"显效"缓慢得多。社会哲学又是一个在学科观念上本来就有重大争议的研究领域，学界对其研究成果的认可度难免会打些折扣。而且，认真说来，我们的研究部署也不是没有问题的，这问题主要在于对高等学校科研的特点没有充分考虑。高等学校和科研院所不同，高等学校更多地要从学科建设的角度去考虑和部署自己的科研，因为高校是教育机构，要培养学生。高校要求科研促进教学，要求尽可能地将科研成果转化为教学内容，所以，相对于科研院所来说，高校的科研要求规范性、普遍性的程度更高一些。我们的社会哲学研究是纳入了学校的教学体制的，是博士生、硕士生的一个研究方向，也是一门基本的必修课程，那就总不能迟迟不给学生一个基本教材吧？教材当然就是规范化、体系化了的东西。要是在科研院所，就完全不必去管什么教材不教材、体系不体系了。但出于我前面提到的那些理由，这个教材在一个长时期里是编不出来的。这些情况都说明我们的社会哲学研究的部署不能不做些调整。2003年夏天，经过认真研究，我们决定将社会哲学的研究相对地集中到政治哲学方面来。

　　国家重点学科申报失利，引起我们对学科建设工作的反省，这固然是调整社会哲学研究部署的一个契机，但做出这样的调整还有其更加重大的理由，那就是社会现实生活的变化和哲学自身的发展，都把政治哲学的研究飞快地推向了一种重要而显赫的地位。20世纪以来，人类社会生活发生了一系列重大的改变，这种改变以政治的方式体现出来，并深刻地影响着人类的社会生存方式。不论国内还是世界范围内，政治生活中都不断地出现新的情况、新的问题。这些问题不可能从经验层面、技术层面获得解决，而必须从理念层面上解决，即必须由哲学提供新的理念。但不论是传统的西方政治哲学还是传统的马克思主义哲学，对于这些新情况、新问题都已不具备足够的解释力。这就是20世纪下半叶从罗尔斯的《正义论》问世开始，政治哲学在世界范围内全面复兴的基本原因。可见，政治哲学的兴起，既是适应于现实生活的需要，也是推进马克思主义哲学发展的一种机遇。我们已有多年社会哲学研究的基础，是能够且应当把握住这个发展机遇的。我们决定调整研究部署之后不久，即2003年9月，在北京大学召开了一个全国马克思主义哲学博士点的学科建设研讨会，李淑梅在会上做了发言。她作为我们的教研室主任，正好趁这个机会向学界介绍了我们调整研究部署的基本思路。我支持她做这个发言，一方面是为了取得学界同行的理解和支持，另一方面也是破釜沉舟。把话说出去了就不能再缩回来了。淑梅的发言效果很好，会上的反应比预想的要强烈，许多人都支持我们做出这样的选择。会下，时任中国社会科学院哲学研究所所长李景源先生跟我说，政治哲学的研究太重要、太必要了。他说在此之前不久，一些德国学者来同他们讨论政治哲学问题，他们都不知道找什么人去参加讨论。可见我国的政治哲学研究已经很是滞后了。这次会上的反应，尤其是李景源先生的话，极大地鼓舞了我们的信心。

这次研究部署的调整，只是原来框架内的调整。在广义上，社会哲学就包含了政治哲学，我们早已在社会哲学的框架内做了一些属于政治哲学的研究。我本人对于政治哲学的专门关注始于 1996 年。1996 年底，在南开大学举行了一次总结天津市和平区社区文明建设经验的理论座谈会，时任天津市委副书记李建国和市委常委、市委教卫工委书记王鸿江出席了会议。我在发言中提出，社区文明建设的意义是在城市的社区功能日益强化的背景下凸现的，而社区功能的强化则表明国家和社会的关系发生了重大的变化。真正意义上的城市社区的形成、社区功能的强化，是同市民社会的兴起密切相关的，因此我呼吁加强市民社会问题的研究。市领导同志对我的意见表示支持。散会后，建国同志还追到办公楼的大门口说了几句话，又说到我的意见很好。市民社会问题正是政治哲学的基础性问题。我觉得这个问题十分重要，一直想物色一位能够胜任这项研究工作的博士生来做这个题目。恰好，1998 年王新生考取了博士研究生，跟我攻读博士学位。新生原本就是我和封毓昌教授共同指导的硕士生，也是在南开哲学系读的本科，我给他们班讲过课，对他可谓知根知底。新生功底和悟性都很好，又已经有十多年理论研究工作的训练，我认定他是承担这一研究课题的理想人选，便在他入学时就把论文选题定了下来。他的学位论文被评选为天津市优秀博士论文。这篇论文以《市民社会论》为题出版之后，在学界颇有一些影响，并荣获天津市社科优秀成果评选一等奖和教育部人文社会科学成果评选三等奖。当时不曾想到，做这件事情，竟为我们后来重点转向政治哲学的研究做了最重要的准备。

这是原来框架内的调整，原来确定的大思路没有改变，原来确立的学科观念如"领域哲学"的观念仍是支配政治哲学研究的基本理念。但是，具体的研究思路和研究方法不能不有所改变，因为政治哲学的学科状况和正在开拓中的社会哲学毕竟有很大的差别。政治哲学有其悠久的学术传统，它的研究对象和范围比较确定，已有相对完备的学术规范，自古至今已形成了无数的理论体系，因而也就形成了政治哲学史的清晰的发展脉络，并且当前已经形成了世界性的研究热点。因此，我们的研究工作可以直接进入它的内核，而无须再在题外兜圈子。

但是，有一道门槛是必须首先跨过去的，这就是话语体系的门槛。我们必须尽快地进入政治哲学的话语体系。我们长时期里只会在历史唯物主义教科书的框架内说话，没有政治哲学的独立的话语。有人讲到"马克思主义政治哲学"，那也就是历史唯物主义教科书中关于阶级、国家、革命的内容。在传统的马克思主义哲学的研究框架中，如同排除了社会哲学的维度一样，政治哲学的维度在实际上也是被遮蔽了的。对于西方政治哲学（以自由主义为主要代表），我们长时期里都是采取一种拒斥或简单批判的态度，这种批判也常常是"各吹各的调"，而当这种批判被视为无效时，便只得处于一种失语状态。显然，如今要从马克思主义哲学中分离出一种政治哲学的专门形式，首先就应当改变这种状况。这就要尽快了解、熟悉政治哲学学科的历史和现状，特别是政治哲学在当代的复兴。我们在重点转向政治哲学研究的最初两三年里主要关注的问题，也就是涉及政治哲学的学科性质的一些问题，如政治哲学在当代复兴的背景、原因和意义，政治哲学的功能，当代政治思维方式的特点及其同哲学思维方式变化的关系，等等。博士生的学位论文选题，主要的也是西方政治哲学的人物或流派（多属当代）的研究。这不是一种偏差，而是一个必经的阶段，是必备的基础。

事实证明，这一步是走得很好的，是很有成效的。

就马克思主义哲学的研究而言，所谓进入政治哲学的话语体系，也就是要依据于政治哲学的学术传统重新解读马克思主义的政治哲学。我们过去是用传统哲学教科书的话语体系去解读马克思的，可是，传统哲学教科书的话语体系和政治哲学的话语体系之间差别甚大，以至难以相容。这两种话语体系的最基本的差异是表现在规范和认知这两个维度的关系上。虽然任何一种政治哲学都要求在理论上达成规范和认知（即价值性与事实性）的统一，但就其知识形式来说，无疑是属于规范理论。政治哲学是一种有别于经验性研究的规范性研究，其核心是"应当是什么"的问题，是要对人类应当怎样生活即人类生活的伦理目标进行哲学的追问。传统教科书里讲的历史唯物论则恰恰是排除了规范性维度的，它把历史唯物论规定为"关于人类社会发展一般规律的科学"，当然就只有认知的维度了。因为存在这种话语体系上的差异和混乱，以至马克思主义有没有它的政治哲学都成了问题，有了争议。认为马克思主义没有政治哲学的，是说它没有作为规范理论的政治哲学；认为马克思主义有政治哲学的，则是把作为认知理论的政治理论视为政治哲学，只不过其概括性、普遍性的程度比之一般政治理论更高一些罢了。可见，是不是认同政治哲学是一种规范理论，是不是接受规范理论的话语体系，涉及对于政治哲学的学科性质的根本理解，是进行政治哲学研究的前提性问题。这是我们转入政治哲学研究时必须跨过的门槛，是必须迈出的具有决定性意义的一步。

2004 年我给博士生讲课时，讲过所谓"正当性"的追问是两种追问，即道德正当性的追问和历史正当性的追问，这也是讲的对政治事物评价的两种尺度即道德尺度和历史尺度。这已经初步涉及规范和认知或价值和事实的关系问题，并已经初步认识到这个问题的重要性了。但那时的理解和说明都是很不到位的，而且从基本理论倾向来说，还是受着传统历史唯物主义教科书观念框架的影响，对西方政治哲学强调的价值论（规范性）维度采取一种"警惕"和防范的态度。在这之后一年来的时间里，新生对这个问题进行了专门深入的研究，并且同我有过多次的讨论。到我们写《政治哲学的当代复兴及其意义》这篇文章时，对于这个问题的实质和意义就非常清楚了。19世纪中叶以后政治哲学的衰落，正是作为一种规范性研究的政治哲学的衰落，代之而起的是作为经验性研究的政治科学（政治学和行政学）。20世纪下半叶复兴的，也正是作为规范性理论的政治哲学。现在世界范围内的政治哲学热，热的主要不是"政治"，而是"哲学"，即一种对于政治生活的思考方式和言说方式。这篇文章发表于2005年第6期的《哲学研究》，并译成英文为《中国哲学前沿》刊载。这篇文章表达了中国马克思主义哲学界对于政治哲学的新理解。

规范和认知的关系，或价值和事实、应当和是的关系，是哲学中的一个带根本性的问题，尤其是在近一个多世纪来最为困扰哲学思维的问题之一。因此，在对于政治哲学的规范性维度的探讨和思考的过程中，勾起了我的许多联想。我首先想到的是1984年关于人道主义和异化问题的讨论，是所谓人道主义不能作为历史观的论点，并由此而联想到唯物史观应当不应当包含价值论的维度。如果把唯物史观只是视为一种认知理论而排除了价值论的维度，就会在哲学上的规范与认知、价值与事实、应当和是的对立（实质上都同人本主义与科学主义的对立相联系）中，有意无意地把马克思主义哲学划归于对立中的一方。殊不知，正是马克思主义哲学才真正超越和克服了这种对立。在哲学体系改革的研究中，我曾经认为，旧的解释体系的根本缺陷是主体性维度的缺失。这一点，在政治哲学的研究中体现得更为明显。如果唯物史观排除了价值论的维度，那么，马克思的唯物史观与他的政治哲学是什么关系？这个关系不清楚，关于什么是马克思主义的政治哲学、马克思主义有没有自己的政治哲学等最具基础性的问题也就都说不清楚。这也同时印证了我们关于研究领域哲学的意义的认识。有些重要问题，如果就原理研究原理可能还说不太清楚，而从领域哲学的视角去看就一目了然了。

应当说，规范性或价值性的维度，从始至终都是马克思考察社会历史的一个重要维度。马克思早期提出人类解放的价值目标，然后再深入到经济的社会的研究中去，谋求对于这一价值目标的科学论证，将这个价值目标奠立在事实研究的基础上，亦即将规范性的研究奠立在科学认知的基础上。就政治哲学的研究和建构来说，我们永远不能丢失人类解放的价值目标。各个时代的马克思主义者的基本的理论任务正是探寻这一伟大的价值目标在自己的时代条件下现实化的道路；而探讨这种现实化的道路，又总是以坚持这一价值目标为前提，并以对于各该时代的经济的社会的发展状况的事实研究为基础的。在马克思主义哲学里，是始终追求科学与价值的统一的，当然也始终只能是一种具体的历史的统一。

所谓话语体系，实际上也就是观念框架。用价值与事实之统一的观念框架重新解读马克思，肯定马克思创立了自己的政治哲学是毫无疑义的。马克思是不是创立了自己的政治哲学，是不是从政治思考的特殊角度把握了时代的精神，首先就看他是否把握了为历史的事实性所规定的具有客观可能性的价值目标。19世纪中叶，即在工业革命之后资本主义完全确立了自身存在之时，马克思从资本主义生产方式，从这种社会化大生产，看出它在促进生产力高度发展的基础上，开放了一种人类解放的可能性。马克思创立的政治哲学就是以人类解放为价值目标的政治哲学。与马克思同时的自由主义等，它们的政治哲学也是从理论上达成了某种价值性与事实性的统一的，但它们所把握的事实性及由此而提出的价值目标，与马克思的政治哲学是不同的。它们所理解的事实性，只是一种局限于资产阶级狭隘眼界的事实性。它们从资本主义取代封建主义所显示出来的优越性，从资本主义生产方式所取得的巨大成就，认定资本主义是人类历史的最完备的社会形式，是永恒的社会形式。受这种认知上的局限，它们提出的价值目标也就是适应于资本主义生产方式的政治解放的目标，即或者是继续完成政治解放的任务，或者是巩固和扩大政治解放的成果。总之，这些政治哲学体系所把握到的事实性只是现成的事实性，而马克思把握到的则是一种代表历史发展趋势的事实性，因而其价值目标也就是一种表现人类历史进步的新的可能性的价值目标。马克思的政治哲学所达成的事实性与价值性的统一，是一种基于理想的事实性的统一，所以我们把它叫作理想性的政治哲学。

马克思的这种理想性的政治哲学具有两重性质，即批判性和建设性。首先它是批判的。理想是对现实的超越，超越现实即是批判现实。以"人类解放"即人的全面自由发展的价值理想观照资本主义社会的现实，看到资本主义社会是人的全面异化。实现人类解放的理想就是人的异化的全面消除。资本主义发展起来的生产力，为消灭异化准备了物质基础，问题在于生产的社会形式。因此，实现这一理想目标的决定性条件就是消灭资本主义私有制，消灭剥削，消灭阶级。马克思哲学是革命的、批判的。"全部问题都在于使现存世界革命化，实际地反对并改变现存的事物。"①这种革命的批判的本质在他的政治哲学的批判性之维得到了最充分的表现。同时，这种政治哲学也是建设性的，它也包含了对于新的能够保证人的自由全面发展的社会制度的建设性构想。马克思、恩格斯对未来社会的社会形式，以至对未来社会形式实现的方式、道路、发展阶段等，都提出过一些设想，可以说，是有他们关于未来社会的理论模型的。

在 2006 年举行的第六届马克思哲学论坛做主题发言

如何对待马克思创立的理想性的政治哲学？我们的态度应当是，既不能轻率地宣称它已经过时，也不能不顾历史事实的变化而将其教条化。对它的批判性之维必须承续，即人类解放的价值理想目标决不能丢弃。丢弃了这个价值目标，就绝不是马克思主义的政治哲学。现在各种各样的理论思潮，自由主义、

---

① 马克思和恩格斯：《德意志意识形态（节选）》，《马克思恩格斯选集》第 1 卷，人民出版社 1995 年版，第 75 页。

民主社会主义等，他们什么理论不讲？公平、正义、民主、自由、甚至社会主义，这些都可以讲，就是不讲人类解放。所以，是不是坚持人类解放的价值目标，是辨别马克思主义政治哲学和非马克思主义政治哲学的一个标准。但它的建设性之维，即它对于未来理想社会的构想，包括未来社会的构建原则、存在形式、实现方式、发展阶段等的设想，却都遇到了变化了的事实性的挑战，因而在不同程度上失去了它的现实性。它显然已经不能适应于现实的社会秩序建构的需要。因此，我们在承续理想性的马克思主义政治哲学的批判性之维的同时，应着力于建构一种现实性的马克思主义政治哲学。这就是我们确立的政治哲学研究的基本路向。

所谓现实性的马克思主义政治哲学，就是在理论上达成事实性与价值性之现实统一的政治哲学。这就是在人类解放的价值理想观照下，从现实的事实性中把握住这一价值目标在现在条件下实现的可能程度，以提出现实的价值目标，作为现实的社会秩序之政治建构的观念依据。对于建构现实性的马克思主义政治哲学，我们正在积极的推进之中。我在研究过程中的最重要的体会是，必须认真谨慎地处理好这样两个问题：一是现实性的马克思主义政治哲学和理想性的马克思主义政治哲学的关系；二是马克思主义政治哲学同现代西方政治哲学（主要是自由主义）的关系。这两个问题都同把握理想性和现实性的统一直接相关。现实性的马克思主义政治哲学如果失去理想性的维度，就极容易同西方政治哲学特别是自由主义政治哲学混到一起；如果只是停留于理想性的层面而不具备现实性的维度，就只能自说自话，而且是些"假、大、空"的梦话，既不能同现实生活沟通，也不能与西方学界对话，当然也就谈不上超越西方政治哲学，因为"超越"只能是一个在对话中实现的历史过程。在研究工作的安排上，我们是实际问题的研究和基础理论的研究并举并重。这同我们进行社会哲学研究时的安排有所不同了，这还是因为政治哲学的学科状况不同了，已于前述。

重点转向政治哲学的研究之后的几年，我们的研究工作迅速地全面推开。2011 年我们精选了近几年发表的五十余篇论文，由中国社会科学出版社出版了以"政治哲学的当代复兴"为题的论文集。论文集分四个部分：一、马克思主义政治哲学的建构；二、当代政治哲学问题研究；三、马克思恩格斯政治哲学思想研究；四、西方政治哲学思想研究。中心内容是马克

思主义现实性政治哲学的建构,本学科老少九人都有论文收录。

南开大学哲学院还在积极搭建各相关学科(如中国哲学、外国哲学、伦理学、宗教学等)都能参与的综合性研究平台。这几年里,我们还成功举办了两次有重大影响的全国性的政治哲学研讨会。一次是 2006 年与中国社会科学杂志社合作举办的第六届马克思哲学论坛,主题是"马克思主义政治哲学:阐释与创新";一次是 2010 年与《哲学研究》编辑部等单位合作举办的第七届马克思主义哲学创新论坛,主题是"唯物史观与政治哲学"。2006 年,政治哲学研究被《光明日报》评选为当年十大学术热点之一。政治哲学在国内也已成为炙手可热的显学。我们的整个研究工作正在有序地进行,再也没有前些年社会哲学研究时那种疲牛负重的感觉了。

政治哲学的研究渐入佳境的时候,2011 年 9 月,人事处通知我立即退休。新校长推行人事制度改革,南开在教育部直属高校中独树一帜,率先实行年满 70 岁的教师一律退休(理科的院士暂时例外)。这对于个人来说实在是件大好事。远了不说,至少在"文化大革命"结束后的 40 年来,我一直处在紧张忙碌的状态,其间若干年里还是带病忙碌,因此早就有了退下来休息的强烈欲望。退休之后,可以卸下沉重的包袱,有了许多完全属于自己的时间,去做一些自己愿意做的事情,比如写写回忆文字之类。如果再晚三两年退休的话,我的这个回忆录恐怕就写不出来了。校领导为了满足我的虚荣心(这东西年轻时很重,年老后越来越淡薄了),还给了我一个"荣誉教授"的称号(全校同时获此称号的有 18 人,其中文科 11 人,理科 7 人)。尽管我本人不大看重这件事情,但从校领导来说,毕竟是以这种方式对我几十年做的事情表示了肯定。后来,我从刘泽华先生的《八十自述》里看到,校长在授予仪式上的致辞里说这是南开的最高荣誉。我听力不好，当时没有听到这个话，所以一直认为这不过是为了顺利推行人事制度改革而采取的一种权宜之计，不大在意它。若果真如刘先生所说，那我就真是受之有愧了。总的来说，我是愉快退休、光荣退休。但因当时事情来得突然，所以开始还是有些想法。主要的想法是，担心南开的政治哲学研究会不会因此而受到损害，想到要是再能在岗三两年，对于整合、统一本学科的研究力量，巩固政治哲学研究的良好势头，或许还有些作用。后来的事实证明，这大体上也算是"杞人忧天"。我退休以后，新生和孟伟、淑梅他们干得更欢，干得更好，显然是他们意识到了自己肩负的责任更大。至于我自己呢，一是能以一种适合于退休老人的方式关注和参与，去掉了直接的责任压力，便可以减少急躁情绪，会更加冷静，更加从容，效果可能会更好；二是在退休之前三个月，已经建立了当代中国问题研究院，退休这件事或许可以促使我更加自觉地注意把研究院的研究工作同政治哲学的研究衔接起来。下面我就专门讲讲创办当代中国问题研究院的事情。

四、参与创建当代中国问题研究院

2011 年的春节，时任天津市政协主席邢元敏和时任天津市委教育工委常务副书记（后任天津日报社社长）杨桂华来我家的时候，跟我谈了一件令人兴奋不已的事情。元敏说，现在是我们国家发展的一个关键时期，是高机遇期，也是高风险期，问题多多。他想创办一个研究机构，选择一些重要问题进行专门的理论研究，形成一些新的理念，为党和国家的战略决策提供理论的支持。元敏的想法同我长时期形成的学术观念非常吻合，同我们正在进行的社会政治哲学的研究思路非常一致，因此，我当即表示了完全的赞同和支持。

元敏和桂华都是南开哲学系本科 77 级的学生，后来又都从我攻读博士学位。他们每年春节都来看我，都要谈些重要问题，包括工作中的问题和理论上的问题，但都不曾像这次谈话让我兴奋到这种程度。创办一个研究机构是非常麻烦的事情。资金的筹措，课题的选定，研究力量的组织，成果的鉴定和使用，这每走一步都是极其艰难的。元敏已是正部级干部，已年逾花甲，还想着去办什么研究机构，去给自己找那么大的麻烦，这在有些人看来纯属"不正常"。有些高官心里想的只是自己的进退，到了 60 岁以后，想的只是如何养老，如何构筑自己的安乐窝。可元敏完全不是这样。他想的是国家的长治久安，是中国社会的安全转型和持续发展，是中华民族的复兴，同时也是想的自己人生的最后几十年如何更有价值。我被深深地感动了。中国由社会主义市场经济的建立所推动的社会转型，是一种社会的整体性变动或结构性变迁，各种各样的社会问题会从社会生活的各个领域全面发生。而且，中国作为后发展国家，它遇到的问题比先发展国家要复杂得多，它要在几十年的时间里经历先发展国家经历了几百年的过程，在其体制转轨时期不能不是一种急速的社会变化过程，在这个过程中出现的问题往往可能迅速地集中和放大，因而蕴含着巨大的社会风险。与形形色色的社会问题的发生相关联，人们的思想问题也空前复杂。在市场经济大潮的冲击下，传统的价值观念被颠覆；随着对外开放的扩大，西方的各种社会思潮也涌了进来，马克思主义理论受到了种种挑战。而且，社会问题和思想问题互相缠绕，互相强化，使得人们把握问题、解决问题的难度成倍地增大，这是极其需要发挥理论的作用的时候。可是在这样的时候，有些从事理论工作的学者，却仍然对现实生活中的问题不大感兴趣，而是热心于从书本到书本的"纯学术研究"。这种状况应当尽快转变。我想，元敏作为多年从事实际工作的领导干部都有这么高的理论热情，这么强的理论责任感，我们作为理论工作者有什么理由不全力支持和配合呢？元敏虽是我的学生，但我对他非常敬重。我敬重他，不因为他担任了多高的职务，而是敬重他的这种精神，这种眼光和胸怀。我想，自己也要去掉老年的暮气，更加振作起来，有多少力气使多少力气，帮助元敏推动这件事情。

这个春节，这件事情成了我的兴奋中心。虽不是逢人便说，但只要是我觉得现在或将来同这件事情会有所关联的人，我都要说说，当然交谈最多的是我身边的几个学生，如阎孟伟、王南湜、王新生、李淑梅等。他们异口同声，都认为这是一件大好事，是元敏的一个大手笔。在交谈中，我形成了比较系统的想法。我想，这个机构的名称可以叫作当代中国问题研究院，应建在南开大学，以哲学院为学术依托，以便利用南开文科学科齐全的优势。同时聘请元敏做哲学院的兼职教授，以便他能以南开教授的身份主持研究院的工作。聘请元敏任兼职教授的事情酝酿多年，提过多次，他都是低调回应，以种种理由婉拒。这回以创办研究院为由，他也就欣然应允了。4月27日，借南开大学哲学院成立大会之机，同时举行了邢元敏的兼职教授致聘仪式。这个会议之后，元敏主持召开了研究院的筹备组会议。5月17日，元敏率领研究院筹备组全体人员，同南开大学校方举行联席会议，共同商议此事。筹备组成员除元敏外，还有天津市委原副秘书长兼研究室主任吴敬华、时任市委副秘书长兼研究室主任王小宁、天津日报社社长杨桂华、天津市教委原主任何致瑜、天津市委宣传部副部长李毅等。南开大学校方有时任党委书记薛进文、校长龚克、党委副书记刘景泉、时任教务长（后任副校长）朱光磊、时任校长助理（后任副校长）孙广平及有关部门负责人。南开大学哲学院的王新生、阎孟伟、王南湜和我也参加了会议。南开的几位领导人对创办研究院都表示赞同。会议就建立研究院的有关事项进行了认真的商讨，并提请龚克校长兼任研究院院长。6 月 2 日，经校长办公会议通过，批准建立南开大学当代中国问题研究院。

所谓当代中国问题研究，说得更确切点，是当代中国社会实际问题的理论研究。它是理论研究，而不是对策研究。当然，也理应包含某种"对策研究"的意义。我们关注的问题是两类问题，一类是已经发生的问题，一类是从各种已经出现的迹象推测可能发生的问题。对于后一类问题的研究更加明显地具有"对策研究"的意义。对这一类问题进行理论上的探讨，取得一种超前性的认识，以便我们能有理论上思想上的准备，能够从容地应对可能出现的局面。从这个意义上说，这也是一种"对策"研究，但这只是提供制定具体对策的理论原则，同党委和政府的研究室搞的对策研究还是有所不同的。课题的研究是理论研究，但提出的问题则是实际生活中的问题，而不是作为理论问题提出来的。作为理论问题提出，往往是从学科或学说的框架出发的，而实际问题则不是按学科发生的。稍许复杂一些的问题，在谋求它的理论解决的时候，都会涉及多个学科，需要多学科的综合研究。因此，这个研究院的创立明显地具有两个方面的意义。一个方面是它适应现实实践的需要，这是研究院的根本宗旨所在，是不言而喻的；另一个方面，它建立在高等学校，对高校文科的发展也有可能产生积极的影响。

首先，它对于端正理论学科的学术方向会起到示范作用。我一直认为高校文科改革和发展的方向是要把重点转向对于中国问题的研究，高校文科特别是其理论学科教育的主要任务是要教育学生会说中国话，会讲中国故事，会把握中国问题，会探索中华民族自己发展的道路。有的人一味地强调"国际化"，把所谓"国际化"视为改革和发展的方向。这里可能包含一些误识，最明显的误识是不去考虑文科和理科的区别。讲"国际化"是没有错的，但"国际化"在理科和文科的含义、表现和途径等都是各不相同的。理科（自然科学）的"国际化"是无条件的，文科（人文社会科学）的"国际化"则是有前提的，并且是有其特定的内涵的。如果美国人发明了一种治疗癌症的特效药，那是全人类的福音，它不仅可以治美国人的病，也可以治东方人、中国人的病，应当尽快地引进，这叫作"科学无国界"。但文化（观念形态的文化）则是有祖国、有故乡的，是有它的民族的根基的。不仅文化（人文学科），就是社会科学也不同于自然科学。社会科学同自然科学一样，作为经验科学是受制约于它所要解释的经验的，但社会科学所要解释的经验是有不同的社会属性的。显然，依据于美国的经验建立起来的经济学就不足以解释中国的经济。而如果我们的经济学不能解释中国的经济，我们的政治学不能解释中国的政治，我们的社会学不能解释中国的社会生活、社会事物，以及我们的哲学不能把握中国社会变革的逻辑，那么，在这种情况下，所谓"国际化"就只能是西方化、美国化。文科也应当推进"国际化"，研究中国问题也不能离开世界背景，应当与世界文明接轨，应当学习和借鉴世界各国的优秀文化和理论，也应当为世界文明的发展做贡献，但世界上任何先进的东西只有经过民族化才能真正"为我所用"，只有创造了我们民族自己的优秀文化和理论才能谈得上为世界文明做贡献。因此，就文科来说，我认为民族化、本土化比之国际化，更应放在优先的地位。这就是我作为一个文科教师为什么积极参与创建当代中国问题研究院的一个重要理由。

同时，研究院对于改造文科的科研模式也会提供一些有益的经验。如前所说，对于重大实际问题的理论研究必须有多学科的综合研究，为此，研究院将搭建起各学科交叉互补的研究平台。我们一直习惯于学科分立、各自为战的研究方式。但现代科学的基本趋势是在高度分化基础上的高度综合，不论自然科学或社会科学都是如此。高校文科的科研模式必须顺应这种大趋势而加以改革。当代中国问题研究院如果办好了，是可以在这方面有所贡献的。

研究院以南开哲学院为依托，这对于哲学院建设的意义就更加明显和更加直接了。哲学院原来的基础太穷，体量也太小，在目前的学科格局下，局限在体制内的发展空间扩展余地很小。因此，我多次向校院领导建议，必须确立在体制外谋求发展空间的战略。创办当代中国问题研究院就是实施这一战略的最重要的举措之一。研究院的工作开展起来后，哲学院将有越来越多的教师以各种方式参与研究院的活动，这会大有助于活跃思想，更新观念，端正学风，增强服务社会的能力。哲学院与研究院连为一体，互相推动，两院都能做出成绩，这对于提高哲学院的学术品位和社会声望都会起重要作用。研究院创办之时，这些都还只是良好的期望，它得以实现的前提当然就是把研究院办好。究竟如何，恐怕至少要在办院三五年以后才能说出点什么来。

经过紧张有序的筹备，于 2011 年 12 月 10 日至 11 日，举行了"当代中国社会管理问题学术研讨会暨南开大学当代中国问题研究院成立大会"。这个时期，学界和社会各界更为关注的是政治体制改革的问题，但这样的问题过于敏感，我们自己的研究基础尚有不足，作为研究院举办的首次大型研讨会似不太适宜，便选择了社会管理问题开张，研讨的主题是社会主义市场经济条件下社会管理理念的更新。这次研讨会由南开大学当代中国问题研究院主办，北京大学中国国情研究中心、清华大学国情研究中心协办。北大、清华、南开三家联合举办，是元敏提出的一个重要指导思想，其主要意图是继承和发扬西南联大的精神，在新的历史时期，为中华民族的复兴，搭起三校再次联手的平台。当然，从南开方面讲，是为了更便于向北大、清华学习，因为它们的国情研究中心已经建立许多年，已积累了许多宝贵的经验。会议邀请了国内十几位知名学者（含香港学者），天津市和南开大学的 20 多位哲学社会科学的学术带头人，还有来自美国、英国、日本、新加坡等国的学者参加，会议开得非常成功。

2011 年 12 月 10 日举行的南开大学当代中国问题研究院成立大会（右一为作者）

开台锣鼓打得很响，要紧的是后面的戏该怎么唱。进入实质性的工作状态之后，我发现原来对于办研究院的困难估计有些不足。从研究院创建初期的情况看，最重要的困难是在两个方面。一是当前中国社会问题多多，研究工作不知从哪里入手。二是不知采取何种运作方式。

选题的确定首先取决于研究方向的确定。现在类似的研究机构很多，不只是我们南开一家。我们这个研究院没有能力也没有必要去研究所有的重要问题。后来我们想明白点了，选题应根据客观的需要和主观的能力这两方面的情况来确定。客观上，当前最需要解决的问题是什么？主观上，我们的研究基础和研究能力最适合去解决什么问题？这两方面碰上了，那就会有好题目。这个研究院是以哲学院为学术依托单位的。南开大学哲学院的马克思主义哲学学科是国家重点学科，这个学科近三十年来的主要研究方向是社会政治哲学，前二十年是社会哲学，近十多年将社会哲学研究的重点转向政治哲学，不仅注重政治哲学的基础理论的研究，而且对当前我国政治生活中的实际问题也颇为关注。南开大学周恩来政府管理学院的政治学也是国家重点学科，也有相当好的研究基础。经过多次讨论、研究，于2013年夏确定将中国政治建设的道路作为本研究院的一个长期稳定的重点研究方向。研究院做的第一个课题就是协商民主问题。

社会主义协商民主就正是当前最需要理论界加强研究的最重大的问题之一。它要回答的是中国的民主政治建设走什么道路的问题，是从理论上对这些年社会上包括知识界、思想界要求深化政治体制改革、推进中国民主化进程的呼声的回应。中国是社会主义国家，民主是社会主义的核心价值之一，中国是一定要在深化改革中不断推进民主化的进程的，但是，不能照搬西方的民主模式，而是要探索、创造适合中国情况的民主模式。中国共产党在几十年的实践和探索中认识到协商民主是最适合于中国情况的民主模式，也最符合社会主义民主的本真含义，在党的十八大报告首次提出了"社会主义协商民主"这一概念，要求在实践中全面推进社会主义协商民主。这是中国民主政治建设的新路向。

这是一个大课题，它不仅在实践上有许多复杂的关系要认识和处理，而且在理论上也涉及多方面的、很深层的问题要阐释清楚。随着对于协商民主的意义认识的逐步提高和研究工作的逐步深化，我们的研究工作部署也做出了两次大的调整。2013年7月，刚确定这个研究课题时，是建立四个子课题，想将最终的研究成果合成一部专著。到2013年12月，我们又增加了三个子课题，并且要求各子课题独自成书，最后出版一套丛书。2014年7月，我们决定再增加两个调研课题（实际上后来是增加了三个），这样就觉得一套丛书这个平台还是有些局促，便决定出版协商民主研究文库。

按现在的构想，文库将由四个方面构成。一个方面是原来设计的那套论著丛书。这套论著丛书的基本内容就是要系统地阐明中国特色社会主义协商民主的理论基础、文化基础、制度基础、实践基础。第二个方面是一套译著丛书，即选择国外新近出版的有影响、有代表性的协商民主理论研究的著作翻译出版。第三个方面是研究资料系列。主要是收集、整理国内外协商民主理论研究的动态。第四个方面，是调研报告。我们请天津市委研究室推荐几个工作基础比较好的基层单位，建立了几个相应的调研小组，分别去这些单位调查和研究它们实行协商民主的经验和问题，形成调研报告。如果这项工作进展顺利，这些调研报告达到了应有的质量要求，便以调研报告系列的形式进入文库。其他的，如论文集等，则以散本进入文库。

当我们把建设协商民主研究文库的选题报送人民出版社的时候，编辑室的同志毫不迟疑地答应了我们的要求，社里很顺利地通过了这个选题。协商民主研究文库的建设是一个不小的工程，要按照应有的质量要求，包括学术质量和政治质量的要求把它建成，绝不是一件轻而易举的事情。现在的情况是，来自外部的助力已经很强劲，但我们自己内部力量的激励、凝聚和组织方面却还有些问题需要尽快解决。

中国政治建设的道路只是研究院一个时期的重点研究方向，我们同时还研究其他一些重要问题，例如最近我们在组织有关专家学者进行了京津冀协同发展问题的研究并出版了三部研究著作。就中国政治建设的道路问题来说，协商民主也只是这个总课题中的一个问题。我们还准备从当前中国政治生活的实际状况出发，以公平正义问题作为总题目，选取一些重大问题做深入的理论与实践相统一的研究。基本的思路和设想是，总结过去的历史经验，把政治和经济统一起来，探索在中国建立一种什么样的政治秩序以保证中国经济健康、持续地发展并防止和有效地应对经济发展过程中可能发生的社会问题乃至社会风险。因受研究力量的限制，这方面的研究工作暂时还只能局部地启动，待协商民主研究文库初步建成后再全面展开。

协商民主理论与实践国际研讨会（左四为作者）

　　研究院的运作方式，不论是采取聘任制还是课题制都有麻烦，主要的困难是研究力量的组织完全没有保证。研究院是独立于学校的教学科研体制的，这种体制外机构有利也有弊。利在于它不受某些制度性因素的制约，弊也正在于它缺乏制度性条件的保证，这真像是一块铜板的两面。实行课题制？现在高校里有研究能力的教师基本上都可以拿到课题，不论是国家的、教育部的还是天津市的，都不仅经费资助已大幅度增加，而且它成为教师各种资格评审的一项重要指标，我们这个研究院的课题没有太大的吸引力。实行聘任制？即使它可能有某种优越于课题制的地方，但在南开大学恐怕还要经过一个漫长的"立法"过程，连我这个"学术委员会主任"都还至今没有正式聘任。协商民主课题增加几个子课题以后，原来用种种方式请来的研究人员不够用了。新生提了个好建议，把历年从南开毕业的曾做政治哲学、政治学的博士论文，现仍在天津工作的校友请回来参加课题组的工作。这真是个好办法，既暂时解决了研究院的急需，又能让母校尽一些继续培养学生的责任。教师对于自己的学生的跟踪关注和培养，已成为南开哲学院的传统。采取这个办法以后，我们组织了这样一支四十余人的研究队伍，这是一个地地道道的"志愿者组织"，却是本研究院可以长期依靠的一支基本的研究力量。建设协商民主研究文库，扩大协商民主的研究平台，也明显地包含了训练、培养研究队伍的意图。这种办法目前看来还可以，但能不能持续下去就不好说了。

　　要我做研究院的学术委员会主任，真是感到压力太大。我毕竟是往 80 岁奔的人了，已是力不从心了。我还愿意继续参与研究院的事，除了同包括元敏在内的"志愿者"们的深厚的师生情谊、同志情谊之外，最重要的精神支撑力量就是办这个研究院很符合我的学术理想。在《人民画报》记者王蕾女士采访时，我说：关注协商民主这个问题，"是我几十年坚守的哲学必须扎根于现实的哲学精神的执着。做协商民主课题的研究，也许是为我的哲学生涯画个句号了，现在还只是开始在画，我希望把它画圆了"。上苍保佑我还能健康地工作几年，是可以实现这个愿望的。

中央电大第一任哲学主讲

（1982—1988）

　　"文化大革命"结束，百废俱兴。为了加速人才的培养，为了让被历史耽误了的一代年轻人中能有更多的人获得接受高等教育的机会，国家创办了广播电视大学。1982年，中央电大决定在语文类各专业开设哲学课，并多方物色主讲教师。电大创办初期尚未建立起自己的师资队伍，需要获得全日制高校和科研院所的支持，各门课程的主讲教师大多从一些著名高校中聘请。我在讲述"哲学教科书改革"时曾经提到过，参与主持《辩证唯物主义原理》编写工作研讨会的陆善功同志，后来由教育部高教司调任中央电大文科教学处处长，哲学课正好由他主管。老陆征求了许多人的意见，特别是人民大学一些老师的意见，认为我是符合他们需要的人选。这当然是对我的莫大信任。

　　陆善功同志办事非常谨慎，为确保聘任成功，他三管齐下，于1982年6月派刘振铎同志携带三封信函来到南开：一是中央电大给南开大学的公函，这是必需的；二是陆善功本人给我的信，这也是合情合理的；三是时任教育部副部长臧伯平给时任南开大学校长滕维藻的信。这第三管就类似于画蛇添足了。臧伯平"文化大革命"前和"文化大革命"初期是南开大学的党委书记。"文化大革命"结束后，1978年他再度返回南开担任党委书记兼校长，是"揭批查"运动之后刚离开南开，调教育部上任的。他和滕维藻之间有些过节，这个情况南开的老人都知道。我在"文化大革命"中被造反派说成"铁杆保皇派",这"保皇"就是指的保臧伯平。因此,老臧的信可能造成多重误解,弄得不好会走向老陆愿望的反面。好在滕校长是个心胸开阔的人,对我本人也十分了解。他并没有在意其他什么,而是非常热情地应允了这件事情。滕校长对我说:"这是大事,也是好事,学校没有问题,同意你接受这个任务。"

接受这个任务,我是满心欢喜。我这个人,似是天生一个教书匠,讲课有瘾,而且是课堂越大越兴奋。这回让我走上几十万人乃至上百万人的大讲堂,那该是一件多么新鲜、多么刺激的事!那年头,我刚四十出头,精力旺盛,只想多多做事,只要是属于哲学的事,不论巨细,我都愿意去做,好像是要寻找各种渠道释放能量似的,绝无"多一事不如少一事"的念头。我也不像后来那样去想什么"学术品位"、学科评估,更不去想它对于自己的晋升或"经济效益"之类有什么意义。回想起来,"文化大革命"结束之后的那些年,即 20 世纪 70 年代末、80 年代初,是我一生中又一段最美好、最阳光的年华,可以同我的学生时代媲美。我满怀着喜悦和信心。至于做成这件事情的困难、麻烦和艰辛,是在我进入工作状态之后才逐渐体会到的,而且后来在这方面的体会是一天深似一天。

刘振铎同志来南开谈妥之后,我立即着手备课。过不多久,中央电大哲学课的责任教师王道君同志便来天津具体安排录课的事情。20 世纪 80 年代初,电视尚不普及,尤其是偏远地区。所以,哲学课只录音不录像,中央电大委托天津人民广播电台制作录音,由中央人民广播电台专门频道播放。一共 40 节课,每节 40 分钟。录这种课,难度很大。这是讲课,可我熟悉的是面对面的课堂讲授。我习惯于看着学生讲话,并且有手势和面部表情配合,能在课堂上有一定程度的直接的情感交流。而这种通过电台进行的、远距离"背靠背"的"讲课"，对我来说完全是件陌生的事，很不自然。更有一个难处，就是时间的掌握。每节课 40 分钟，时间误差不能超过 15 秒，即不能多 15 秒钟以上或少 15 秒钟以上，因为电台播放的节目之间有个衔接的问题。我的办法是在课程结束之前的两三分钟这个时段内事先准备几句可讲可不讲的话（但不能是废话），这几句话讲或是不讲，视监听人员提示的剩余时间之多少来决定。这个办法很管用，录制工作进行得出乎意料的顺利。40 节课基本上都是一次成功，只有一两次有些小的返工。

7 月份正值盛暑。从我家的住地南开大学西南村到七里台的天津电台，约有两三公里，我又不会骑自行车，这样，我每天要顶着炽热的阳光行走五六公里。那时天津电台的录音室没有安装空调，只有一台已经陈旧的电风扇。电风扇开动之后，时不时嘎嘎作响，为不影响录音效果，只得在录课时关掉。这工作条件确实不算太好。一般是上午录音，下午和晚上备课。这"备课"也不只是写出讲稿，而是自己录了音反复听几遍，并按照每节课 40 分钟的时间要求修改好。录课进行了二十来天，不仅精神紧张，体力消耗也很大。电大付给的报酬是每节课 6 元（或许是 8 元，记不大清楚了），一共约 300 元左右。要仅仅是盯着那点钱，恐怕穷死了也不会去干这种活儿。这报酬是低了点，但我并无怨言。那时流行一个说法，是说中国的知识分子"物美价廉"。他们中的许多人是靠着信念支撑的，这是中国知识分子最美的地方。但是，有人一味地以"信念"的名义去愚弄知识分子，那就要误国了。

录音制作完成之后，王道君问我用什么教材，是选用别人的还是自己编写。那时，我把编教科书这种事情看得很神圣，便随口答复，选用李秀林等主编的高校文科公共课教材《辩证唯物主义和历史唯物主义原理》。王道君说，这样也可以，但还是要自己编写一个教学提要，15万字左右，并且说这个提要用量很大，最好找一家出版社出版。随后我找天津人民出版社的负责人刘学文同志商讨出版问题，他满口答应，书名就叫作《马克思主义哲学纲要》，并商定了交稿日期。同出版社谈好之后，我就回湖南老家招生去了。家中老母已年逾八旬，身体也大不如从前，那些日子我日夜思念她老人家。以前因为经济拮据，相隔几年才回家一趟，现在手头有了点余钱，应当多回去看望母亲，我便提早向学校要了个招生的机会，这也无非是为了报销点路费。在湖南招生、省亲期间，我一直放心不下教材的事。想来想去，觉得使用李秀林的教材不妥。一是那本教材分量太重，不适合于电大使用；二是又加个15万字的提要，学生要去看两本教材，不论时间上或经济上都给他们加重了负担，而且我讲的内容同那本教材不一定对得上号，学生将无所适从，岂不苦了学生？三是既然提要须写15万字，那么再增加点字数，到20万字，不就可以算作正式教材了？当年艾思奇主编的《辩证唯物主义历史唯物主义》也就二十多万字。李秀林的教材加我的一个提要，这种搭配不尽合理，对于电大来说更不合理。因此，从湖南回到天津之后，我立即给王道君去信，决定自己编写正式教材，同时告知了天津人民出版社，字数定为20万，交稿日期不变。

我基本上没有编写哲学教科书的经验。参加肖前老师等主编的《辩证唯物主义原理》的编写，也只是做一个"螺丝钉"，把我做的这个螺丝钉拧上去以后就算完活儿了，没有全局性的知识和经验。但我从当学生到当教师，也已二十余年，已使用过一些哲学教科书，因此，对于哲学教科书的好坏，也形成了自己的一套评价标准。如今轮到自己独立编写教科书，当然要按照自己心目中的标准去编写。在我看来，如果除开内容不说，单就风格、形式而言，中国的马克思主义哲学教科书的范本还是艾思奇主编的《辩证唯物主义历史唯物主义》（至今如此。至今还没有一本让我感觉比艾本更好的教科书。这当然也只是就形式、风格而论的）。编教科书，最重要的是准确和简洁。"准确"就是给基本概念、原理提供一个标准的解释。如果不准确，说些错误的或似是而非的话，那就将会谬种流传，祸害无穷。"简洁"就是简明、干净，不可啰啰唆唆、含含糊糊或吞吞吐吐。简练一些，可以给教师留下更多发挥的余地，给学生留下更多思考的空间。电大的教材是不是应当浅一些？我的看法是，只是应当更加"浅出"，而不是更加"浅入"。电大也是大学，教科书的学术水平不能降低。而且我认为，电大的学生多是成人，不少人已有相当丰富的生活阅历，就哲学课来说，他们的接受能力不会比全日制高校的学生差。因为课时和远距离教学方式的局限，内容应有所删减，但必须讲授的内容则要讲深讲透。语言必须使用规范化的专业语言，只能在这个前提下尽可能地通俗化。在不可"浅入"的前提下"浅出"，这难度更是加大了。

　　从湖南返回天津之后，我就立即着手按照自己的这些想法编写这本教科书。同出版社约定的交稿日期是9月底，因为中央电大须在春季发布教材征订的信息，秋季使用的教材须在春季见书。那时候不似现在的电子稿本，排版很费时间，出版周期较长。给我的时间只有一个来月，好在已有录音讲稿，教科书就是录音讲稿的整理，基本上只是在文字组织工作上下功夫。当然，工作还是非常紧张的，其紧张程度仅次于《"四人帮"哲学批判》的写作阶段。9月底如期完工，400字一页的稿纸正好是500页，毛算恰好是20万字，排印后涨出了两万多字。总体上看，它兑现了我给自己提出的上述要求。电大师生反应良好，还在首届全国通俗政治理论读物评选和天津市优秀社科成果评选中获奖。因为各地电大的辅导教师多是在全日制学校的教师中聘请的，他们看好这本教科书，所以也被许多全日制学校选作教材。开始时我是提心吊胆的。几百万学生和成百上千的哲学教师一齐挑毛病，恐怕是难以经受得住的。与我的哲学课同时开设的逻辑课，就是这样被挑来挑去的，连课带人都垮了。给电大讲课，特别是给电大编教材，真是一种"高危"行当，至少在电大初期是如此。

这本教科书的出版也费了一番周折。在书稿即将付梓的时候，王道君陪同两位中央电大的同志风风火火地来到天津，说是刚刚获准成立中央广播电视大学出版社，要把这部书稿带回去，作为电大出版社出版的第一本教材。电大出版社那位负责的同志姓张。此人很有修养，态度非常坚决，但说话很是和气。很明显，事情的实质是两家出版社的利益之争。我心里也很明白，这件事情如何处置，最终取决于我的态度。但事情比较特殊，不可简单从事。电大出版社的要求固然有自己的道理，但不合规矩。如果他们晚来几天，我把稿子交给了天津人民出版社，他们就连提出这个问题的可能性都不存在了。但要拒绝他们的要求，将来也不好合作，毕竟这本教材就是为电大教学使用的。我给电大出版社的同志做解释时，着重讲了1978年《"四人帮"哲学批判》一书本是天津人民出版社约稿但后来改为人民出版社出版的事情，当时虽是迫于无奈，但总是失了一次信用，对不起人家，这类事情绝不能有第二次，请他们务必谅解。我坚持这部书稿不能从天津人民出版社拿走，这是我在这个问题上要坚守的"底线"，不可动摇。于是，电大方面又提出两家出版社各出一本，划定发行范围，天津人民出版社的发行范围是除北京市以外的北方地区，电大出版社的发行范围是南方各省区加北京市，以为这是一个三全其美的方案，电大出版社和天津人民出版社都出了书，都有利可得，我还可以拿到两笔稿费。但我坚决反对这个方案。如果真的照这个方案去办，电大的学生和读者们谁也不会想到这是两家出版社利益分割的结果，而认为是作者一稿两投，谋取稿费，这会毁了我的名声。稿费和名声相比哪个重要？当然是名声重要。最后协商的结果是两家出版社联合出版。两家出版社都顾全大局，都做了让步，我也就度过了这一关。1988年因课时增至60节，教学内容相应增加，该书也须修订再版，篇幅扩至28万字。这个修订本由天津人民出版社一家出版，没有争议。这时候，印量也很小了，赚不赚钱都不好说了。

《马克思主义哲学纲要》初版于 1983 年 2 月出版，秋季付诸教学使用。在开课之后，出现了各种各样的根据录音整理的讲义，都是铅印的，都印着主讲人的名字，我见到过几种，其中有的整理得比较好，但也有的错漏百出，面目全非，很令人生气。在此期间，我收到南方某省区以教育厅名义发给我的信函，请我编写一个辅导材料，内容、字数都由我定，印出后付给我稿费 7000 元，如印数达到 2 万册，给稿费 2 万元。印 2 万册是不成问题的，恐怕十个 2 万册也打不住，因为我是主讲教师，考试由我命题。这"辅导材料"无异于划定考试复习重点。有了这个东西，学生可以不看教材了，甚至连课也可以不听了。这显然是一种严重影响教学质量的行为，是一种不正当的牟利行为。2 万元，这在那个年月是一种多么巨大的利益诱惑！当时最热的流行语就是"万元户"。后来我看到一篇文章，说当时的万元相当于现在（2015 年）的 257 万元，这未免太夸张了，不知道这篇文章是用什么方法推算出来的。但不管这算法是否合理，当时的万元确实是个很大的数。如果我接受了这个要求，只需花费几天时间，我就可以成为两个"万元户"了。我的这本教科书，1983 年 2 月第一次印刷 40 万册，4 月第二次印刷 40 万册，5 月第三次印刷 18 万册，此时共印刷 98 万册，付给我的稿酬（基本稿酬加印数稿酬）共 3090 元，征所得税 458 元，净得 2632 元。后来又印刷十多次，通过正式渠道发行的数量是二百余万册。印刷百万册以上已基本上没有印数稿酬，所以，由这本书一共得到的稿费也就是这 2632 元。那 2 万元是它的将近 8 倍！这绝对是一种暴利，是一种不正当利益。写信的人以为捕捉到了一个重大的"商机"，但我看到这封信后，却非常之不高兴。我想，我能有机会向数以百万计的受众讲哲学，是干一件大有益于社会、大有益于哲学的事，正怀着一种前所未有的荣耀感乃至崇高感。要我利用这样的机会去牟利，以损害几百万电大学生的利益为代价、以损害马克思主义哲学的声誉为代价、以损害自己的人格和尊严为代价去牟利，这是自我毁损，绝不可为。我一分钟的犹豫都不曾有，立即从哲学系办公室要了信纸信封写了回信，坚决拒绝了这种荒唐要求。

后来同人们谈起这件事，也有的人说，这事不是不可做，这钱不是不可要，劳动所得，无可非议。我是不同意这种看法的。人不只是要受法律的约束，还要受道德的约束，不能说事情只要不违法就可以做。"不违法"并不是道德的底线，对一个知识分子来说，对一个哲学教育工作者来说，更不是他的道德

的底线。我指导的博士生李佑新在他的博士学位论文《走出现代性道德困境》中，谈到现代社会的道德建设时，主张将人的德性区分为正直、美德和崇高三个层次，我是很同意这种分析方法的。如果一个社会只是要求人们守住道德的底线，没有人讲美德，更没有人追求崇高，这个社会的道德就只有一道防线，它就随时可能被突破而导致社会的整体性的道德崩溃。2010年，王道君同志写了一篇纪念电大建校三十周年的文章，其中讲了这个故事。她把初稿给我看时，连我自己都似乎被感动了。我自己怎么还会被感动？这意味着人们曾有过的情怀已经同历史一起远逝了。事隔不足三十年之后，这个社会已经变得物欲横流，人们只是敏感于金钱，对于什么理想、信念、崇高之类都已淡漠了。后来王道君把这本正式出版的纪念文集送给我时，我看到其他的内容都还保留着，唯独这个故事被一笔删去了。问起王道君，她也不知何故。大概是这样的思想和行为已经不合当今潮流了。

刚刚接受任务的时候，我对于电大的教学过程想象得比较简单，以为只要把讲授的录音制作好，由电台去播放，各地电大又都配备了辅导教师，我的事就只是在期末拟出几道考试题了。可实际的情形满不是这样。课程开播以后，就有信件从全国各地寄来，天天不断。开始时是每天一两封，后来越来越多，最多时一天十多封。1980年我的岳父母从河北乐亭迁来天津，家中财物大多就地处理了，带来天津的部分物件中竟有一摞打井用的麻袋，不知老人何意。但这回可派上用场了，这些信件整整装了三麻袋，直到20世纪80年代末我又一次搬家之前才把它们扛到野地里烧掉。写信的人主要是电大的学生，但也有电大的教师，还有一些社会上跟着听课的人。这些信件在我眼里呈现出了一个"万花筒"。信的内容多是关于一些概念和原理的理解上的疑问，也有不少是对一些社会现象、社会问题的看法即他们所做的"哲学分析"。开始时我一律回信，后来就招架不住了，只能有选择地回信。我没有想到，电大的学生对哲学有那么浓厚的兴趣，有些问题的思考会有那么深入。当然也有一些是糊涂观念，甚至还有骂人的。比如，我曾收到一封寄自河南的信，信里说："如果你看到过1975年河南驻马店的大水灾，你就不会这么胡说八道了！"意思是你讲的"实事求是""群众观点"那一套都是蒙人的，同现实生活对不上号。对这一类的信我是一定要回复的，但这封信我无法回复，因为它是匿名的，只能从信封上的邮戳看出它寄自河南信阳。写这信的人很可能不是电大的学生，而是社会上跟着听课的人。从这一类的信件可以清楚地看出，马克思主义同共产党、社会主义是三位一体的，是一荣俱荣、一损俱损的，同时也可以从中清楚地认识到一个马克思主义哲学工作者的社会责任。

还有不少的信是和老师谈心的，谈他们为何上电大，谈他们如何珍惜这个上大学的机会，谈他们如何艰难如何辛苦。有的女同志已年近中年，白天上班，晚上做家务、管孩子，夜深时才能复习功课，等等。读这些信，很受感动。他们如此珍惜电大的学习机会，也就十分看重电大的师生关系，有的甚至超过了全日制学校的学生。那些年，我外出开会或考察，常常有电大的学生来访，在广东、四川、湖北、河南、山西都有过。有的已身居高位，仍十分在意这段经历。1984年，我在洛阳的龙门石窟游览时恰巧碰到一些西安电大的学生，有人认出了我，便一下子拥了过来，非常亲切。直至现在，已过去了30年，仍不断地有人提起电大时的往事。2011年4月的一天，我陪老伴去天津中医药大学第一附属医院看病，上了一辆开进南开园的出租车。一上车，司机就问："教授，您是教哲学的吧？"我说：

"你怎么看出来的？"司机说："您是陈老师，我听过您的课，电大的哲学课从头至尾听了，您在社联讲的课我也听过。"随即背诵了我编写的《马克思主义哲学纲要》里的几句话，让我大吃一惊。几十年后，还有人想起我的课，这对一个教师来说，是一种最高的奖赏。电大建校十周年时，天津电大的朋友给我从中央电大捎回来一张"优秀主讲教师"的奖状，还有奖品，好像是一个盛热水的瓶或是一把烧热水的壶，记不大清楚了。在我看来，这奖状和奖品的价值，它对我的激励作用，要远远地低于出租车司机的那番话语。

1984 年 4 月在洛阳龙门石窟巧遇西安电大学生

学术行政工作经历（1985—2000）

一、民主选举的系主任

1978 年的揭批查运动之后，苏驼同志留在哲学系任职，做系主任。1982 年筹建社会学系时，苏驼调任社会学系主任，哲学系主任暂时空缺。

由谁来做哲学系的系主任，是哲学系的人们都十分关注的事情。虽没有任何组织和部门向哲学系的教师干部征求意见，没有任何正式的讨论，但私下的议论甚多，且分歧很大。争论的焦点，还是涉及那个"人大帮"问题①。

1984 年暑假，南开马列教学部的王玉敬来我家串门时说了几句闲话，对我颇有触动。他说在阅高考卷子时，哲学系一位教师同他闲聊，放了几句狠话："我们哲学系正酝酿系主任，反正我们是决不让'人大帮'的人上！"我一再跟王玉敬说，你不要发挥，不要评论，我想知道的是原话。他说"这就是原话"。

---

① 1971 年中国人民大学被迫解散，教师各奔东西。南开大学趁此机会从人大哲学系调进来几名德才兼备的青年教师（方克立、杨瑞森、杨焕章、靳辉明）。与此同时，天津音乐学院教师冯徜贤也调进南开。他们都是人大哲学系 61、62 届毕业生，加上原来已经在南开哲学系的 5 位，成为当时这两届校友人数最多的地方，超过了母校，于是很快就在一部分人中形成了所谓南开"人大帮"的舆论。在"文化大革命"的政治背景下，在那个帮派观念盛行的年代，这种舆论的出现是不足为怪的。问题的严重性在于当时南开哲学系的个别领导人暗中认可和支持了这种舆论，以致在 1974 年批判所谓"修正主义教育路线回潮"的运动中，将"人大帮"和所谓"业务党"关联起来，这就使所谓"人大帮"问题具有了明显的政治性质。

这话很令人深省。现在哲学系还有人明确地公开地划定"人大帮"和"我们",而且这个说话的人是后来从河北大学调来南开的,对"文化大革命"中整"人大帮"的历史一无所知,竟然也被人拉进了那个"我们"之中。恶意制造的"人大帮"问题是南开哲学系机体上长的一个"癌"。看来,"文化大革命"结束之后,这个癌并未自愈,反而扩散了,恶化了。被划进"人大帮"中的许多人是南开哲学系的学术骨干,他们占据二级学科带头人的大多数,如果到现在还要把他们打成"人大帮",我估计这些人大多会离开南开。那时,人才流动的口子已经敞开,他们不会吊死在这棵是非之树上,况且,他们原本就没有把南开哲学系看作一块福地。可以肯定,这个癌不切掉,南开哲学系绝无希望。谁来做系主任固然关系到这个系的前途,但仅仅这件事情恐怕还不至于出现最严重的后果。即使某个人干得不好,还来得及补救,把他换下来就是了。但要赶走一批学术骨干,这个系要想办下去可就难了。谁有本事一下子搞来一批人?而且,南开哲学系要是这么一种形象的话,这种地方谁还敢来?说我这个人有点良心也好,有点拧劲也好,我不到万不得已还真是不想这么一走了之。即使有朝一日非走不可,也要把事情说清楚了才走。我把这件事情当作大事中的大事,去找了校党委副书记牛星熙同志汇报。我打消了一切顾虑,也不避什么嫌。我本来就曾被指认为"人大帮"的头子①,到这种时候,"头子"都不吭声了,那就算是默认了。我若是采取这种态度,那就太

---

① 从人大调进几位教师一事,在当时的形势下,若通过正常的组织程序是完全不可能办成的。后来是我个人给时任天津市委宣传部理论教育处处长胡汝泉同志写了信,以加强天津市的理论队伍为理由,建议为南开调进几位哲学教师。时任天津市革委会政治部主任王元和在我的这封私人信件上做了批示,同意我的建议。我以为这件事侥幸成功,是既为老同学帮了忙,又为南开大学立了功,怎么也想不到它反而招致南开大学上上下下那么多人的不满,以为我是要"纠集"一些人建立一个什么"帮派势力"。因为这件事可以说是我一手做成的,加上我当时还担任了一点小职务(哲学系教改组的副组长和哲学教研室主任),所以我也就"荣获"了这个"头子"的身份。

不负责任了。我汇报的问题丝毫不涉及谁做系主任，而只谈有没有"人大帮"；不是为什么人去要"官"，而是为大家去要"理"，所以心里十分坦然。这次，老牛的态度也异乎寻常地明确和坚决。他说："都什么时候了，还搞这一套！要说'人大帮'，我也算一个，我也在人大进修过。这个问题一定要解决。我立即找老×（时任系党总支书记）谈，现在解决最好，现在解决不了整党时解决。"

这个时候南开哲学系的局面已经十分明朗，指望时任党总支书记去解决是绝无可能的，因为他本人就是需要被解决的。1983 年夏天，高教局通知我参加天津市的职称评审委员会（当时所有高校包括南开、天大都不能自己评定高级职称，都由天津市的职称评审委员会评审，所以是一个非常重要的机构），书记居然给学校人事处打电话要求换人，被时任人事处长翁绵毅教训了一通。翁处长说："你好糊涂！这是市里的通知，我们有什么权力去改变？"时任系党总支副书记李淑兰同志在办公室听到这个对话，也觉得书记过分。李淑兰是一位很有正义感、很讲原则的老同志，是 1980 年刚从云南调过来的，对哲学系的任何人都没有成见。她来两年就清楚地看出来，有些人是在无端地压制别人，并常常对此愤愤不平。看来，书记是容不下我了。联系到他平日不时流露的对方克立等人的不满言论，他也恐怕早就纳入那个"我们"之中了。

果然，书记并没有去解决所谓"人大帮"问题，甚至从未提到过这个问题，那就只能指靠整党了。哲学系整党动员会前夕，我又去找了牛星熙同志。老牛表示一定去参加哲学系的整党动员会。出乎意料的是，他还把校党委书记李原同志也请了来。一个小小的哲学系的动员会，校党委的书记、副书记都出席，足见党委是真把这事当回事了，他们是看出这件事情的严重性和典型性了。那时的政治背景，与十年前即1974年哲学系党总支扩大会议争论"人大帮"问题时截然不同了。我在会上也不再绕弯子，而是理直气壮，单刀直入，提出这次整党应当把所谓"人大帮"问题作为主要问题，并对所谓"人大帮"问题的实质，它所涉及的思想上政治上的是非以及这一问题的解决同哲学系的命运有何关联等方面发表了自己的意见。方克立提出，以这一问题为主题的会至少应当开八次。后来实际的进展情况是，这个会不多不少正好开了八次。

在会上是肯定不会有人讲出任何可以说明"人大帮"存在的事实的，因为这种舆论本来就是只能在暗中散布的。但关于这种舆论所造成的实际后果却可以举出一连串的事实来。它的最严重的后果是造成了教师队伍的分裂，一部分教师之间互相争斗，互相伤害，以至"文化大革命"结束多年，哲学系仍然处在一种"内战"状态。与之相伴随的便是是非的混淆。给一些人安上个"人大帮"之后，这些人说的话就不论好话坏话都会被当作"帮话"去听，因而在实际上是剥夺了他们的话语权。在拨乱反正中，方克立要求联系哲学系的实际批判"两个估计"，某些领导人竟然以"不利团结"为由力图"劝阻"。

"文化大革命"中有些人是把"人大帮"和"业务党"捆绑在一起的。因此，这次整党会议也就在澄清"人大帮"问题的题目下，重点讨论了政治和业务的关系问题。会议进一步明确了政治一定要落实到业务工作上，实现四个现代化就是中国最大的政治。全党的工作重心早已转移到经济建设上来，学校的工作重心也转移到了教学科研上来，哲学系必须尽快完成这个转变，党的组织应当鼓励大家理直气壮地搞学术搞业务。这为后来高举"学术兴系"的旗帜打下了思想基础。

这次整党，效果很好，哲学系多年积累的一些重要的思想认识问题基本上得到澄清。我可以负责地说，这次整党是南开哲学系历史上的一个重要的转折点。没有这次整党会议，没有这个历史转折，就不会有南开哲学系后来近三十年的朝气蓬勃的大发展。整党之后，原来的书记调离哲学系，党总支书记一职由陶文楼同志接任。期末，即 1985 年 1 月 12 日，在陶文楼书记主持下举行全系教职工大会选举系主任。我就是这样被"逼上梁山"，走上了南开大学哲学系系主任的岗位。

二、系主任不是"官"

（一）是搭窝而不是搭跳板

年少时想过从政，认为领导干部必定是社会的先进分子，受人尊敬，而且觉得做个"官"是做个管人的人，很是荣耀。长大点以后，上大学以后，还觉得自己政治条件很好，又能写能说，若能从政，将是各种资源的最佳利用，而从未想过要在学校里当一辈子教书匠。来南开之后，果然像我的朋友在大字报里"恭维"的那样，红得发紫，颇有飞黄腾达之势。我思想上也自我膨胀，估计用不了太长时间，将有可能被推到一种显赫的位置。实事求是地说，这时候虽然也有"个人野心"的成分，但基本上还是出自一种"革命"热情。那时的社会状况，已无学校不学校的区分，到处都是政治统帅一切，即使在学校，也可以走一条"类从政"的道路。后来，一场"文化大革命"把这些念头都击得粉碎了。整个"文化大革命"从上到下，全都是围绕着一个"权"字，权力场中的浑浊、残酷和疯狂也表现得"史无前例"（至少在其规模上是如此）。我在写《"四人帮"哲学批判》时，总结出"四人帮"世界观的核心是权力意志决定论,并指出这种世界观在全社会造成了极广泛极恶劣的影响。这不仅仅是一种理论认识,而且首先是一种感受,一种真真切切的生活感受、生存感受。在那个年代,权力场只是极少数冒险家的乐园,而对普通人来说,它是一种让人望而生厌、望而生畏的地方。活跃在官场上的那些人,不论是"红脸"还是"白脸",社会对他们的道德认可度大都比较低下。"文化大革命"结束后的最初几年,政治日见清平。但这个时候,我只有一个心愿,就是要夺回自己失去的时间,一门心思要在哲学研究上有所作为。而且,说来让人难以置信,我当时才刚刚40岁或不到40岁,但在心理上却觉得自己已经年纪很大了。我不能再走错路了,如果再走错一步,再晃荡几年,我这一辈子就将一事无成,且不说对不对得起别人,首先就对不起自己。所以,对于"从政"或"类从政"的事情,连想都不曾想过。

那么,这回要我做系主任,我怎么又能接受呢?我不仅愿意接受,而且非常想做这个系主任。在当时的情势下,我只能有两种选择:或者离开南开哲学系,离开这个不三不四的地方;或者留下来改造哲学系,把它改造成为一个能够干事的地方。要改造哲学系,最好的局面当然就是由我自己来做系主任,可以按照我的意愿来改造哲学系。在我看来,前一种选择是个下策。换一个别的地方去,变数太多,难以把握,难以控制,弄得不好也许结局更糟。我实在不敢冒这个险了。因此,不到后一种路子完全无望时,不可轻易走出这一步。而且,我认为当时大的政治背景、政治形势是有利于做出后一种选择的。我也有充足的信心,相信用不了太长时间,南开哲学系的面貌会有根本性的改变。而一旦局面稳定,我就辞去这个职务。现在搭进去几年,即使为了我自己也是值得的。这是给自己搭窝,是建设自己居住的家园。是搭窝而不是搭跳板,这种目的和使命意识一开始就是十分清楚的。果真不出所料，南开哲学系迅速改变了局面，在一两年的时间里，各个方面都走上了正常的轨道。后来跟一些 1986 年以后来到南开哲学系的人们聊起来，他们根本不知道这个地方以前发生过什么事。1988 年、1989 年我就曾想过辞职，因为那时又发生了一些十分重大的新情况，不得不拖延了下来。1991 年，在我的第二个任期将满时，我正式向校党委递交了辞呈。到了这个时候，我觉得南开哲学系由谁来做系主任都无碍大局了。但我的请求被校党委拒绝了。时任校党委书记温希凡、时任党委组织部长吴本湘都分别找我谈话，又拖了几年，一直拖到 1997 年。再加上人文学院的几年，总共十五六年。我大概是南开大学里在这样的位子上蹲的时间最长的人物之一。不知情的人也许以为陈某人是迷恋这个小"官儿"似的，实际的情形并不是这样。如前所说，我这是"逼上梁山"，上了山后又难得下山。现在这种年月，还有几个人能津津有味地在系主任、院长这样的位子上蹲上十五六年的呢？这些都是后话。

1 月 12 日选举投票的结果，有 6 张是反对票。实际上反对我做系主任的人不止 6 人，因为还有一两位压根儿就不参加投票。投了赞成票的人也不都是完全赞成的，其中有些人是大势所趋，为顾全大局，抱着"以观后效"的态度暂时投下一票的。对于这种局面，我心里十分清楚。在我的"就职演说"里，我说过这样的话："这次选举，我得了 6 张反对票。我非常看重这 6 张票，它会随时提醒我还有一些人对我是不放心的。我一定尽最大努力，让更多的人放心。"我心里同样清楚，那极少数人的问题短时间里是解决不了的。

我这次上任，是一种非常规上任，是在一种特殊的时候、以一种特殊的方式上任的，是肩负着特殊的使命上任的，因此，我必须有特殊的思想准备和采取特殊的工作方式。

（二）妥善处理历史纠葛，迅速稳定局面

我上任后的首要任务是稳定局面，让哲学系从无休无止的争吵中平静下来。要稳定局面，新领导班子的形象是关键性的因素。所以，我做的第一件事情是请冒从虎先生出山，担任副系主任。我反复考虑，冒先生是最为合适的人选，如果没有他，这个班子怎么搭法都是不理想的。冒先生是 1960 年从北京大学哲学系毕业分配到南开任教的，长我 5 岁，已年过半百，他很不情愿出来做这个工作。我真是做到了"三顾茅庐"，诚诚恳恳地请他出来，请他为南开哲学系的建设和发展，为建造一个大家都能安心做事的地方做出个人牺牲。请冒先生出山的第一个意义，是向世人宣告，南开大学哲学系没有什么"人大帮"，被指为"人大帮"的那些人，他们不排挤任何人，而他们自己倒是多年来实际上被排挤的。

1985 年哲学系新领导班子合影（从左至右：系党总支副书记李淑兰、系党总支书记陶文楼、系主任陈晏清、系常务副主任王明江、系副主任冒从虎）

　　冒先生是个很有学问、很有智慧的人，学术上很有成就，当时已有大量论著发表，随后不久由他主持编写的《欧洲哲学通史》出版，影响很大，至今仍被一些高校选作教材。他能出任，哲学系领导班子的档次就提升了一大截儿，不论对内对外都会产生很好的影响。论他的才学、见识和能力，做个"副系主任"实在是太屈才了。要不是当时南开哲学系的特殊形势和特殊需要，是不好向他提出这种要求的。

　　还有一条，就是我和冒先生私交甚好。单身的时候，我们好长时间同住一间宿舍，互相都有很深入很细微的了解。我很喜欢他的性格，直来直去，从不遮遮掩掩，从不暗中行事，觉得和他在一起很是安全，无须有什么专门的防备。他也很了解我，尤其了解我的缺点。他早就说过："陈晏清天生不能做副职，宁可做教研室主任也不做什么副系主任，他即使当个副的也像个正的，因为他从来不看别人的脸色行事。"这话基本上不是表扬我的话，用一个带贬义的说辞，那就是"独断专行"。但他说的一点也不错。所以，我常常想，自己不适合当领导，大小都不行。对我这种人，"下面"的人不放心，"上面"的人不喜欢。对"下面"的人可能还客气一点，但极易犯上，在做系主任期间就曾屡次犯上。我知道自己这个毛病，就是改不了。能有冒先生这样一位长我几岁的爽快人做搭档，就有可能使我少犯错误。我和他合作四年多，非常融洽，非常愉快。事实证明，我当初的选择是正确的。冒从虎先生为南开哲学系的稳定和发展做出了不可低估的贡献。

　　就当时的情况来说，正确对待和处理历史上的一些纠葛，对于稳定局面是最为重要的事情。我采取的基本态度是两条：一是向前看，二是着眼于大多数。对于以前发生的问题，例如所谓"人大帮"问题，当以整党会议结论的是非为是非，不再追究，不再议论，甚至不再提起。对于以前反对过我的人，凡愿意继续合作的，我会做到一视同仁，不让人看出来、说出来有什么报复行为和报复心理。不愿意留下来继续合作的，我也决不强留。对这些人，我不恨、不求、不怕。我上任不几天，早晨散步时，王玉兰同志对我说："老陈，你要注意，有些人想走！"我说："太好了，这是大好事，人才流动是大方向。我也不问是谁了（其实我知道），请你转告他，要他赶紧写报告，我保证报告在我手里不过夜。"但我左等右等，不见有什么人送报告来。我知道，这时候不会真有什么报告送上来的，不过是想吓唬吓唬我罢了。两年之后，1987年，有一位教师带着他的夫人一起来到我家里"求情"，说是哲学系解决职称问题比较慢，想调到政治学系的思想政治教育专业去。我说这没有任何问题，立即签了字。不久后他带领学生去外地教学实践时知道了自己已经晋升为思政专业的副教授。这说明我没有耽误他的事。但还是那位向王玉兰扬言"我们大家都想走"的老兄，竟带着国骂对一位外系老师说："陈晏清真是国际速度、国际效率，从他手下走个人，从提出要求到办完手续，不超过一个礼拜！"他认为我放人放得太痛快了。我对这位外系老师说："你说他这是骂我还是夸我？我看是在夸我！经他这么一宣传，我估计会有人抢着我去做他们的系主任的！"我这种态度不是一时性起，也不是一种对付"威胁"的策略，而是经过深思熟虑而采取的一种基本方针。做系主任以前我就想过，实行人才流动，走出一些人再走进一些人，这是解决哲学系一些根本性问题的有效办法。在上任后不久，我就对一些同志说过，哲学系需要大换血。刘珺珺老师对我的这种想法大加赞扬，她也认为南开哲学系只有大换血才能活下来。我决不认为，谁能把一个单位的老少爷们拢到一起，不管这个单位能不能生存和发展，大家都情愿一起吊死在这一棵树上，这个人就算有凝聚力，就算是好样的。这绝对是一种无所作为的观念。所以，我的朋友们也就千万不可像马三立的相声说的那样，和我搞"逗你玩"那一套。事实上，后来确从各种渠道走了不少人，其中有些是觉得在这里待着不大舒服，换了一个更适合自己的地方，在新的岗位做了更好的贡献，这些人的离去是早在预料之中的；有些是事业的需要，由组织上从哲学系抽走的。南开创建了一些同哲学学科密切相关的新系科，哲学系不仅给这些系科支援了一批骨干教师，而且有三位系主任都是从哲学系的教师中选拔的；还有的受到更高的重用，去北京了。

那几年，从哲学系走了一大批重要骨干，而后来的一个时期高校办学的大环境又很不理想，有水平的人多不愿进高校来，哲学系的教师走的多进的少，出血太多，造成了严重的"贫血"，这是完全没有预料到的。哲学系的人才流动像把双刃剑。从其一面来说，是释放了一些能量，使哲学系短时间内闹不起地震，这不失为一种稳定局面的措施。我看得出来，在这点上，当时的校领导和我的想法似有一种默契。而从其另一面来说，从哲学系抽走了一批重要骨干，这有一部分也是当时的校领导做的。我又不能搞双重原则，只能哑口。关于这方面的情况，在后面适当的地方我还将做些说明。

（三）坚守原则，不感情用事

我知道，虽然被选上了系主任，但我在哲学系的威信还是颇成问题的。在过去的十多年里，我一直是个"焦点人物"，曾几起几落。在"保皇派""业务党""人大帮"等种种名目下，我一再地反复地被妖魔化。在某些人的嘴里，虽不能说是青面獠牙，却至少也是野心勃勃。我之所以陷进这种局面，固然有一部分原因是自己性格上和思想作风上确有缺点，但大部分的原因或基本原因，是某些人为了某种政治需要的蓄意制造。这样的问题很不好解决。这都是十年"文化大革命"中造成的。如果是政治问题，是被正式打成了"反革命"或其他什么"分子"，那只需一纸平反决定就可以基本了断。而这种由无数像匿名信那样的流言蜚语制造出来的东西，往往连作为问题提出都不可能，还怎么能作为问题去解决呢？这也是我在 20 世纪 80 年代初不想离开南开的真正的直接的原因所在。我要留在这个地方，就是为了分出个是非真伪来，让我们彼此都恢复和呈现各自的本来面貌。在我看来，这在我的一生中，是必须做好的一件极其重要的事情。

按照常规，我上台以后应当找那些反对过自己的人谈谈心，沟通沟通，以消释前嫌。但我以为，就当时的情况来说，这种老办法是完全不适用的，因为这不是一时一事的误解造成的，这里面根本就没有什么误解。而对于其他的绝大多数人来说，那就更不需要去"谈"什么了，他们看的是行动，是事实。我只能着眼于大多数，而不可把时间和精力浪费在极少数人身上。我有一种很明确的信念：只要全心全意地去工作，并且真的把哲学系办好了，就一定会获得大多数人的支持。这个道理是再浅显不过的。尽管提倡人才流动，人们去留自由，但绝不是每个人都愿意走的，或者想走就能走的，对于大多数人来说，哲学系始终是他们安身立命的家园，是他们求生存、求发展的地方，他们是不愿意自己居住的家园被搞得稀巴烂、乱糟糟，被搞得鸡飞狗跳、"民不聊生"的。谁能保证和推进哲学系的稳定、发展，谁就能够得到哲学系大多数人的拥护。所以，我不能用任何其他方式去树立自己的威信，决不能以权树威、以术取信，而只能靠自己履行职责的诚心诚意，并且靠南开哲学系的明显的发展进步来确证这种诚心诚意。

　　群众看干部，第一条是看他办事公道不公道。领导者掌握资源，掌握资源也就是掌握人们生存、发展的条件。像职务（职称）的晋升，各种荣誉、奖励的授予，经费的使用，出国乃至国内出差的机会，那点可怜的年终奖金的分配等，这些都属资源分配，件件涉及每个人的切身利益。领导者公道不公道，主要就表现在掌握这些资源的分配方面公平不公平。在当时哲学系资源相对匮乏的情况下，又尤其在折腾了十来年所谓"人大帮"问题的背景下，人们对我这个掌权人公道不公道这一点会更加敏感。实际上这也是我任系主任后最麻烦最棘手的事情，每做一件这样的事情，我都是提心吊胆。我本来不是那种特别胆小怕事的人，但在这一类的问题上我不能不怕事。如果有一两件这样的事情处理不当，就难免引起大的动荡。那时候的哲学系已经经受不起了。就拿评职称来说，就是一件最为犯难的事。一年一度的职称评定工作，我都是如履薄冰，如同过大关。

　　哲学系的教师队伍结构很不合理，像我这样年龄的人，即20世纪50年代末、60年代初大学毕业的人，占据教师中的大多数，在哲学系的历次争斗中构成主力的也正是这些人。我做系主任后，其中在业务能力上处于明显优势地位的一些人职称问题顺理成章地解决了，而处于明显不是优势地位的一些人也顺理成章地"弃权"了，即退出哲学系的比赛了，但剩下来的人还是居于多数。这本来是历史遗留和积累下来的问题。过去的一二十年不评职称，这些人都已是五十上下的年纪，机会越来越少，因此，都想挤上前一趟车。在这种情况下，各种矛盾和冲突会成倍地放大，本来比较简单的事情会莫名其妙地复杂化。我对老师们在评职称上表现出来的种种急躁情绪是充分理解的。除了一个人以外（这个人做得太离谱了，下面将有较详细的叙述），不论人们在言辞上、行为上表现得如何激烈和不妥，我都不去计较，不会轻易批评他们。最为难办也是人们最为敏感的是两部分人的问题，一部分是曾经反对过自己的人，一部分是被某些人划进"人大帮"的人。对这两部分人，我都必须真心实意地做到一视同仁，必须严格按原则办事。话是这么说，但做起来实在是太难了。下面我举两个例子。

系资料室的一位老大姐是 20 世纪 40 年代参加革命工作的老同志，她是郭毅同志的夫人。"文化大革命"期间，我和郭毅同志处在一种紧张的对立状态。"文化大革命"中，虽然也有夫妻之间站在不同观点上互相争吵的，但多数还是夫唱妇随。这位大姐就是在一个长时期里，同她的丈夫保持一致，对我持敌对态度的。但我如实地把她视为郭毅的附和者，并不在意她。"文化大革命"结束后，她还是习惯性地对我采取对立态度，她所在的系资料室被人戏称为"反陈基地"，无缘无故地在那里骂人。我的研究生去资料室查阅资料，多次遇到这种情况，非常生气，回来向我报告。我说，骂我不算事，已经许多年了，双方都习惯了，问题是她上班时间不能在资料室大声喧哗，应当由系里的领导从工作纪律角度去管管她。我做了系主任以后，这种状况稍有改变，至少是骂声有所收敛。这次轮到她也要评职称了，这对我们双方都是一种考验。事情本身不大，但其影响却关涉大局。那年，是资料室的三位同志都要晋升图书馆馆员（中级职称）。其他两位都是南开哲学系的本科毕业学历，一位是 65 届的，一位是 70 届的，而这位大姐只是初中学历。如果按业务水平和学历（这是技术职务评审的主要条件）排序，对这位大姐显然不利。但自 20 世纪 60 年代初期南开大学哲学系有资料室就有她，她是为哲学系资料室的建设做了贡献的。人家干了一辈子，最后评个中级职称还要难为她，这实在不合情理。所以，我决定三个人都报，一个也不剩下。报告上去后，人事处要求排序，我的答复是，这三人各有千秋，不分上下，并列第一。我这是地道的"独断专行"了，也不召开什么会议，因为开会就会七嘴八舌，说不定还会有人揣测我的心思，给我帮点倒忙。开会不开会都得这么办，索性就不开会了。我一个系主任，定一个人的中级职称，就是"独断专行"也构不成什么大错。我这么做，真不是为了讨好这位大姐，不是为了化解积怨而采取的一种策略，而是认为从道理上说应当这么做。当然，在客观上确实是取得了化解积怨的效果。从这件事以后，这位大姐再不骂我了，逐渐地，她不仅不骂，而且常对人说起我的好话来。这种局面的出现其实是很自然的。我一直就认为，从"文化大革命"中的对立开始的时候就认为，她不会是真的恨我，她只是跟着别人恨，是一种"无缘无故的恨"（"文化大革命"中我才发现，世界上还真有这种东西）。当那种被制造出来的情绪消失以后，正常的人都是会回到正常的状态中来的。

如果把这种做法作为一种消释积怨的策略，那就是"以术取信"，最终是不能真正取信于人的。我这么做，是把道理放在前边的，是坚持原则的。关于这一点，我可以举一个看似相反的例子。

1986年，陶文楼同志调走以后，任洪林同志接任哲学系党总支书记。有一位老兄（就是那位向王玉兰扬言"大家都想走"的老兄）按照惯例思考，以为系里的主要领导人更换是来了机会。他向老任报告，说哲学系的情况如何如何复杂，他的职称晋升本来是排在第二，就是被陈晏清一个人卡住，硬是不让他上。他描述的是一种多么可怕的局面！一个系主任竟如此横行霸道，这个系的人们无疑是在水深火热之中了。老任当作一个重大问题，很直率地跟我谈了。我先带老任看了一个材料。我打开档案柜，从一个密封袋里取出那一次职称评审委员会的投票结果和记录。七名委员投票，这位老兄只得了两票。我说："这第二是谁给排的？是他自己排的吧？"我这个人本来是个粗心大意的人，但这回我想到了要保存原始资料，还真派上了用场。说点谎话，向新来的领导报告点假情况，固然也很不应该，但还在可以容忍的限度内。所以，我没有想到要批评这位教师，也没有跟老任说更多的话。

第二年，这位老兄就做得更过分了。他气呼呼地闯进校医院的内科诊室，冲着封洫大夫喊道："封大夫，我得癌症了，都是陈晏清给害的，就是他一个人压着不让我上职称！"诊室里等候看病的六七个病人无不愕然。封大夫是我的湖南老乡，是我的好朋友，我们每天早晨在一起散步。这位老兄对着封大夫表演，就是因为封大夫可以及时向我转告他的"英雄行为"，可以吓唬吓唬我。这是一种什么行径！哪有一点大学教师的样子？我跟冒主任说："请你告诉他，必须做出书面检讨。否则，以采取不正当手段谋取职称论处。将来不论什么人、什么机构通过，我都坚决要求实行一票否决！"冒主任说："还是找他谈谈吧，要他做个口头检讨行了。"我说："不行，一定要书面检查，我要存档备案。"后来，他给我和冒主任写了个信，承认自己的行为不对，我也就不再说什么了。几年以后，这位老兄调到别的单位，不在我们的"治下"，但他后来的结局却非常糟糕，被开除党籍，取消教授资格。当我得知他的那种结局时，我的心情是非常沉重的。他也是寒门子弟，他的母亲守寡多年，把他养育成人是多么不易！我还曾经把他看作好朋友，1972年我的家属调进天津时，是先把户口落在他的家里。我也曾真心地希望他能干得更好一些，能有一个好的前程。他的问题是长时期不能从那种盲目的所谓政治优越感中解脱出来，总是以一副道德裁判员的面孔对别人说三道四，而很少想过如何要求自己、约束自己。也是由于这种优越感，他心气甚高，而客观的条件和主观的能力又与自己的期待不相匹配。这种"理想"和现实的紧张对立，使他常常陷入莫名的痛苦之中，从而不时搞出一些怪异的动作来，让正常人觉得不可思议。我甚至有过这样的遗憾：若是以前那些"代表组织"的领导人（自然也应包括本人在内）能有基本的是非观念，能针对他的那些恣意妄为进行几次严厉的批评，让他不跌破做人的底线，也许可以避免后来的这种结局。

解决另一部分人即我的人大校友们的职称问题就更让我作难了。"人大帮"是个政治性的概念，那种政治性意义上的"人大帮"是绝对没有的，但是，老同学之间在感情上更亲近一些，他们有更多共同的经历、共同的回忆，也就有更多的共同语言，更愿意互相交往，这是不可避免也无须避免的。而十多年的反"人大帮"的舆论，也会在一定程度上产生某种"弄假成真"的效果，他们为了防御共同遭受的威胁，更容易走到一起。这些都说明，老同学们会对我产生更高的期望，希望我能给他们一些关照，这也是非常自然、非常合乎情理的。但我又不能完全按他们所期望的去做，我必须坚守原则，一碗水端平。不仅如此。从内心里讲，我甚至希望在相同条件下，他们还能适当地让一让。不仅职称，其他资源的分配也是如此，因为他们基础较好，都具实力。但这些想法又无法同他们沟通，怕造成更深的误解。被某些人划进"人大帮"的，即人大哲学系61届、62届毕业来南开任教的人，中途走了几位以后，剩下来的不足十人，而他们的职称问题的解决整整拖了十年。显然不是他们在水平和业绩上真有那么大的差别，这主要是客观上的原因，特别是南开哲学系师资队伍结构极不合理的原因造成的。封毓昌、吴振海、童坦、冯贵俔、李祖扬等都程度不同地遇到了一些麻烦和挫折，而数李祖扬最为突出。那几位也肯定都有些不满，但并没有表露出来，而李祖扬则是"爆发"了。我就讲讲祖扬的故事吧。

1988 年，祖扬申报副教授职称。系里的职称评审委员会议来议去，最后一个难决的问题就是剩下一个指标给李祖扬还是给马俊迈。马俊迈也是人大毕业的，是马列主义基础系 60 届毕业后来南开任教的。按照某些人的划分标准，他同"人大帮"不沾边。论年资，马俊迈比李祖扬只是早毕业二年，而其高校教龄却比祖扬多出 20 年（祖扬毕业后在一所中等师范学校任教，1980 年才调进南开）。从已经显示的科研成果看，二人难分上下，但就实际的专业水平和潜力来说，大家都认为祖扬要优于老马。评委会里只是如此比来比去，对于指标怎么给法，却是谁也没有表示明确的意见。在一般情况下，这时候我是可以发表倾向性意见，甚至可以拍板的，但这回涉及祖扬，我就不能这么办了。我看得出来，若是有明显的理由应当由祖扬上，人们早就表态了，人们之所以不明确表态，多是碍于我和方克立的情面。我要是拍板把指标给了祖扬，那在实际上是同许多人心里的想法相悖的。会都开到 12 点多了，冒先生出了个主意：学校里不是提倡人才流动吗？流动优先，谁愿意流动就给谁。我并不认为这是一个什么好主意，但也没有别的更好的办法了，只得依此执行。

我和老马、祖扬都住在南开大学的西南村。从位于主楼的哲学系办公室下楼后往西走，第一家是住在 16 号楼的马俊迈家。但很不巧，我去敲门时，老马不在家（要是老马在家，即使挨了他的骂，我也不至那么难受）。第二家才是住在 35 号楼的李祖扬。我说明来意，说明评审委员会的意见后，祖扬满脸通红，怒目切齿，开口就是"你要赶我走？！"接着便不由分说，只顾自己发泄愤恨，怎么痛快怎么骂，一口气骂了十多分钟。我只得学习解放军，骂不还口。我们从同学到同事已近三十年，从来没见祖扬这么愤怒过。他是一下子"爆发"了，是心里掩藏多年的委屈、压抑再也按捺不住了。祖扬此时的心情我完全能够理解。我们是大学时的同班同学，我不过是比较走运，机遇较好，现在升了教授，还当了系主任，同他相比，已是处在一种相对的高位。这个事实本身就是对他的自尊心的伤害。到了这个时候，人家升个副教授还要讲究什么"流动优先"，而且这件事情恰好由我来主持，由我来亲口跟他说，他心里能是什么样的滋味？他说"我敲你家的门都是犹豫再三！"这句话如同在我心上狠狠地抽了一鞭子，我还能有什么力气去辩解？我什么话也说不出来了。要是像现在的风气，我可以跟他说，这不是要赶你走，可以先按"流动优先"把职称问题解决了再说，中国的事常常是此一时彼一时（事实上当年按"流动优先"拿到职称的人，后来基本上没有"流动"的）。可在当时，作为老同学或许可以说说这些话，但作为系主任，是代表学校、代表"政策"说话的，是绝对不能这么说的。这只能靠祖扬自己的"悟性"，可惜祖扬没有这种"悟性"。祖扬都急成这个样子了，这时候任何解释都是绝对不会有效的。我只好吞声（"忍气"谈不上）了。回到26号楼我的家时，已是一点半钟，老伴给我留的饭菜也凉了，我勉强咽了两口（真没有再吃第三口），便急匆匆地下楼，直奔学校的办公楼去，我要在两点钟上班前堵住师资处姚风仪处长的门。我向姚处长简要地说明了情况，说明了我的困难，并且说："我和方克立都是李祖扬的同班同学，我们做正教授都已经几年了，李祖扬还是个讲师，你不要去问李祖扬还能不能在南开大学待下去，你只要问我和方克立还怎么待？"情急之下，我还冒出了这样的话："你不给我这个指标，我立马辞职,我的辞职报告不会拖到明天!"这话听来带点威胁的性质,作为一个基层单位的负责人这么跟上级部门说话是不得体的,但这是我心里的话,不是用来吓唬人的。我从西南村走到办公楼,十几分钟的路,一路想的就是辞职的事,就是下的这种"不成功便成仁"的决心。但老姚很是通情达理,他并没有从歪处想我,当即答应增加一个指标,用来解决李祖扬的问题。两天之后,祖扬给我打电话,对前天的行为表示道歉,说他不该发火,不该骂人。我说:"你不必道歉,你没有错。是我没有把主任当好,也没有把老同学当好。"我心想,在当时南开哲学系的那种状况下,既要当好系主任,又要当好老同学,是很难很难的。

祖扬的事情,真可谓"一波三折"。几年以后他申报教授职称,又是前前后后折腾了他三年。第一年是系里教授投票时,他以二票之差落选,一个教授指标落到了一位中国哲学史教师身上,那位先生比祖扬大两岁,但大学毕业时间却晚了四年,是北京大学哲学系66届毕业生。此公功底甚好,业绩也不错。大家投票,这是无法左右的。第二年是在校评审委员会述职时,一位评委放了一发横炮把他打懵了。述职尚未进入实质内容,在开头介绍基本情况时,这位评委就发问(其实是一个无关紧要或不一定需要申报人回答的问题),祖扬一慌,连准备好的材料装在哪个口袋里都记不清了,在那里摸了半天。讲的是丢三落四,语无伦次,确实没有显出教授的水平,结果没有通过。我也是评委,也在场。我对那位评委的故意发难和拿腔作势深为憎恶,却也无力挽回局面。

在祖扬的事情上,凡是作为老同学能做的事我都做了,包括他的述职报告我都帮他准备,帮他逐字逐句推敲;凡是作为系主任不该做的事,我一概不做,例如利用手中的权力或操纵某个机构去解决问题，这类的事我都没有做过。在祖扬的事情上这样，在其他老同学的事情上也是这样。

（四）保持廉洁

公道和廉洁是密切关联的，都是讲的做人做事的原则性。干部廉洁不廉洁，当然也是人们最为看重的一个方面。我在前面讲过哲学的三种"贫困"，在我的任期正是哲学系最贫困的时期。做这种贫困系的系主任，廉洁的问题就更容易成为人们最关注的问题之一。但我在这里要讲的廉洁问题，不单单是作为一个干部或一个知识分子的纪律约束和道德操守的问题去讲的。单单作为这样的问题去讲没有什么突出的意义，因为这是一个不成问题的问题。就我所知道的当时各大学的哲学系主任来说，没有一个不是非常廉洁的。"哲学本身正是人的精神的故乡"（黑格尔语），最能显露哲学的本色的，正是在整个社会物欲横流的时候，它仍在守望着人类的精神家园。一个人如果脑子都让物欲塞满了，连不贪腐这种像"勿偷盗"一样最起码的道德操守都丧失了，他还怎么去做哲学系的系主任？所以，我这里是把廉洁的问题主要作为一个精神境界问题，作为一个怎样对待哲学系贫困的问题去讲的，而不是在通常的反贪污反腐败的意义上讲的，那样的问题南开大学哲学系从来不存在。我这里要讲的廉洁问题，多是涉及哲学系的办学思想方面的问题，这样讲，也是合乎逻辑的。如果一个系办得乌七八糟，办得只认钱不认别的东西了，你这个系主任还有什么"廉洁"可言？

1985年初我正式上任的时候，市场化取向的改革已初步展开（当时在理论上的提法是"商品经济""有计划的商品经济"，而不是"市场经济"），并已波及经济以外的领域包括教育领域。与之相伴的，是利益驱动机制在各个社会部门的全面启动。作为对于盛行多年的空头政治、平均主义这些假共产主义的反拨，这是有其重大的积极意义的。但是，究竟应当建立什么样的利益原则和利益机制，利益机制运用的限度和条件是什么，与此相关联，教育与市场经济应当是什么样的关系，如此等等，对这些问题当时在理论上还不甚清楚。在这些基本问题还没有搞清楚的情况下，所谓"利益驱动机制"的舆论在许多人头脑中留下来的就是一种简单而又混乱的观念：挣钱和分钱。各类各级学校都搞"创收"，都靠"创收"来建立利益驱动机制，即用"创收"得到的钱来给大家发奖金。于是，能飞的飞，能跑的跑，发疯似的搞钱。各个学校，以至一个学校的各个系科，都是各行其是，各显神通。哲学系飞不了也跑不动，只能办个什么班来收点学费。我把这种现象视为教育领域的乱象，思想上格格不入，从未想过出来做系主任还要准备干这种事情！

　　到 20 世纪 90 年代初，这种乱象更加严重了。我憋不住话，便在《天津日报》上发表了一篇题目叫作"市场经济与教育"的小文章，很小很小的文章，针对这种乱象发了一通议论。在文章里说，教育同市场经济的适应是从总体上的适应，而绝不是要把教育也搞成市场；市场的规则只是支配经济活动的规则而不能支配教育领域；教育为社会各部门培养和输送人才，它会受到人才市场供求状况的影响和制约，但市场供求关系是随机的、波动的、变幻不定的，而教育家头脑里装着的则应是"百年大计"；教育为市场经济服务有它自己所特有的方式，这就是培养为发展社会主义市场经济所必需的各类人才，而不是自己去办市场做生意；学校有条件地开展技术开发和咨询服务，兴办科技产业，使科技成果尽快转化为现实生产力，这体现了教育与生产劳动相结合的原则，在目前教育经费严重不足的情况下，也不失为弥补经费不足的一种措施，但对于办教育来说，也不能把它在经济上"创收"的意义提到首位；就目前的状况而言，教师即使全身心地投入教学工作，也不足以保证应有的教学质量，如果让他们还要拿出一部分甚至大部分精力去"创收"，教学质量不迅速滑坡才是奇怪的事情；教育经费不足、教师待遇偏低是个亟待解决的问题，但这要靠建立以国家财政拨款为主、辅之以多种渠道筹措教育经费的体制来解决，而不能采取违背教育规律的办法去解决。这些话，都是文章主要论点的原文照录（参见 1993 年 9 月 23 日《天津日报》）。这种在报屁股上发的小文章，是不会有多少人看的，看了的也不过看看而已，不会产生任何影响。但它记录了我当时的真实思想，而且我就是按照这种认识去做我的系主任，去办哲学系的。

从总体上说，我对哲学系搞"创收"不是持一种积极的态度。在当时的情况下不搞一点也不行，但我坚持要严格控制，要把办班纳入学校的教学体制，把它作为哲学教育事业去办，因此，要把保证教学质量放在第一位，而不能只是"向钱看"。我上任以前南开大学哲学系办过两个三年制的专科班，一个是 1981 年招收的二百多人的班，一个是 1984 年招收的一百多人的班。这两个班都办得非常认真、规范，培养了一批有用人才，他们中的许多人后来成为各个方面、部门的骨干，至今同哲学系保持密切的联系。这是南开大学办得比较早的成人教育班，我本人也曾是这两个班的主要任课教师。办这两个班，还为南开发展成人教育事业创造和积累了经验。当时哲学系的负责人赵文芳同志后来调任南开大学成人教育学院院长，显然与此有关。我上任后也吸取了其中许多经验，办了三个班，一个是受天津市委宣传部委托举办的培训对外宣传干部的专科班，连续办了几届；一个是国家教委备案的高校助教进修班；一个是经学校研究生院批准、与河南师范大学合作在河南省新乡市举办的硕士研究生班。这三个班，每班都是几十个人，规模不大。

办这几个班都是我直接主持的，在对待上，同体制内的本科生、研究生教育一视同仁，都有明确的培养目标，有精心制订的教学计划，都派出最重要的教授讲课、指导论文，而且管理规范，收费合理。因此，这几个班都获得各方好评。至于后来又办过什么高自考的辅导班，我就关注不多了。这种班，同哲学专业、同哲学系的教学工作关系不大，在我看来基本上属于商业性质的活动，不是系主任该管的事。这些事就交给主管行政的副主任王明江同志去办了，只要不出什么事就行。好在王明江办事谨慎，也捅不出什么娄子。

办这些班，规模不大，收费不多，加上各种扣除（学校就收走大部），所剩无几。用这点小钱去搞什么"激励机制"，那纯粹是不把自己当回事。分这点钱，无非是为普遍处于相对贫困中的教职工稍作贴补而已。因此，只能采取利益均沾的政策，人人有份，且差别不能很大。至于我自己，应该说我在哲学系是已经"脱贫"的人，那些年稿费、讲课费、评审费、奖金等已经不少。所以，系里"创收"得来的钱，我是能不要的就不要，能少要的就少要。"创收"的钱落到教职工身上是经过两条途径。一条途径是直接参与"创收"活动的，按劳取酬。讲课的教师拿讲课费，不讲课的行政人员（包括资料室人员）拿管理费。我是既讲点课，又做点管理，但我只要讲课费。王明江不赞成，说是我不要他也不好要，我说，我和你不一样，我是双肩挑①，但不能吃两套。再一条途径是作为年终奖，按工作量分给每个人。行政人员得平均数，教师按工作量多少分出等次，这个等次也只是几条大杠杠。每年我都坚持上面封顶，达到了多少工作量的算最高一等，再超过多少也不设等了。其实，封顶主要就是封我自己。我既做系主任，又上课、带研究生，

---

① 指既做教师又做管理人员的人。

还有科研，任务很重，工作量要超出预设的最高等级许多许多，如果上不封顶，我就会在系里"创收"的钱里占去很大一个份额。办班你不怎么积极，分钱的时候你一个子儿也不能少要，这"财主"当得有意思吗？听说南开有一位系主任，运动会时每人发一身西服，他说自己是系主任，要加一个坎肩，以示区别。这系主任当得有意思吗？我这么做倒不是为了给自己树立一个什么"廉政"的形象，而是认为从道理上说应当这么做。当然，在客观上，这对于凝聚人心、团结队伍共同度过困难的时期，也是起了一定作用的。

（五）建立正常的工作秩序

我是个"双肩挑"，而且按照绝大多数人靠右肩挑担子的习惯，我是把教学与科研放在右肩上的。做系主任只是个临时差事，尽管后来糊里糊涂地拖了十多年，那也还是临时的，我的主要工作是当教师。既要做好系主任，又更要搞好教学和科研，这在当时的大学里也不是件太容易的事。我不像许多老前辈，他们做大学系主任的时候已是功成名就，仅凭他们在学术上的声望就可以把一个系管得好好的，我这情况就不同了。我正式进入真正意义上的学术活动，满打满算也不过六七年的时间，学术上还处在一种起步的时期。我为什么出来做系主任？还不就是为了给大家也给自己搭个好点的窝，搭个适合于学者的窝。如果因为做系主任而耽误了学问，那就事与愿违了，到头来，学问没有做好，系主任也会因为自己学术上没有长进而当不下去的。像南开这样的学校，是容不得一个不学无术的人在系主任的位子上瞎吃喝的。我不能把两个肩膀都搞得软绵绵的，至少应该有一个比较硬朗的。两个半吊子合在一起还是半吊子，我应当明白这个道理。所以，我必须找出一条两不耽误的路子来。

我想，最重要的是建立一种良好、稳定的工作秩序。事情不怕忙而怕乱。忙点，可以通过提高工作效率来解决；乱了，即使做的事情不多，也会搞得心神不定，顾不上还去做什么学问的。按说，一个小小的哲学系的事情，也忙不到哪里去，关键是不要凌乱无序。因此，我给自己想出了一个办法，就是每天的上午十点到十二点去办公室坐班，其他时间不去。这样，可以把处理公务的时间和自己业务活动的时间明确地划分为两个区间，互不掺和，互不干扰。早晨看书写作两个小时后，脑子已经有些疲劳，也正需要出去活动活动。看书写作是一种强脑力劳动，相对而言，去办公室转转就基本上可以算作一种体力活动了。改变一下活动方式，也是一种休息。这样，可以将因公务耽误的时间减少到最低限度。这个账我是算得很明白的。只要不出差，或去学校开会以及其他意外情况，我十点左右准到办公室去，风雨无阻。这个办法实行了一个不长的时间之后，大家就都习惯了，适应了，有什么事情都知道到办公室谈，而极少有跑到家里来找的。

这种办法在当时能够行之有效，是有它的特定条件的。

首先，是那时候的事情不像现在这么多。现在的系主任（都该叫"院长"了）已是再不能分出上班下班了，成天疲于应付，谈起这种差事总是叫苦不迭。我的这种办法似乎行不通了。但现在的这种现象是否正常、是否合理？若真属正常，系主任（院长）只会越来越忙，那么，将来的院长们该怎么当？由什么人来当？我想，院长们都该清理一下，到底哪些事情是应该做的，哪些事情是不必去忙的。只要用心，总会找到合适的答案和解决办法的。

其次，建立正常稳定的工作秩序的基础和前提是政治稳定。我的那种办法只适用于院系工作的常规运转。如果一个院（系）总有人闹纠纷，甚至闹"地震"，那就决然谈不上什么两小时内外的区分，像现在的"维稳"那样。所以我想，做系主任（院长）这类学术行政工作的人，决不可轻视政治工作。过去有些人批判我是"业务党"，那是他们找了根打人的棍子，实际上我是很看重政治工作的。

最后，最重要的是有一个团结合作的工作班子。在我做系主任的 13 年里，先后更换了五任系党总支书记，除了一位同志因为工作关系以外的原因不得不调离南开，其他几位都是配合默契，合作得非常好的。同时，学校给系里配了一名常务副主任，事务性的工作就全部交给他去做了。对于这位常务副主任，我完全放心放手，一再向他申明，只要不是由于个人违法乱纪搞出来的问题，都可以往我身上推。那顶乌纱帽对他们来说至关重要，而对我来说却完全是无所谓的，它本来就是可有可无的东西，随时都可以摘去。但事实上，他不可能给你捅什么娄子。这位同志不怎么精明，这反倒不是坏事。他能照章办事，把一些杂事挡住就可以了。更加有幸的是，当时哲学系有一位非常好的办公室主任张景荫，他办事非常认真、细致，责任心极强。不论大事小事，他的小本本上都记得清清楚楚，随时查阅，随时敦促落实。这特别适合于配合我这种粗心大意的人。这是一位既肯实干又懂政治的同志，后来做了校党委的组织部长。我做系主任的那些年，能够不费很多时间和精力又保证哲学系这部机器的正常运转，像景荫这样的一批工作人员的配合和努力是最重要的因素。如果说有了点什么成绩的话，那主要应归功于他们。

如果有人要问我，做了 13 年的系主任到底有什么经验？我的回答是：真经验只有一条，那就是不把系主任当"官"去做。系主任本来就不是官，如果还有模有样地真把它作个"官"去做，那就难免遭受官场习气的污染，乃至背上一些完全不必要的思想包袱，去干一些同学科学术的发展并无实质性关联的事情。

三、沉重的责任

做个系主任，责任当然是有的，但一般说来谈不上多么沉重。管一个小小的系能有多沉重？可从我上任时的心情来说，还真的是有那种沉重感。南开的哲学学科基础极差。1952年的高校院系调整，南开哲学学科几乎是被连根拔掉，没有留下任何东西。1962年哲学系重建时，中国社会已经进入或正准备进入一个非常时期，没有什么学术活动，当然也就谈不上什么学术建设和学术积累。"文化大革命"结束之后，中国社会处在一个极其重要的历史转折时期，各个领域，当然也包括教育领域，都面临着历史性的转折。哪个领域、哪个单位转变得快、转变得顺利，这个领域、这个单位就有可能获得大踏步的发展进步。可惜，南开哲学系的这个转折又是姗姗来迟。一部分人在争分夺秒，努力构筑自己学科的学术高地，还有一部分人却仍在那里折腾一些毫无意思的事情。谁要是往上走一点，他就惦着把你往下拽一点；谁要是能够打出去，你打到哪里他就想把他的臭鸡蛋给甩到哪里。这是一个简简单单的算术问题，加减法问题。一加一等于二，一减一等于零。南开哲学系本来就穷得很，论基础本来就同许多兄弟哲学系差距很大，如果还在那里一个劲儿地做减法，最后就会减得一无所有，减成一个地地道道的"光蛋"。做个系主任，就是要做好"加法"，制止"减法"，并且要加紧工作。因为这个转折时期，是一个学界（各行各业都如此）重新洗牌的时期。"加法"做得好，工作抓得紧，就有可能改变原来的格局，给这个系争得一席之地。这个转折正好就发生在我的任期内。在我的三年任期内，如果局面还没有明显的变化，南开哲学系同其他院校哲学系的距离就会进一步拉大。到那时候再想追上去，就只能等待奇迹出现了。这就是我的"沉重感"之所在。

我在前面讲的一些东西，也包括刚才讲的"加减法"之类，都是一些"外围性"的东西，都是服从和服务于南开哲学系建设的核心的。哲学系建设的核心是学术、学科的建设。所谓历史性转折，也就是要把全部活动的中心转到学术、学科的建设上来。因此，必须把学术兴系的旗帜举得高高的，南开的哲学系尤其应当高举。哲学系为什么尤其应当高举？这一方面固然是因为哲学系学术基础太差，另一方面，当时哲学系的政治状况也只有依靠高举"学术兴系"的旗帜才能有效地得到改善。把工作重点切切实实地转移到教学科研上来，在全系迅速形成尊重学术的风气，这就会把话语权实实在在地优先交给那些努力做学术的人们。哲学系该怎么办，先听听他们怎么说。这样的局面一旦形成，谁还想折腾那些没有意思的事情，他自己就会慢慢地觉得没有意思了。当时学校有一个提法叫作"学科建设是龙头"，喊得十分响亮。对这个提法我非常拥护，而且关于这个"龙头"，我在系内系外讲过许多话，算得上是个为之"大喊大叫"的人。哲学系办得好还是不好，主要就看它的学科发展状况，看这个系在全国哲学学科中的学术地位有没有提升。

南开大学在"文化大革命"前有九个系，"文化大革命"后又建立了一些新的系，我做哲学系主任的时候，全校已经有了大约 20 个系。九个老系是数学系、物理系、化学系、生物系、中文系、历史系、哲学系、经济系、外语系。相对于新系而言，哲学系也算是个老系，而在九个老系中它又是个新系。哲学系在南开的地位，就是这样不老不少、不上不下，而按其基础和实力来说则是明显偏下的。在我心中确定的学科建设目标，是经过一个时期的努力，达到南开的中等水平，南开各学科的平均水平，也就是能够与南开的整体状况和地位相匹配的水平。像南开这样的学校，没有一个比较像样的哲学学科是绝对不行的。哲学学科办得太差，会使整个学校难堪（就我个人的体验来说，我经历中的几任南开校长里，滕维藻校长是有这种见识的）。但要把哲学学科办成很强大的学科，这基本上是不可能的，对南开这样的学校来说也是不必要的。达到南开的平均水平，这在我看来已经是一个不低的目标，是一个不可轻易实现的目标，当然，它又是一个必须实现的目标。

在哲学系学科建设研讨会上讲话

哲学系各学科的发展很不平衡。有几个学科已经取得或有可能取得某种相对的优势地位，而有些学科则相当薄弱。哲学系要改变局面，就要使已经取得一定优势地位的学科保持和巩固这种地位，使可能取得优势地位的学科尽快取得这种地位，使薄弱学科得到充实加强。我当时的心思主要用在前者。这理由是很明显的。南开哲学系要在重新洗牌中改变原有的格局，没有几个处于相对优势地位的强势学科是不可能的。我还认识到，像南开哲学系这样"白手起家"的系，所谓优势学科或强势学科，必须是有自己的特色或特长的学科，是与众不同因而能够引人注目的学科。那种平平庸庸，只是多写了几篇文章、几本著作的学科，不可能成为优势学科。它如果是在一些老牌强系，对于巩固这个系的优势地位或许还有意义，但在南开哲学系这样的系，对于这个系在重新洗牌中争得一席之地，则几乎没有什么意义。这样一种认识，成为我后来主持学科建设的一个基本思想。

逻辑学是在哲学系重建后的一个时期唯一可以以南开学术的名义说话的学科。学科带头人温公颐教授是南开哲学系重建时的系主任，是老一辈的哲学史家和逻辑学家。"文化大革命"结束后，他已是耄耋之年，但仍笔耕不辍，继续他的中国逻辑史的研究和著述，先后出版了《先秦逻辑史》《中国中古逻辑史》等著作，主编了《中国逻辑史教程》。1981 年，国家首批评审学位授权点时，以温先生的成就和声望，这个学科获准建立了博士学位授权点。这是南开哲学系建立的第一个博士点。这个博士点的建立不仅对逻辑学科而且对整个哲学学科的发展都起了重要的推动作用。温老先生的治学精神也深深地感动和教育了南开哲学系的年轻一代。但是，这个学科也是问题多多，令人忧虑。中国逻辑史的研究，继续开拓的路子比较狭窄，从学术上说，它只局限于普通逻辑的范畴。从长远发展看，这样的一个研究方向是不足以长久、持续地支撑一个博士点学科的。1984 年，教育部又批准南开大学建立逻辑学本科专业。申请建立逻辑学专业的报告是在我上任前打上去的，据说，这个申请报告的最重要的支撑材料是一项关于河北省缺乏形式逻辑教师的调查报告。教育部的批文下来后，有的人异常兴奋，我却不以为然。在我看来，申请的人和批准的人都缺乏应有的学术眼光，都不大明白像南开这样的学校应当办什么样的专业，逻辑学专业应当办成什么样子。这是我上任后接手的一块烫山芋，烫得很又不敢扔。我不能给任何人泼冷水，毕竟申办逻辑学专业还是为了南开哲学系的发展，动机绝对是良好的。这个申办报告既然被批准了，那就是个既成事实，就必须承受、担当，就只能把它办起来，且决不能让它在我的手里弄黄了。这是我应当采取的基本态度，不能动摇。后来逻辑学专业在办学过程中遇到种种麻烦、困难和挫折，我都是保持这个态度。20 世纪90 年代初，教育部开会讨论修订本科专业目录，我还是哲学组的召集人。教育部提出的修订方案里就有砍掉逻辑学专业这一项。当时我和北京大学哲学系的叶朗主任联名上书，保住了这个专业。砍掉逻辑学专业之议，时有发生，现在也没有停止。所以，对于逻辑学专业的生存、发展，我不能不给予更多的关注，但我的能力又十分有限。逻辑学虽然是哲学的一个二级学科，但它的独立性比其他的各个二级学科都要大一些。我本人那点逻辑学知识可怜得很，只是在上大学时跟着王方名先生学了点形式逻辑，对于逻辑学科真有"隔行如隔山"之感，完全没有能力去管理一个逻辑学专业。大学的系是一个最基层的学术行政单位，决不能奉行"外行领导内行"那一套。我只得把崔清田先生请了出来，由他负责逻辑学专业。没有给他"专业主任"一类的名分，所以他一直自嘲是个"崔负责"。但他在工作上尽心尽力，克服各种困难，把逻辑学专业撑了起来，并取得了重要的成绩。崔先生功不可没。但逻辑学科的建设始终是困扰几届系主任（院长）和逻辑学科老师们的问题。一方面，中国逻辑史是南开逻辑学科的基础和特色所在，无疑应当继续保持这一优势；另一方面，又必须加紧向现代逻辑的研究方向转变，并尽可能地利用南开理科特别是数学学科的学术资源。在我做系主任期间，这种想法是很明确的，并且曾向理科的一些先生如胡国定先生等请教过，只是由于种种客观条件的限制，这种设想一直未能付诸实行。到21世纪初，在王南湜的系主任的任上，引进了任晓明、李娜等几位教授之后，这种局面才逐步有所改变。

　　温公颐先生同逻辑学科负责人在一起（从右至左：温公颐、田立刚、崔清田）

拜访前来参加逻辑学科博士答辩的前辈学者李先焜教授（左一）、蔡伯铭教授（左二）

中国哲学史学科由于方克立教授加盟南开而有了根本性的改观。方克立领导南开的中国哲学史学科以后，在注重学科的基础性建设的同时，不断开辟新的研究领域和研究方向。他倡导中国哲学范畴的研究，特别是倡导现代新儒家的研究，迅速开创了中国哲学史研究的新局面，大大提升了南开中国哲学史学科的学术地位和学术影响。方克立研究哲学史的最重要的特点和优点，就是注重理论、注重现实。注重理论，史论结合，就会使得对于历史的研究有深度，对于理论问题的解决也有力度。所谓注重现实，是关注历史研究的现实意义，使学生听你的课、读者看你的书时既有历史感又有现实感，不论你讲述多么古远的事情，都能对他思考现在的事情有启发、有意义，而不是时时处处都直截了当地把历史当作镜子去映照现实，直接用过去的理论去回答现在的问题。那是"古为今用"的一种简单低级的形式，有时甚至可能沦为一种庸俗的形式。方克立的中国哲学史的教学和研究不是这样子的。据我观察，在南开大学，在我的同龄人中，除方克立以外，还有哲学系的冒从虎、历史系的刘泽华，都是在这方面做得非常出色的哲学史家、思想史家，我一直对他们十分钦佩。方克立、冒从虎两位教授对于南开哲学的最重要的贡献，就是培育了这种哲学史研究的优良学风，永远值得发扬。

参加中国哲学学科博士学位论文答辩会（从左至右：陈晏清、吕希晨、罗国杰）

　　西方哲学史学科因为有冒从虎、车铭洲两位优秀的带头人而成为当时南开哲学系的一个很强的学科。论实力，它不低于其他任何一个学科。1980年评定高级职称时，滕维藻校长、胡国定副校长等领导果断拍板，在哲学系同时晋升四名 20 世纪60年代初大学毕业的年轻教师（冒从虎、车铭洲、方克立、陈晏清）为副教授。那时，恢复职称评定的工作刚刚启动不久，人们多习惯于论资排辈，这个年龄和资历的人晋升高级职称的很少很少。一个小小的、总共三十来名专任教师的哲学系同时晋升四名年轻人，这在学界引起了广泛的关注。这件事情对南开哲学系后来的发展产生了难以估量的重大影响，也足见当时学校领导人那种教育家、学术家的胸怀和眼光。此事暂时按下不表。当时，在学界就有所谓南开哲学的"四大金刚"之说（说实在话，我对这类称呼极不欣赏，尽管这是完全出于好意）。在这四个什么东西里，西方哲学史学科就占了两个，百分之五十。而且，结构非常合理。冒从虎领衔西方古典哲学的研究，车铭洲领衔西方现代哲学的研究，两位都有高水平的论著发表，大大提升了南开西方哲学史学科的学术地位。但是，由于内部不和，互相消耗，结果每况愈下，多少年下来，连个博士点都没有建立起来。这是一个"1-1＝0"的典型事例。说真话，造成这种结局，当时的校领导在一些事情上处理不当也应负一定的责任。1986年申报博士点时，就是因为这个学科的主要带头人不明确而不好定夺。1989年再申报时，吸取了这个教训，明确了主要学科带头人。哲学系填报的材料是将冒从虎作为主要带头人，这理由是很明显和充足的。虽然学科是以学校为单位组建的，是可以打破系、所界限的，但学位教育的组织管理工作还是由该学科所在的系所实施的。冒从虎是哲学系西方哲学史教研室主任，是这个学科的名正言顺的带头人，而车铭洲已调任政治学系系主任，只是仍在哲学系招收和指导研究生。如果冒从虎不够资格，当然是可以请车铭洲来领头的，但论年资和学术水平、学术影响，又没有理由分出高下。老冒和老车都是北京大学哲学系毕业的；老冒于1960年毕业后来南开，老车于1962年毕业后来南开；他们是同一年升的副教授，也是同一年升的教授；老冒是全国外哲史学会的常务理事、副秘书长，老车是理事。但材料报到学校以后，研究生院根据领导指示，把他们二位的位置倒转了过来，由车铭洲做主要带头人，冒从虎做"梯队"成员。老冒不干，怒发冲冠，跑到研究生院去索回自己提交的全部材料，退出申报，声明："我不给任何人当梯队！"

时任校长大为光火，亲自给我打来电话，要我跟老冒谈谈，并且说："南开大学不是开店，谁想开就开，想关就关。"我这次又"犯上"了。我说："我完全不同意你说的这些话。南开大学到底是谁在开店？他老冒一个普通教师能开什么店？我不能跟他谈，我去谈只能给你帮倒忙。"结果他让时任校党委副书记王荫庭同志去谈。老冒跟我说，他和王荫庭谈了一个来小时，王副书记自始至终只是重复一句话："哦，原来是这样！"这个博士点的申报就这样搅黄了。老冒也在此后不到三个月，因为白血病急性发作医治无效去世了。后来听到一些传言，说南开西方哲学的博士点未能建立起来是因为我不支持。我不知道这种话有没有人相信。增加一个博士点，当时对于哲学系来说是多么重大的事情！我作为系主任，巴不得我管的哲学系成为全国第一、世界第一，我怎么会不支持乃至阻挠西方哲学史博士点的建立？说我糊涂，也不会糊涂至此！西方哲学史学科从此一蹶不振，成为后来几任系主任（院长）的一块心病。这是一个严重的教训。21世纪初，因为申报一级学科博士学位授予权，引进了钱捷教授以及几位年轻学者，这个学科正在复兴。前两年，钱捷又离开南开，但几位年轻人势头很好，这个学科的振兴是有希望的。

马克思主义哲学学科也因为杨瑞森、杨焕章等人加盟南开而有显著的增强。在那一个时期里，这个学科可以说基本上是所谓"人大帮"的天下，几个三级学科或研究方向的带头人都是我的人大校友。封毓昌和我教哲学原理，封先生特别在认识论、辩证法、逻辑学方面有专深的研究；吴振海多年从事马列哲学经典著作的教学和研究，是南开马克思主义哲学史学科的带头人；杨瑞森和冯贵儞研究毛泽东哲学思想，杨瑞森还是教育部统编教材《毛泽东哲学思想概论》的主编。应当说，这个

队伍是相当整齐的。这些学术骨干都是人大哲学系 56 级、57
级的校友。因此，人大马克思主义哲学学科的传统，包括它的
优点和缺点，都基本上被移植过来，以至我后来不得不下很大
的决心和很大的力气，把南开和人大区别开来。这些校友感情
融洽，理论倾向一致，很容易形成合力，不论在学术观念上、
学风上和团结精神上都为这个学科的发展打下了良好的基础。
马克思主义哲学学科是我所在的学科，关于这个学科发展过程
的更详细的情况，我将在下一个题目里做专门的叙述。

　　上述几个学科是相对强盛的学科。其实，就南开的情况来
说，几乎所有的二级学科（逻辑学除外）都是从零开始，都是
在同一条起跑线上，无所谓优劣高下。后来拉开一些距离，各
有原因，值得认真研究。先拿科技哲学来说吧，它的基础本不
次于其他许多学科。1962 年我一来南开，就知道这里开出了自
然辩证法的课，有刘珺珺老师，还有一位名叫龚兰芬的老师（我
来南开之前她已调离，未曾见过面），不久后又有从北京大学心
理学专业毕业的王玉兰老师加入。刘珺珺是当时哲学系仅有的
三名讲师（不包括河北省讲师团来的"讲师"）之一，在我心目
中是很有学问的人。南开大学又有强大的理科，特别是数学和
理论物理，可以为这一学科的研究、发展提供难得的资源。这
个学科同逻辑学科有些类似，是较少受到意识形态斗争的干扰
的学科，即使在"文化大革命"期间也做了许多工作。"文化大
革命"结束后，恢复研究生教育，它是南开哲学系最早（1979
年）招收硕士研究生的学科。1979 年、1980 年又先后有张俊心、
李祖扬加盟。要是弄得好，南开的科技哲学是有可能走到许多
兄弟哲学系的前头的。但是，没有弄好。分别地看，每位老师
都做了不少工作，都很有成绩；但合起来看，作为一个学科去
看，却可以说什么也显示不出来。这个学科的要害问题是缺乏

团队精神。谁的意见也不听，或者说谁也拿不出让大家愿意听的意见，形成不了大体一致的学科发展理念，也就缺乏必要的凝聚力。我当时也曾试图做些协调工作，但无济于事。这是一个应当汲取的教训。

美学的情况与科技哲学有所不同。科技哲学争吵太多，美学是没有争吵，从来没有。就办学背景来说，美学是所有哲学二级学科里最好的一个学科，在哲学遭受冷落的时候，美学却还是非常热门的。美学学科的问题是抓得不紧，没有学科建设的紧迫感。我在任上时，曾多次对童坦先生说要注意选人留人，但这件事情没有办好，或许是美学的研究生出路较好，南开留不下。结果，多少年下来，还是他和王兴华先生一起唱"二人转"，一个教美学原理，一个教中国美学史。等到他们退休时，美学的课都几乎开不出来了。当然，这个责任主要在系主任。这也是教训。

伦理学本来有一位非常优秀的学科带头人，是我们的"人事工作"把他做跑了。我的大学同班同学温克勤，于1979年初从天津市委宣传部调来南开哲学系从事伦理学的教学和研究。他的夫人当时还是津郊农村的户口，这给他生活上造成许多困难，所以，1982年他向南开大学人事处提出要求，希望解决夫人的城市户口问题。从当时的政策开放程度来说，这已经不是件太难的事情，但遭到了拒绝。人事处的一位干部说："你要南开大学这块牌子，你老婆现在就只好是个农村户口；你老婆要变成城市户口，你就得丢了这块牌子，换个别的地方去！"这是些什么话！老温只得去了天津社会科学院。后来在天津社科院做了哲学所、伦理学所的所长，主编全国性伦理学刊物《道德与文明》，成为著名的伦理学家，1986年就晋升为研究员。要是他能留在南开，南开哲学系的伦理学学科何至于这般糟糕。

我当时甚至怀疑,人事处的这位干部是不是直接或间接地受到了所谓"人大帮"舆论的影响,要不怎么能够冒出这种极不像话的话来。

现在回头去想想,要是在系里当家的人(当然首先是我本人)能多用些心,能做出更多的努力,这几个学科的状况也是能够有所改变的。我之所以在这几个学科上用心较少,同我思想认识上存在误区有直接的关联。那时候,学界普遍认为,决定一个哲学系的学术地位的主要是"马中西"(即马克思主义哲学、中国哲学史、西方哲学史),有人把它称作"一体两翼",我深受这种观念的影响。20世纪80年代的时候,看一个哲学系强不强,主要看马克思主义哲学学科;后来,90年代后半期以后,似乎变成了主要看西方哲学学科。像伦理学、美学、科技哲学乃至逻辑学这些学科,对于构成一个哲学系的某种特色有其意义,而对一个哲学系的学术地位则没有决定性的影响。所以,我对西方哲学学科的衰落是很忧虑的,但对上述几个学科却没有太大的危机感,只求能够应付日常的教学任务而已。这是一种认识上的片面性。这种观念是在长期存在的学科分立的局面下形成的。再加上90年代的初期、中期,高校的办学环境没有太大的改善,甚至还有局部性的恶化,尤其是基础学科,包括人文学科。高校的人才流动往往是单向流动,出的多、进的少,结果变成了人才流失。那些年,每年的人才招聘指标都用不完。像美学、伦理学等学科也曾想调点人进来,曾和一些兄弟校系联系过,但我们想要的人都不愿意来。办不了,就不办了,得过且过,不愿再做进一步的努力。直到2000年申报一级学科博士学位授予权时,才真正认识到这种局面已经构成了哲学系的严重危机。事实上,哲学的各个分支学科本来是相互关联、相互支持的,过去形成的学科分立的局面是哲学学科建设的严重失误。因此，仍然抱着"一体两翼"之类的陈旧观念是办不好哲学系的。如果其他分支学科不能获得相应的发展，到头来，那所谓"一体两翼"的强壮也是保不住的。跛足的人是走不了正常人那么快的。直至今日，我对自己主持学科建设上造成的这种失误，仍然怀着深重的负疚感。

1986 年国家第三批评审学位授权点时，马克思主义哲学和中国哲学同时获准建立博士学位授权点，这是南开大学哲学系发展史上最为令人振奋的事情之一。这两个博士点的建立，使南开哲学系一下子跃进到了高校哲学系的前列。那时候，高校的评估没有像现在这样庞杂的评估体系，主要就是看博士点的数量，按博士点数量排序。1986 年评审后，人大、北大的哲学系各有 6 个博士点，武大和复旦各有 4 个博士点（随后不久学科目录做了修改，将"辩证唯物主义与历史唯物主义"和"马克思主义哲学史"合并为"马克思主义哲学"，将"外国哲学史"和"现代外国哲学"合并为"外国哲学"，这几所学校的哲学系在博士点数量上都减少了一个），紧挨着的就是南开，3 个博士点，位居第五。从南开校内的情况看，那时全校共建了 28 个博士点，全部建在文、史、哲、经、数、理、化、生等 8 个老系，其中理科 12 个，文科 16 个。文科的 16 个博士点里，经济学科（含企业管理）就占了 7 个。从表面上看，哲学系已经达到了南开大学的平均水平。但是如果把这种表观视作真相，去做这样的自我评价并且因此而沾沾自喜，那就是地地道道的自我膨胀。这 3 个博士点都是一个教授建点（温公颐、方克立和我）。后来申报博士点，都必须有 3 名以上的教授。按照这个标准，我们没有一个点是合格的。这说明，我们这三个博士点的基础都是很脆弱的。博士点学科尚且如此，其他学科就更不待说了。所以，这 3 个博士点的建立，虽然表明在学科建设上取得了一些进展，但我们的哲学系整个说来还是不合格的，同我们确定的学科建设的目标还有相当大的距离，我觉得肩上的责任仍很沉重。

到 20 世纪 90 年代的中期，我甚至产生了一种恐惧感。那几年，哲学学科的办学环境进一步恶化，师资队伍得不到必要的补充。封毓昌先生在 20 世纪 80 年代初就曾发表过预言：世纪末将是哲学系的人们集体退出历史舞台，那时，真正的危机就可能发生了。哲学系教师的主体是"30 后"，占教师的大多数，20 世纪 90 年代这些人将陆陆续续进入花甲之年，即退休的年龄。加上学校及其他相关部门毫无节制地从哲学系抽人，想抽谁就抽谁，一批重要的学术骨干还在他们正当年的时候就早早地离开了哲学系，杨瑞森、车铭洲、刘珺珺、方克立等纷纷调离，另外冒从虎、吴振海等又过早辞世，哲学系快成了一个空壳。本应未雨绸缪，及早补充师资，但由于前面所说的办学大环境的原因，面对这种局面真是一筹莫展。我对哲学系的前途也很是悲观，不知道这个关口能不能过去。90 年代初，也曾有两个单位打过我的主意，我也确曾有所心动，有过离开南开的念头。那不是因为有什么巨大的利益诱惑，例如安排个什么"局级"职务之类，而主要是感到自己肩上的包袱太沉重了，想一卸了之。当然，这种动摇不算特别剧烈，持续的时间也不是很长。原因呢？一方面是对新的去处心存畏惧，毕竟自己已是五十开外的年纪，精力也大不如从前，到哪里都干不成什么大事；另一方面也是对南开、对我的学科有所留恋。最后还是留了下来，走一步瞧一步吧！1994 年，国家教委批准南开哲学系建立文科基地。我从这里多少看到了一些希望，情绪渐渐稳定了下来。回头想想，真是后怕。要是当时一念之差，心思往另一边摇摆的劲头大一点，真的走了，那不论对我本人还是对南开哲学系，后果都不堪设想。

　　国家文科基地建立起来以后，再加上其他方面的政策调整，日子越来越好过了一些。1997 年 5 月，免去了我的系主任职务，由阎孟伟接任。我在这个岗位上蹲了十二年有余。在免去哲学系主任之前，1995 年 2 月，南开大学组建人文学院，我又稀里糊涂地当上了这个人文学院的院长。某日，在第七教学楼开中层干部会。参加这种会，在一般情况下我都是坐在最后的一二排，如果听得不耐烦了，便于出去抽支烟，活动活动甚至溜号。散会后，我拔腿就走，走得又快，到大中路的小礼堂旁时，党委主管组织人事工作的副书记王荫庭同志骑着自行车追了过来："你怎么走这么快，一散会就不见人影了。"我说："你有什么事？"王书记的回答直接而简单："要你当院长！人文学院酝酿这么长时间，已经决定成立，请你出来当院长，马上就下文。"这事，这之前我一点也不知道（后来人文学院的一些老先生对我说，他们早就知道）。1994 年之后的一两年，正是我的健康状况最糟糕（严重脑供血不足）的时候，又已是"奔六"的年纪，所以这个消息并没有给我带来太大的兴奋。好赖我还算是个明白人，我看得出来，这个人文学院只能是个空架子，是那一阵子一股建学院的风刮出来的，没有多少事情需要我去做。这个学院包括中文系、历史系、哲学系、东方文化艺术系、图书馆学系、历史研究所、古籍研究所、拉美研究中心等八个系所，几乎是南开的小半个文科。这么大的学院不可能成为实体，院长也就多是一些上传下达、左右协调的行政性的工作。恐怕这个院长才真可以叫作"金刚"（看门的）呢，没有多少需要操心的事。而且，还可以趁此机会赶紧把哲学系的系主任职务免掉。所以，我不推不让，服从"命令"了。

在 1995 年 6 月 14 日举行的南开大学人文学院成立大会上讲话

在人文学院的几年，我的心思主要还是用在哲学系。系主任的职务免掉了，但那个沉重的"包袱"还是卸不下来。当然，同继续做哲学系的系主任还是大不一样的。

学术家园的营造

一、博士学位授权点的创建

1981年《中华人民共和国学位条例》实施后，国家已于1981年和1984年建立了两批博士学位授权点，但数量很少，博士生导师都是享有很高声誉的老一辈科学家。就拿南开来说，这么大的一所大学，当时也就15个博士点，二十来名博士生导师，他们都是极可尊敬的人物。因此，我对博士点、博士生导师都抱着一种神秘感，觉得高不可攀。1981年晋升为副教授之后，我的老同学温克勤鼓励我："再写六七本书就可以升教授了。"六七本，那要写到哪年去？当个教授都还有那么大的距离，当博导就更是遥远的事了。

1984年，学校研究生处发下一个登记表，是为申报第三批博士点摸底的，谁都可以填。听说某系一位资料室的工作人员也要了一份去填，好像不填白不填似的，人们都觉得好笑。这时候，中国的高等学校里还真有不少人不知道这博士到底是方的还是圆的。我和哲学系的几位副教授虽然也都填了，但我绝没有想到要正式申报，顶多只是想根据建立博士点的要求做几年努力，准备好条件再争取申报。

1985年初开学不久，学校正式部署了第三批博士点和博士生导师的申报工作，并且同意和支持由我领头的辩证唯物主义与历史唯物主义学科申报。我觉得很意外，因为这时候我还是个副教授。当然，学校的领导可能认为我已经具备了教授资格。1983 年后，不知出于何种考虑，职称评定工作暂缓进行，教育部根据中央领导同志的指示于 1984 年在北京的少数高校搞特批教授的试点，南开也报上去 10 人，其中包括我在内。因为南开本不在试点范围内，只是闻风跟进，便只由评审会的工作机构挑出两人（文科的方克立，理科的史树中）上会，其他 8 人全部退回。但至少说明南开是认定了我可以做教授，甚至可以做博士生导师的。按规定，副教授作为博士生导师和博士点学科带头人申报，必须有两位老博导推荐。于是，师兄封毓昌于 5 月 12 日专程去北京恳请肖前、李秀林老师做推荐人，二位老师欣然应允。我至今保存着肖前老师推荐书的原件，十分珍贵。只是我疑惑肖老师的推荐书为什么还留原件在我手里？是不是因为他是学科评议组召集人不宜做推荐人？这我一点也想不起来了。

那时候的审批极严，尤其对我这样资历很浅的年轻人。学校报上去以后，要过两道关口。一道是教育部学科评议组的关口，一道是国务院学科评议组的关口。每道关口都要进行两次投票，一次是对博士生导师候选人个人的投票，一次是对学科的投票。每次投票都须评议组成员三分之二以上赞成才能通过。所以，我总是认为，像我这样的情况，申报只是一厢情愿，绝无"志在必得"的雄心。没想到，年底在教育部的评审中竟然顺利通过了。

教育部的评审结束后不久，1986 年 1 月，我参加中国哲学家考察团赴珠江三角洲地区考察。考察团 10 人中，就有 5 人是国务院哲学学科评议组成员，占了一半，而且，我们之间朝夕相处将近一个月的时间，这正是一个"拉关系"的大好机会。但是，在这二十多天的时间里，我却没有向他们中的任何人提过申报博士点的事。就是肖前老师，我们是那么亲密的师生关系，又住在一个房间，我也没有向他提到过这件事情。那时候，学界的风气很正，不似现在。现在，一到申报什么博士点，都是有领导有组织地进行活动，叫作"跑点"，可以把学者和学术的尊严都"跑"得精光。这都是一些非正当的活动。另外，就是我自己性格上的原因。我这个人自尊心太强（有人常常把这叫作"傲慢"，其实不然），不惯于、不屑于也不善于做这种事。我想，如果你够条件，不去拉关系也会通过，当时评议组的那些人都是正派人；如果你不够条件，靠着拉关系让你通过，那就显得很没有自尊和自信。我要是去谈，肯定被认为属于后一种情况，那该是多么难堪，所以我对他们中的任何一个人都是只字未提。直到考察团的活动结束以后，肖前老师自己主动向我谈起了这件事。

考察团的活动结束后回到广州，住在华南师范大学的学术活动中心。其他的人先走了，最后只剩下我和肖老师。肖老师的姐姐就住在华南师大，他要在那里举办他的婚礼，因为女方是深圳大学的干部。我呢，是准备顺便从广州回湖南老家过年，探望我的老母，在那里等火车票，也正好参加肖老师的婚礼。在这等候期间，我们在校园里散步时，肖老师对我说，"你这个学科通过的希望比较大"，因为在教育部的评议组评审时没有争议，而教育部评审组和国务院评审组的成员大部分（约占三分之二）是重合的。肖老师还说，头年他和滕维藻校长（当时是经济学科评议组的召集人）在北京开会时，曾向滕校长提议"下次可以把陈晏清那个学科报上来"，说是这个学科比较成熟，滕校长非常赞成。肖老师一再说："你在南开的处境不错。"我估计是滕校长为了把我推出来，在肖老师面前说了不少表扬我的话，但肖老师没有细说，我也没有细问。这我就明白了，学校里为什么同意我以副教授的身份申报，原来是事先有过这样的高层沟通。我当然对肖老师和滕校长非常感激。在这次谈话中，基本上是肖老师说，我听。肖老师说完上面的那几句话之后，剩下的就是说的如果这个博士点真的通过了，我该注意些什么。给我教育最深，对我后来的影响最大的是两点。

一是要我更加谦虚。肖老师知道我说话太冲，锋芒毕露。人大教过我的老师，大概都知道我的这个毛病。1962 年毕业时，我去找班主任张懋泽老师征求临别赠言，他说了两条：一是不要锋芒毕露，二是不要穿夹克衫上讲台。他说得很艺术，但很认真。他是从苏联留学回来的，那时苏联流行的夹克衫确实不好看，在中国人看来很不庄重。在留苏预备部解散时，廉价处理已经为我们做好的出国服装，我就不要那种夹克衫。张老师深信我的理解力，深信我有从个别上升到一般的能力。他这是要我注意自己的形象，特别是在讲台上的形象，是针对我不拘小节、不修边幅的毛病说的。张老师给我的这两条忠告，后边这一条我完完全全地做到了，这几十年里，我把教室看成神圣的殿堂，在讲台上从来都是一脸严肃，一身严肃。而第一条，不锋芒毕露这一条却基本上没有做到，以至二十多年后肖前老师又一次发出忠告。以前，我总觉得自己是个老百姓，普通的教员，小人物，何必那么约束自己？几十年来，一做思想检查就是讲骄傲自满，又总是以骄傲而不自满为自己开脱。但现在不同了，已是年近半百的准老人了。大学教授应当是全社会最有教养的人。而且，那时候普遍地存在一种误解，认为博士生导师是一种身份，是一种比教授更高的身份，这种人的言行更引人注意。即使你不想露锋芒，也会有人认为你露了。如果还像过去那样真想露，甚至毕露，那就一定有人认为你是盛气凌人。我和方克立还将成为当时哲学界最年轻的博导，稍不注意就会被认为是"春风得意"，得意忘形。如果成了这样一种令人憎恶的人，就甭想同学界有正常的学术交往，就不可能有正常的学术发展。这还不只是我个人的事，还会被认为在一定程度上代表南开马克思主义哲学学科的风格。所以，后来的这二三十年，我时刻把肖老师的忠告牢记在心，努力学会低调从事。出头露面的事尽量往后缩。在这点上，我常常把我的老乡、朋友和师长夏甄陶先生作为楷模，自视"土包子"一个，从不抢镜头。对持不同学术观点的学者特别是前辈学者注意给予足够的尊重，有不同观点时尽量避免直接交锋，而多是正面阐明自己的观点。少高谈阔论，不追求轰动效应。不仅我自己这样做，也常常提醒我的学生这样做。有一年，黄枬森、高清海、陶德麟三位先生来南开对马克思主义哲学学科的学位质量做检查评估时，陶先生有一个评价让我非常感动、非常看重。他说"南开没有理论狂人"。这正是我追求的理论风格，是接受肖老师的忠告后希望取得的效果。

二是要我特别注意博士培养的质量。肖老师说，建立博士点后，大家都瞪大了眼睛看着呢，你（博导）够格不够格，就看你培养的博士够格不够格。肖老师说一定要把好进和出两个关口，特别是"进"这个关口，不要讲人情，不能谁托个人情就把谁收进来，到时候坐蜡的还是你自己。肖老师的这番话，在我思想上深深地扎下了质量意识的根子。我想，像我这样的年资，学界对我的信任度本来就是要打折扣的。若是老一辈的学者，即使带出了一两个不那么令人满意的博士，也不会对他的水平和能力有什么怀疑，而我这里，不用多了，只需连着两届保证不了应有的质量，这个博士点的威信就会丧失殆尽。所以，我的质量意识理应格外加强。后来，特别是前期，我确实遵照肖老师的教导，进出两个口子都是把得比较严的。有一篇论文修改了六七遍都不满意，清晨醒来时每每想起这篇文章就是一身汗，真是有那种"崴泥"的感觉。还有一篇论文，是讲当代人文精神建构的，写了将近三年，约三十万言。虽然写作期间有过几次讨论修改，但基本构架调整不过来，我觉得学术品位不够，更像文学而不像哲学，便下决心把它"毙"了（实际上我也是很心痛的），改了题目重做，延期两年毕业。后来这"毙"了的稿子竟被一家很高层的出版社选用，听说还比较畅销。我跟这个学生说，你不要以为我搞错了，"畅销书"同学位论文是两码事，学位论文是学术著作。这个学生不但对我没有任何埋怨，反倒更加信赖了。现在她也做了教授，做了博导，我想，她也会这样去要求自己的学生的。到了后期，即最近几年，博士研究生在数量上急剧膨胀，在质量上则难免有所降低，有些事情导师也无能为力。但是，对学位论文的基本质量要求是不能放弃的。最起码，抄袭这一类的学术不端行为就绝对不能容忍。我常和学生半玩笑式的说："我带你们几年，虽谈不上有什么恩，却至少也没有结什么仇，你们可不能用这种办法来害我！"一个人抄袭、作假，会使我们的整个学科蒙羞。对我来说，这个学科的声誉是同我的生命一样重要的。好在，到现在我指导博士研究生的任务已经完成，还没有发生什么"质量事故"，我也觉得大体上还对得起当初肖老师的教导。

肖老师的这次谈话对我影响极大。实事求是地说，这个博士点的创建，学术准备是不足的，但由于有肖老师等老一辈学者的教导和示范作用，思想准备却是相当充足的。这使我迅速地适应了博士生导师这个对我来说完全陌生的角色。1986 年 7 月批准建立博士点，立即招生，9 月第一届博士生李淑梅、王南湜就入学了。

1990 年 7 月在南开大学首届学位授予仪式上陪同校长母国光院士为
李淑梅颁发博士学位证书

二、创造学科特色

　　博士点建立起来以后，我思想上承受的压力很大。我并不
把当了博导首先看作"荣誉"，而是看作责任。如果这个点办得
不好，所谓"荣誉"就会走向反面，成为耻辱。我这个博导还
不同于那些增列的博导。我是这个学科点的主要带头人、创建
人，这个学科办成什么样子，责任全在我的身上。压力来自责
任。

　　关于学科建设的根本性的理念，在前面各章特别是"在社
会转型中推进哲学研究的'转型'"这一章中已有所论述。那是
从学理层面上讲的，如强调哲学的现实关怀、不能再走就原理
研究原理的老路，等等。除此之外，也还有一些非学理层面的

想法，这些想法也是在长时期里支配学科建设的观念。其中，最重要的一点就是着意于打造南开的学科特色。

从已经形成的格局来看，南开的马克思主义哲学，只能如实地把它视为一个刚刚兴起的学科，以前没有基础，没有影响，没有任何可以称得上"传统"的东西。如果仍在旧的跑道上，它同其他许多兄弟学校如中国人民大学、北京大学、武汉大学、吉林大学等的马克思主义哲学学科，根本就不是在同一条起跑线上，是永远追不上人家的。当然，这不是说的一定要追上人家乃至压过人家，而是说的作为一个博士点学科要找到自己的立足之地，找到自己存在的独立的价值。因此，南开马克思主义哲学学科的发展必须另辟蹊径。

博士点建立之前以及其后的一个时期里，就马克思主义哲学这个学科来说，我总觉得南开像是人大的一个分店似的。这原因，一是南开马克思主义哲学学科的学术骨干都是人大的校友，在理论倾向、理论风格上自然容易同人大相似；二是那些年同人大有过较多的合作，协助肖前、李秀林老师做了点事情。因此，不仅我自己有这种感觉，学界的许多人也有这种印象。高清海先生就曾多次在学术研讨会上提出要我代表人大发言，看来他的这种印象比其他人都深，而且，这种印象显然不是依据于一些表面的现象，而是同对于学术观点的深入了解相关联的。中国社会科学院哲学所的一位先生就曾直截了当地把我称作人大马克思主义哲学学科的"第三代人"，真叫人哭笑不得。更有趣的是，我曾"百度"到一篇文章，大概也是一位人大的校友写的。他对人大有些不满意，竟然发出这样的追问：为什么方克立、陈晏清会离开人大、跑到南开去？从字里行间可以看出，这位校友对母校的感情实在是太深了，但他对情况的了解又实在是太少了。方克立不是因为对人大有什么不满，而是因为人大被迫解散才找到南开来的，时间是在 1973 年。我呢，1962 年毕业就分配到南开来了。不知怎么搞的，竟有人认为我本来就是人大的教师。这些舆论，人们的这些印象，让我既高兴又不安。对于一个深怀母校情结的学子来说，毕业多年以后还能让人把他的事业同母校联系起来，这当然是一件令自己高兴的事情。但是，这种状况也在一定程度上说明这个人还不成熟，还没有什么独立的作为。这让我很是不安。说实在话，这两个方面比较起来，不安的一面显然要占得更多一些。如果是作为"单个"的学者，我根本没有必要去想这些东西，但我作为南开这个学科的领头人却不能不想。这就是我在前面说的"不得不下很大的决心和很大的力气将南开和人大区别开来"的直接理由。

中国人民大学的哲学系（院）是中国哲学教育和研究的"工作母机"，它曾是新中国一代哲学家的摇篮，人大的学科建设必须有全面的、高标准的基础性建设。就拿马克思主义哲学学科来说，人大一直注重基础理论的研究，像改革哲学体系，把新的研究成果系统化，编写基本教材这类的事，就是人大应当做的事。如果人大不做这些事，要求人大也像其他的某些学校一样，把主要精力或大部分精力放在一些个别性的哲学领域或领域哲学的研究，它就不像是人大了。有人说人大没有自己的特色，其实，这就是它的特色。这当然是就这个学科的整体面貌来说的，并不是就学者个人来说的，不是要去掉每个学者的个性。而南开的马克思主义哲学学科却不可像人大那样。如果我们这个学科也把主要精力或大部精力用来做这类的事，那就是做力所不及的事，也是做不得体的事。这些认识是我在 20 世纪 90 年代初期形成的，它对不对，有没有道理，暂且不去说它，但它无疑成了我主持学科建设的一个主导性的思想，并且至今没有明显改变。

基于上述学理层面和非学理层面的考虑，我都有十足的理由尽快从旧的套路中走出来，选择社会哲学作为南开马克思主义哲学学科的主导性研究方向。我对于自己的这种选择，也是有犹豫和动摇的，而且这样持续的时间还不算太短，直到将社会哲学研究的重点转向政治哲学之后一两年，即 2005 年前后，心里才真正踏实下来。为什么会有那么长时间的犹豫呢？主要是因为走这条路实在是太难了，完全没有在预想的时间内获得成功的把握。以我的知识准备和喜好思辨的兴趣来说，我更适应老的套路。按老的套路走，虽不敢说是驾轻就熟，但会走得比较轻松，而且效率会比较高，"显效"会比较快。20 世纪 80 年代初，我试图做《资本论》哲学的研究，80 年代中期以后投入哲学体系改革的研究，都能慢慢地却有效地向前走着，不觉得有多么严重的障碍，而这社会哲学的研究则是困难重重。社会哲学的研究有没有可能也走一条轻松点的路子呢？要找轻松，那就是还按老的套路去走。比方说，把西方的社会哲学理论"整合"过来，尽量运用马克思主义的概念、术语，联系点中国的事情加以阐述。这样去搞当然不会太吃力。可是，这样搞出来的"社会哲学"算不算我们自己的社会哲学？它对于推动哲学的进步，对于铸造南开马克思主义哲学学科的特色有没有实质性的意义？如果作为学者个人，干一点这样的事也不是没有价值的。如果是"外国哲学"学科，甚至可以设"西方社会哲学"的三级学科或研究方向，集合许多人去做这件事，但我的学科是马克思主义哲学。我们的马克思主义哲学学科要是只会"整合"（用老百姓的俗话就叫作"攒"）人家的东西，这个学科的面目就太难看了。

我想要搞的社会哲学，是要力争做成原创性的研究，是要建立中国自己的社会哲学。所以，我们确定的路子，是从研究当代中国的社会转型切入，以当代中国社会转型中的重大问题为中心，从对当前的现实生活、现实问题的研究中，提炼出揭示社会生活某方面的本质、能够引导社会变革潮流的大观念。把这些大观念系统化，就是我心目中要建立的社会哲学体系。走这个路子，从理论上说无疑是正确的，但在当时中国的学术环境下，尤其在高校却是很难走通的。几次受挫之后，我醒悟到自己是陷进了一种"理想主义"的泥潭。最近几年，我更加认识到，非要搞出一个什么理论体系来（不论通过何种路径），这本来就是一种过时的、不合理的观念，是一种囿于高校教师眼界的观念。由于始终摆脱不了这种观念的束缚，本来是为自己的学科谋求更好的发展，而结果却几乎使它失去了应得的生存条件。社会哲学的研究能够在磕磕绊绊中走了十几年，一方面是我坚信这种研究的积极意义，另一方面是因为有学生们的真诚支持。可是，他们越是真诚、积极，我就越是惶恐。他们都是潜质很好、独立研究能力很强的人，而且年龄越来越大。我带着他们去做这种在可以预见的时间内尚无获得成功的十足把握的事情，心里极不踏实。我自己是没有太大的后顾之忧了，因为即使这件事情没有做成功，以前总还是做成过一些事情的，就算是给后人探探路子也是值得的，而他们要是耽误了就补不回来了。所以，在安排上我总是留有余地，不要求他们全力以赴。这些困惑、忧虑以及迟疑不定的心态，正是我在2003年决定对社会哲学研究的部署做重大调整的思想基础。当然，做这番调整还有其更加重大的理由，这在前面已经详细叙述过。总之，这次调整不是基本学术观念的改变，而是从便利于学科建设的角度考虑的。换句话说，主要不是理念层面的调整，而是技术层面的调整。后来，邢元敏同志和我一起筹划创建当代中国问题研究院，他设想的路子和我当初开展社会哲学研究的路子几乎是完全吻合的，而研究院是独立于现行教学体制之外的，它可以不受某些制度性因素的制约，我在研究院又可以按照原来的路子"为所欲为"了。这个研究院的建立给我带来的欣喜和兴奋是可想而知的。

社会哲学在广义上就包括了政治哲学，社会哲学研究部署调整之后，即将社会哲学研究的重点集中到政治哲学之后，为突出政治哲学，在称法上叫作"社会政治哲学"。这不是一个"学科"概念，而是一种"研究方向"的表述。现在可以确定地说，我们力图打造的学科特色，就是要在社会政治哲学的研究方面形成我们的相对优势。但我始终没有忘记，我们的学科是马克思主义哲学学科，我们要打造的是马克思主义哲学学科的特色，因此，我始终关注于两点：一是马克思主义社会哲学、政治哲学的建构，使我们建构的社会哲学、政治哲学成为马克思主义哲学的有机组成部分；二是社会哲学、政治哲学同第一哲学、同马克思主义的基础哲学的关系。关于这两个问题的一些理论认识我已经在"在社会转型中推进哲学研究的'转型'"一章中做过详细的说明。

三、活跃、严谨、和谐的学术家园

如前所述，南开的马克思主义哲学学科原来没有什么基础，没有什么影响，因此也就没有什么可以称得上"传统"的东西，而南开作为一所奔向世界知名高水平大学目标的学校，至少是它的基干学科则必须建立自己的学术传统，不然，这"知名"二字就谈不上。学术传统的载体应当是一个学术群体，是一个可以世代相传的学术群体。这个群体逐渐形成了共同的研究旨趣、共同的研究风格，也就是形成了某种学术传统。我们都愿意把这样的学术群体叫作"学术家园"。我这一辈子最大的梦想（曾经有人特别喜欢把别人的梦想叫作"野心"），就是在南开建设成一个这样的学术家园，大家一起营造一种符合马克思主义哲学本性的良好的学术传统。

最早提出建设学术家园的不是我自己，而是我的学生杨桂华。我60岁那年（1998年），我的博士生们要给我做生日，京津地区的学生绝大部分参与了。桂华提出要营造我们自己的学术家园，并热情地做了论证，得到大家赞许。我对给自己做寿这类活动本无兴趣，但"营造学术家园"之论却深得我心。每年的6月16日，我指导过的博士生（主要是仍在天津工作和学习的博士生和博士毕业生）都要来给我做生日，不论他们后来的职位高低，只要没有特殊情况都会到来，除了表示对我的爱护之情外，他们自己也可以借此机会聚一聚，互相沟通沟通。应当说，这类活动对于增强我们这个学科的凝聚力是起了积极作用的。那些年社会哲学的研究遇到那么多的困难，能够坚持下来，同这种凝聚力的形成不无关系。从那个时候起，或许在实际上还更早一些，我就把指导博士研究生、学科建设、营造学术家园这三件事情看作一件事情了。这也正是我把讲述学科建设的这一章的题目叫作"学术家园的营造"的理由所在。

学术家园首先是要通过共同的学术活动来营造的。博士生在学期间，这学术活动主要就是教学活动。因此，我先讲讲我们的教学活动。

数学大师陈省身先生说过，人才不是教出来的，而是学出来的。此话极有道理。同样的道理，博士也不是"教"出来的。我已经指导过五十多名博士生，但如果有人要说某某人"教"

出了五十多个博士，那就真成"天方夜谭"了。对于传统的关于教师和教育的功能是"传道、授业、解惑"的经典解释，应当根据现代教育特别是博士教育的新情况、新需要加进新的理解，而像马克思主义哲学这类思想性和现实性极强的学科就更应如此了。回想博士点建立以后的这三十来年里我都做了些什么事？想来想去，我做了的，或者说能够做也必须做的，不外乎是培育理念、规范和学风这三个方面的事情。

理念是灵魂，博士研究或学科建设都必须注重解决理念层面的问题。对于学术家园的营造来说最重要的当然也就是树立共同的学术理念。我给博士生讲课不多，讲一点也多是讲的理念层面的东西，而很少属于知识层面的东西。博士研究需要的知识基础应是非常广博的，要不怎么叫作博士呢？哲学的研究更是如此。博士研究所必需的知识基础应当主要由学生自己去准备，导师的帮助是非常有限的，即使导师是知识非常渊博的学者也难以代劳，除非学生的所谓研究只是"克隆"自己的导师，而帮助学生确立正确的理念则是导师不能不做的事情。当然，这也不仅仅是老师把自己的理念"传"给学生，而是师生在一起学习、研究中共同确立的，因为理念也是必须不断更新、与时俱进的。我这里说的理念层面的问题，主要涉及以下两个方面。

其一是基本的哲学观念，特别是关于马克思主义哲学的观念。由于苏联教科书哲学的影响及其他方面的影响，我们曾接受了一些片面的、狭隘的哲学观念。这是我们的哲学研究长期停滞的表现，也是它长期停滞的原因。20 世纪 80 年代中期至 90 年代初期席卷全国的哲学体系改革，其实质正是一场哲学观念的变革。但人们后来对于这次哲学体系改革研究的评价，却往往局限于对作为它的成果形式之一的新编教科书的评价，这样评价当然是难以到位的。把哲学观念变革的成果落实到教科书的编写上，还是有许多困难，包括技术上的困难的。如果因为新编教科书存在某些缺陷而对哲学观念变革的意义打下折扣，这显然是不妥当的。实际上，把这种哲学观念变革的成果运用到任何一个哲学问题的研究都可能遇到一些困难。就以我自己的体会来说，不论是按照新确立的哲学观念去编教科书还是进行其他方面的研究都不可避免地遇到了困难。这种情况说明，哲学观念的变革只是为哲学研究提供了新的思想前提，这种变革本身也还需要在研究中继续推进。

在哲学体系改革中，通过对马克思主义哲学中实践论思想和主体性维度的深入发掘，我们形成了一个最基本的哲学观念，即哲学是对于人类自身活动的反思，是根植于现实生活的终极关怀。这是关于哲学的性质和功能的基本观念。我们自觉地把这种基本观念运用和贯穿到博士研究中去，不论是哲学基础理论的研究还是后来的社会哲学、政治哲学的研究，都是依据这一基本观念的。每一届博士生入学后都要向他们反复阐明这个基本观念。新的观念的确立也就是旧的观念的破除。过去我们从传统教科书接受的观念是，哲学是关于世界普遍规律的科学。这是排除了主体性的维度的。因此，"哲学就是认识论"这一经典性的论断也为我们普遍接受。这种哲学观念显然是狭隘的。现代哲学的一个重大进步，就表现在对于近代哲学的唯理智主义或纯粹认识论立场的超越。如果没有这种哲学观念上的转变，不从理念层面上解决问题，我们的哲学研究就不能突破原来的观念框架，就谈不上新的研究领域的开辟。回想起来，这些年如果没有这种理念上的转变，这几十篇博士论文的选题中许多都难以成立，都会受到合法性的质疑，就是选了这样的题目，也做不成现在的这个样子。当然，这种观念也仍然是变革中的观念。后来我逐渐认识到这种观念仍是有局限性、片面性的。这一点，我在下面适当的地方将做一些说明。

其二是关于社会哲学、政治哲学的学科观念。社会哲学在我国是一个新兴的研究领域，政治哲学虽有悠久的学术传统，但也是经过一个时期的衰落之后又在当代复兴的，也面临着重建的问题。因此，都有学科观念的重建或更新的任务。不首先实现这一任务，社会哲学、政治哲学的研究就会寸步难行，甚至会南辕北辙。这也是博士生入学后必须首先解决，并且在整个学习、研究过程中必须不断解决的问题。关于社会哲学、政治哲学的学科观念的理论说明，我已在前面相关部分有所交代。

讲求规范，是要把哲学做成学术。我们的哲学喜欢讲"性"。曾经在一个长时期里，由于把哲学政治化、意识形态化，往往片面强调哲学的党性、阶级性、革命性以及思想性，而不注重它的科学性、学术性；侈谈那种居高临下的"指导性"，而不讲究哲学自己应有的论证性。改革开放以后，这种状况有明显的改变，但作为一种哲学思考方式、言说方式，那种"积重难返"的惯性作用还是常有表现，并对年轻一代有所影响。现在当然不再是以"革命"的名义，而是以"改革开放"或"理论创新"的名义，但从思想方式上说似无实质性的变化。有些文章还是在那里发表"意见"，更糟一点的是在那里颁布"真理"，而不讲逻辑，不讲论证。还有，过去以引证代替论证的现象比较普遍，现在这种情况仍在一定程度上存在，不同的是，过去主要引证马克思，现在则多喜欢引证现代西方学者，其中有的还不一定是多么著名的学者。引证谁的都可以，但引证完了要有分析，要讲点自己的话。有的论文大篇大段地引证之后，自己没有多少话，讲几句也不过是表示同意，像投票打"√"似的。这样的引证，其实也就只是包装。凡此种种，还可以举出一些，例如语言、逻辑方面的问题，都是属于规范方面的问题。这一类问题的存在，使得一些其他学科的人瞧不起马克思主义哲学学科，认为马克思主义哲学不是学术，不是学问。

近二十多年来，随着马克思主义哲学的主体性维度的恢复和强调，马克思主义哲学研究可以说是经历了一种所谓"人文转向"。这对于以往忽视人文关怀的倾向无疑是一种具有积极意义的反拨。但是，在这一反拨中又走向了另一种片面性，即对于哲学的科学基础的忽视。随着这一倾向的日益强化，认识论、逻辑（包括作为思维方法的辩证法）的研究在马克思主义哲学界也日趋冷落。人文领域与科学领域是有明显不同的，人文不像科学那样要求严密的论证。这恐怕是致使马克思主义哲学研究仍然忽视科学性、论证性的一种新的学术背景。近几年我特别关注黄枬森先生的一些文章。我对他混淆哲学和科学的观点是不愿苟同的，但对他一再地呼唤和强调哲学的科学性则深表赞同和敬佩。我想，黄老先生作为前辈学者，对于目前学界的状况一定会有比我们更为深刻的思考。

说到这里，有一点我不能不讲一下。我曾经在强调哲学是一种根植于现实生活的终极关怀时，有过这样一段文字："哲学当然有认识论、方法论的功能，它应为人类活动（首先是认识活动）提供观念框架和逻辑基础，但它的最本质的方面应是对于人类生活的终极关怀。它的认识论、方法论的功能也是体现在这一个方面，或从属于这一个方面的。"[①]这番议论显然是同倡导社会哲学的研究相关联的。我们的社会哲学是从研究当代中国的社会转型切入的。在社会转型时期，社会问题、思想问题层出不穷，传统的价值观念不再受到尊崇，新的价值观念又只能随着社会转型过程的推进而逐渐形成和确立，这就难免在

---

① 参见陈晏清：《陈晏清文集》，天津人民出版社2007年版，第51页。

许多时候、许多领域、许多人中间出现意义失落、信念迷茫的情况。在这种情况下，哲学为人们的社会生活提供意义关怀的功能无疑是空前地凸显了。但将此作为哲学基本功能的一般表述却未免失之偏颇了。哲学历来都是为人类生活同时提供意义和智慧的支撑的，这两个方面是不能分割的。哲学的认识世界的功能是永远不能丧失的。在马克思主义哲学看来，人们只有在认识世界和改造世界的过程中才能创造和获得生活的意义。因此，认识论的研究是永远需要的。而且，即使是阐明新生活的意义也要有论证，讲逻辑，才能使之成为能被人理解的意义。最近几年，我发现上面说的那些话有些片面，至少有些含混，便有意识地在学生中及个别教师中做些澄清。

我已多年不承担本科教学工作，但我从博士研究生身上可以看出本科教育存在的问题。最近几年的一些博士生（不只是非哲学专业出身的学生）哲学专业知识基础较差，许多基本概念不清楚，有些在本科一二年级就应当弄得很明白的问题到读博士时还在犯糊涂。这样的基础如何能够保证博士论文的科学性？因此，我不仅呼吁加强本科基础理论的教学，而且对博士研究生也要求他们补好基础理论的课，甚至要求他们从重新学习本科生使用的哲学教科书开始。社会哲学、政治哲学的研究都必须有基础哲学的功底，否则，你的全部建树，不论你自视多高，都是建在沙滩上的。

这一类同科学性相关的学术规范方面的问题，在学位论文中不算罕见，不属少量。解决这类问题是我在指导论文中最为头痛的事情。我曾给本科学生开过讲座，讲怎样写文章，但指导博士论文显然不能靠这种无的放矢的"写作课"，而是要针对他们文章中出现的问题，一个问题一个问题地谈，谈该怎么写、不该怎么写。我看学位论文很是仔细，从不大而化之，连标点符号都不放过。多数文章都有详细的阅读笔记和批语。曾经有人建议把这些资料保存下来，但我没有把这种建议太当回事。现在还真有点后悔没有采纳这个意见。现在，我指导的博士有三十来人也成了博导，让他们看看当年自己的导师是怎样批评他们的，这很可能是件有趣的事情。

规范的问题有些也属学风问题，但我这里要讲的学风主要是理论联系实际的学风。在教学和研究过程中，我们始终力求防止两种倾向：一是教条化的倾向，即丢失哲学的现实关怀，离开对于现实生活的具体把握而沉迷于抽象的思辨；二是实证化的倾向，这就是放弃思辨，实际上也就是放弃哲学本身。这个理论与实践的关系问题，对于哲学的研究来说，是一个带有根本性质的问题。我们开展社会哲学、政治哲学的研究，其宗旨就是强调哲学的现实关怀，强调哲学研究为现实实践服务，但在教学过程中，在指导博士学位论文的过程中，我在实际上更为关注的却是哲学如何为现实服务的问题。换句话说，在理论和实践这两端的关系上，我更多关注的是理论这一端，即理论（哲学）如何保持自身的独立性，哲学如何以哲学的方式为现实服务，说到底，就是如何把社会哲学、政治哲学真正做成哲学。我这样做也是从实际情况出发的，因为我们遇到的问题主要的正是关于理论（哲学）这一端的问题。社会哲学正式确定为博士研究方向招生以后，报考者相当踊跃，但其中有些人是明显地带着对于社会哲学的误解报考的，他们认为这"社会哲学"很容易，抓住一个什么社会问题发一通议论，多用几个哲学术语不就是"社会哲学"了吗？学生入学以后发觉不是原来想象的那么简单容易了，于是又不断地提问：怎样才能达到哲学的层面？做成什么样子才能称作社会哲学、政治哲学？针对这样的问题，固然首先是要逐步澄清社会哲学、政治哲学的学科观念，弄明白哲学的基本性质如总体性、反思性等，但仅仅如此是远远不够的，这些观念、道理在他们的研究和写作中还是难以落实的。以我的体会而论，除此之外，最为重要的是帮助他们确立清晰而完全的问题意识。

所谓"问题意识"，首先当然是要做到"有问题"。我们的论文不能无的放矢，不能无病呻吟。这个道理是无须多讲的。而进一步应当明确的是，我们要解决的是什么样子的问题，是理论问题（哲学问题）还是实际问题？毫无疑问，实际生活是"问题"的发源地，但实际生活中的问题不是我们直接的研究对象，必须把实际生活中的问题提炼或转换成哲学问题，亦即揭示出它所负载、所包含的哲学意义后，才能作为我们要研究的问题（当然这"提炼"或"转换"的工作已经是一种哲学的研究了）。总之，就其基础和背景来看，是实际生活中的问题，解决这些问题也正是我们哲学研究的动力所在，但直接地看，我们研究的问题则应是哲学问题，即实际生活中提出的哲学问题。只有当你找到了这样的问题，并且准备用哲学的理论和方法去解决这样的问题时，才算是在完全的意义上有了"问题意识"。而如果是以"社会哲学"的名义去写论文，这样的问题还应当是专属社会哲学的问题。应当说，我指导的博士论文中，大多数是达到了这个要求的。例如收入"社会哲学研究丛书"中的几篇论文，以及我曾经列举的几篇因"丛书"出版条件的限制而未能纳入的论文，都是较好地体现了这种要求的。

教学过程中的上述问题，基本上是采取讨论的方式解决的。一种是导师主持下的集体讨论。这种方式在社会哲学研究的初期运用较多，效果也比较明显。有一个时期，是全体博士生和指导小组全体成员参加。许多重要的观念和研究思路都是在这种讨论中形成的，例如关于马克思的社会历史理论包含历史哲学和社会哲学两个哲学维度的认识就是在这样的讨论中形成的。一些早年毕业的博士生对这个时期的讨论会，至今仍保留着深刻的良好印象。后来，讨论会基本上只是按课程、按年级组织的课堂讨论，远不如以前那样活跃了。讨论会这种形式仍应当坚持，但要加以改进。这种讨论会不仅活跃学术思想，而且对于增进师生之间以及博士生之间的感情交流都十分有益。另一种则是导师和学生之间的单独讨论，是更为经常的讨论方式。这也是非常必要、非常有效的教学方式。我的体会是，对于学术上的问题，导师不能光是"指点"，更不能动不动就批评、指责，而应当"启发"，这讨论就是启发。所谓启发，首先就是帮学生把问题找出来，让学生自己认可这是"问题"。这很关键。如果只是导师认为有问题，学生并不认为是问题，那就终归无效。前几年有一篇论文，二十多万字。我一看，那根本不是文章，不过是一个读书笔记，完全"文"不对题。因为作者不在天津，是用电子邮件发过来的，我只得用电话谈意见。我提出两个方案供他选择：如仍做原来题目，推迟两年毕业；如一定要按期毕业，就只得降格以求，改换题目，篇幅砍掉三分之一以上，把它做成"文章"，须在三个月内完成。他选择了后一方案，但不到一个月便又把修改稿子发了过来，基本上还是原样子。这时，我写了一封措辞严厉的信，让我的孩子打好发出去。我的孩子敲完后对我说，这封信不能发出去。他也曾在清华大学读过博士，理解同龄人的心理。我只得把学生请回天津面谈，但为时已晚。这是我三十年来一个失败的例子，这失败就在于没有充分运用这种讨论的方式。我还体会到，不论何种问题，做导师的都不能只谈否定性意见，还一定要谈肯定性（建设性）意见，那才叫作真正的讨论式或启发式。

　　我从1986年开始招收博士生，到2016年最后一名博士生毕业，时间跨度整整三十年，先后 56 名，差异甚大。应届硕士毕业生考入的不到百分之二十，前二十年更少。大多数是高校教师或在职干部，都有一定的理论工作或实际工作的经验，其中有些人如蔡拓、蒋戈利等已学有所成，是"带艺从师"；有些人如邢元敏等已经有很丰富的实际工作经验，并对社会生活中的许多重要问题有很深刻的理论思考。但也有少数人（不一定是年纪最小的人）却书生气很重，并且还很难算得上是那种"大书生"。所以，我这个博导是比较难当的。学生每人有每人的特点，学科每年有每年的新情况，不可能有千篇一律、一成不变的培养方式，而必须因时而异、因材施教。在这五十多名博士生里，比较耀眼的是有十多名厅局级以上的高级干部。对于这一现象，人们难免有各种各样的理解和评论。因此，这件事是我应当着重讲一讲的。实际上，这十多人里，绝大多数在入学时都是普通的教师和干部，他们的职务是博士毕业后提升的。在学时的厅局级干部只有三人（邢元敏、吴天智、荣新海），这三位的身份确实有些特殊，但对他们作为博士研究生以及他们的学位论文的基本要求是没有改变的。我们作为教师，应当"有教无类"，既不拒斥任何人，也不搞特殊化。20 世纪 90 年代，我做人文学院的院长时，艺术家刘栋先生给我推荐一位活佛来读研究生。我同这位活佛初次见面时就说，你愿来南开深造，我们很欢迎，也愿意尽力把这件事情办成，但是，你到了南开就是学生，一切都要按学校的规章制度办事，一切都要按学生对待，这里是不会有人给你下跪的。这件事情本来学校里已经同意了，任继愈先生还答应做南开的兼职教授，愿同南开的教授合作指导，但报到国家教委，没有获得批准。活佛的身份当然更为特殊一些，不得不把该说的话先说了，而对于我们的领导干部来说，这些道理都是不言自明的。对于他们，倒是可以说有另一种意义上的"特殊化"，就是希望他们能做得特别好一些。如果他们的研究和论文工作做得很一般，那会使他们自己、我这个导师以至南开大学都感到难堪的。

其他的十来位领导干部（黄龙保、张金钟、杨桂华、郝永平、吴秀生、李旭炎、史瑞杰、连洁、杨克欣、申延平等）都是博士毕业后提升的，都是经过十多年乃至更长时间的历练才提升到这样的职务的。他们入学前全部获得哲学硕士学位，六人是南开大学哲学系本科毕业，三人分别是吉林大学、山西大学和内蒙古大学哲学系本科毕业，都有良好的哲学专业基础，都是抱着在哲学理论上深造的目的入学的。他们走上从政的道路，固然有他们自己的选择，但归根结底说来不是由他们自己的意愿决定的。这些弟子当然是佼佼者、成功者，但成功的不只是他们。在这五十多人里，还有一批在学术上有成就的教授、学者，如王南湜、李淑梅、刘永富、阎孟伟、荆学民、沈亚平、晏辉、蔡拓、常健、王新生、李佑新、杨谦、杨仁忠等，其中王新生、李佑新是"长江学者"。他们在不同的学科领域（不只是哲学领域）都有自己的建树，做出了重要的贡献。就是目前尚未成为教授或领导干部的毕业生，许多人都很有潜力，前途无量。成就固然有高下之分，但职业却无贵贱之别。一个人的成就如何，贡献大小，不以有无官职或官职高低而论，这是马克思主义的常识。我做哲学系的系主任时，曾多次对毕业生们说过，你们将来走"红道""黑道""黄道"①都可以，只要走正道就行。

学术家园是一种精神家园，它是没有院墙的。仍在南开园从教和上学的固然是这个家园中的一员，毕业后离开了南开的

---

① 旧时的官帽是红顶，故以"红道"喻从政之道；博士帽是黑色的，故以"黑道"喻学术之道；黄金铺成的是财富之道，故以"黄道"喻从商之道。

也还是这个家园中的一员。从导师方面说，学生毕业后不是把他们送走了事，而是继续关注他们的成长，他们取得的任何一种成绩，如职务、职称的晋升，得到什么奖，拿到什么大项目，在报刊上发表什么好文章，都会给老师带来由衷的喜悦。他们的工作状况，他们的家庭生活，乃至他们孩子的升学、就业，都会牵动老师的心。从学生方面说，他们也不是毕业后一走了之。他们毕业多少年后，仍在关心南开哲学系的发展，特别关心南开马克思主义哲学学科的发展。这个学科的每一次大的进步都会给他们鼓舞。2007 年，南开的马克思主义哲学学科晋升为国家重点学科后，我收到了许多来自毕业生的祝贺电话。2011 年成立当代中国问题研究院，同样收到了许多祝贺电话，它成为校友们热议的话题。研究院成立以来，得到了许多校友的关心和支持。2013 年把协商民主确定为今后一个时期的主要研究课题后，有近 20 名博士毕业生加入了课题组，成为这个研究院的基本研究力量。他们始终不忘南开的养育之恩，不忘老师和学友。他们和老师交流很多，学友之间交流也很多，北京的学生还成立了学友联谊会。这里，作为我本人的回忆文字，多是写自己直接担负的教学和研究工作，写自己直接指导的学生，而作为这个学术家园来说，是包括了南开的整个马克思主义哲学学科的。2007 年，借着给我做七十岁生日的机会，开了一个社会政治哲学的研讨会，到会一百五十余人，大部分是南开马克思主义哲学学科的历届博士生，有少部分硕士生，还有个别的有成就的本科毕业生，收到论文 50 余篇，并由天津人民出版社出版了以"哲学视野中的社会政治生活"为书名的论文集（共 64 万字）。这标志着这个学术家园已初步形成。今后，这个家园将不断扩大自己的规模，更将不断提升自己的内涵。

南开大学社会政治哲学研究的回顾与展望学术研讨会暨陈晏清教授
七十华诞庆祝会合影

2007 年在作者寿诞庆祝会上，湘阳、湘晖向来宾致谢

我的家庭生活

老话说"成家立业"。对于每个个人来说，人生也就是两件事：成家和立业。就我的经历而言，这实际上就是建设好两个"家"。前面讲的学术家园是学术之家，现在要讲的家庭则是生活之家。这两个"家"都建设好了，就做到了历来读书人追求的"安身立命"。这两个"家"是可以相互辉映的。若是有一个建设得不太好，幸福都不会是完整的，甚至有可能是不真实的。

一

我的妻子鄂小平与我是地道的"门当户对"。她小我一岁，于 1939 年 9 月出生于河北省乐亭县农村的一个贫寒家庭，父母都是勤劳、正直的农民。父亲对她管教极严，教育她不能撒谎，不能懒惰，不能娇气，不能占别人的便宜……七八岁时就让她去做家务，并随大人下地干活儿，因而从小培养了勤劳、节俭、诚实、正直、善良的品质。鄂家的家风甚好，品位很高。她的祖父、她的父亲和两个叔父，都是宁折不弯的性格，都有鲜明的是非观念，对自己、对家人都有严格的约束。实际上，她也在很大程度上把这种家风带到我们这个家庭的建设中来了。

夫人鄂小平

　　我们于 1968 年 1 月结婚，那是地道的"裸婚"。那时，刚刚发生了南开大学"12·17"（1967 年 12 月 17 日）大武斗，人心惶惶，在学校里难以安生，一些好心的同事如张东江、洪治、冒从虎等便劝我趁机把婚结了。我们买了两张去湖南的火车票，也叫作"旅行结婚"。在天津，说是去湖南办婚事，到了湖南说是在天津已经办了，实际上是哪里都没有办。全部费用是给南开区万德庄街道办事处交了两角钱的手续费（可能就是那张印有毛主席语录的纸质结婚证的成本费），从湖南回天津后买了几块钱的水果糖分给大家。小平的新娘衣服是在临走前扯了一块布料，到湖南后在新化县城停留了一天，找个裁缝铺赶做出来的。婚事办得如此简单草率，我真是觉得一百个对不起小平。这个终生的遗憾能不能得到弥补？这在我自己的心里也是存着一个大大的问号。

　　1967 年 9 月小平获准毕业，并开始领取工资，但仍在学校里等候工作分配。1968 年 6 月，她随哲学系 66 届毕业生分配。当年哲学系的分配方案里，有三个留校的名额，也有几个天津市的名额，但那个由群众组织控制的"临时领导小组"认为鄂小平"路线觉悟低"，不能留校，也不能留天津，而是叫她回到原籍唐山地区。到唐山再分配时，两个名额里一名是秦皇岛市，一名是昌黎县的农村中学（实际上是一所小学的戴帽中学）。同去的张广忠心地善良，认为小平已有五个多月的身孕，夫妻两地分居已是困难重重，秦皇岛是铁路沿线城市，交通比较便利，这多少会减轻一些困难，便主动将此名额让给了小平，自己去了昌黎。在紧要关口处是最能显现人性的善与恶的。我们对张广忠的真诚相助是不能忘记的。

　　然而，在事实上，秦皇岛的环境不一定比昌黎县好。小平被安排在刚刚建成的第六中学。学校没有食堂，教工只能在附近的传染病医院搭伙，很是让人腻味。在生活上还有其他的种种不便和困难，对一个单身孕妇来说可能要更加显得严重一些。但这些都属于当时知识分子的正常生存状态，不值一提。最急迫、最让人犯愁的事情，是要在孩子出生之前找到一个单独的住所，找到一个可以遮风挡雨、可以支张床支个锅的地方，哪怕是在一座破庙里。那年头，房屋是稀缺资源，秦皇岛市的房子都掌握在市革委会手里，管房子的是一个名叫马良的干部。我一去秦皇岛，第一件事就是去见马良，但每次见到马良后得到的答复，无一例外地是干干脆脆的四个字："没有房子！"直到孩子出生前一天半，才赐给了一个叫作"房子"的地方，那是在海阳路 188 号和 189 号（或许是 187 号，当时没有留心去看门牌号码）两座楼的夹缝里，利用两座楼的外墙搭起的一个梯形（实际上也不是很规矩的梯形，两个腰边还是一长一短）的屋子，总面积不足三平方米。这屋子是搭在二层楼上，用水倒水都须下楼。她的同事们帮忙，在学校找了两条长板凳和两块旧木板搭起一个"床"，我的岳父去了后给支起一个煤球炉子，又在玻璃店里买了三块下脚料用铁丝把它们摽在墙上当作"碗架"。这就是我最初建起的"家"。后来杨瑞森"忆苦思甜",说他在天津支起的"家"是由一间厕所改造的,只有四平方米。他的那个"家"和我的那个"家"相比,不知强到哪里去了。元代人编排出来一个"九儒十丐",几百年后用于 20 世纪六七十年代中国社会的阶层分析竟是如此切当!这时候中国的"儒"们离丐仅有一步之遥了。

小平在秦皇岛举目无亲,无所依靠。靠党组织?在"工宣队"掌控下的党组织只管监视、审查和"教育"自己的党员,而不管其他。靠同事们?他们在一起多说几句话都被工宣队说成搞小集团,视为"阶级斗争的新动向"。在那"梯形"屋里也实在住不下去了。几个月之后,六中与玻璃厂中学合并。那时候,渤海湾可能发生地震和海啸的议论十分活跃,那"梯形"房是危房,学校领导便在已经停办的原玻璃厂技校找了一间闲置的办公室给了她住。那是坐落在旷野里的一排房子,没有院墙的,到了夜间,整个技校只剩下她母子二人,一点安全感都没有。半夜孩子病了,她只得用棉被裹着孩子,冒着凛冽的寒风行走约两公里送去医院。在这里,比在海阳路更觉孤独无助了。后来,她教的班级里有一个好学生,家住学校附近,父母都是玻璃厂的老工人,心地十分善良。二位老人看到这种情形,十分同情,给过她母子许多无私的照顾和帮助,让她渡过了难关。这令我们感激不尽,这几十年里我们一直把这家人当作亲戚走动。

1972 年小平调回南开大学马列教学部任教,情况大有改善,至少是不再那样孤独无助了。这一年,我们又有了第二个孩子。一家四口生活在一起了,她也就正式当上了这个四口之家的"主妇",当然仍是"兼职"的,因为她同我一样也是南开大学的教师。她也做了一辈子的哲学教员,很理解哲学事业。

因此，几十年来对我的工作给予了全身心的、无条件的支持，并为此而牺牲了许多本来应当属于她的东西，却始终无怨无悔。小平承担了全部的家务，有些是必须男人去干的重活儿如换液化气罐之类的活儿都得由她去干。我是基本上不干活儿，技术含量稍微高点的家务活儿都不会干。我的老乡和朋友刘健清说我钉子倒着钉，把我描述成一个比笨蛋还笨的人。"倒着钉钉子"当然只是朋友之间的有趣的调笑，但不干活儿或不会干活儿却是事实。小平对此也有些不满，常常借别人之口表达自己的意见，却常常达不到自己的目的。她说："怨不得那时候哲学系的一些人总批评你劳动观点不强，就这一条是真没有冤枉你！"我说，这一条也是冤枉的，因为他们的"劳动"概念是狭隘的、片面的，只是指的体力劳动。你看，我通宵达旦地在那里写作，这算不算劳动？若按他们的观点，创立劳动价值论这样伟大理论的人也不能算是有劳动观点的人。这时候，她也只是笑笑而已，说我一声"诡辩"后就不再说话了。

小平的家务负担显得格外沉重，一方面是因为我没有为她分担，另一方面更是因为我们太过贫穷。我们俩大学毕业参加工作后的工资一直是每月 56 元，十几年分毫未动。两人都是出身农家，双方父母都需要我们负起赡养的责任。1972 年我们的大孩子住了三个来月的医院，欠下了近四百元的债款需要陆续偿还。这样，在做了各项扣除之后，用于我们一家四口的生活费用也就是每月五十来元。这点钱也不能只是用来熬粥喝的，总还免不了一些必要的应酬，一些躲不开的人情往来。小平又是一个很要面子的人，因而常常不得不打肿脸来充胖子。记得有一年她的一位在天津居住和工作的远房兄弟（那是一个比我们还穷的人）结婚，要购置一件家具，她的叔叔来向我们求援。我们自己都快揭不开锅了，只得向当时的邻居来新夏先生借了三十元，下月发了工资立即还他。这一个月，我们的生活就更加苦不堪言了。我们的收入是一个常量，任何一项"计划外"的支出都只能靠自己紧缩牙缝来解决。所以，她常常不得不做"无米之炊"。过年了，没有余钱给孩子买新衣裳，就去布店扯几尺布，由她自己来做。在那些年月，社会为知识分子提供的生存环境又是那么恶劣，做一个穷知识分子家庭的"主妇"，其艰难困苦是可想而知的。

1972 年时的"全家福"

1972 年至 1976 年的四五年间，是我整个人生的低谷，经济上贫穷，政治上随时准备挨整，到 1975 年前后的一个时期，几乎陷入了一种走投无路的绝望状态。粉碎"四人帮"，人们真真切切有一种"天亮了"的感觉。1977 年 10 月，国家刚刚恢复稿费制度的那一个月，我从《光明日报》得到了第一笔稿费，超过了半个月的工资。这标志着我的收入从此不再是一个没有任何变动余地的常量，而成为一种可以充满期待的变量。1979年1月，我的第一部著作出版。当时的稿费标准是每千字2—7元，人民出版社给我的稿费是每千字6元，很高，一共是一千二百多元。我从来没有见过这么多的钱！从银行取回来后，一进校门就还债，第一家就是住在北村的刘泽华家。还清了所有的债款之后，还在银行有了一个500元的存折，这是我生平第一个存折。1982年，学校分给了我一套三居室的住房。1983年，我又有两部著作相继出版，这时，我已经是个"万元户"了，由哲学系最贫穷的人变成了哲学系的"首富"。中国的改革真是改变了国家的命运，也改变了我们每个人的命运。（至于后来中国的改革被利益集团绑架而走了弯路，那是另外的问题，而且这样的问题也只有依靠深化体制改革来解决。）这时候，觉得自己已经进入一种很美好的生活状态了。经过那二十来年的折腾，我已经很少有年轻时的那些幻想和激情，变得比较踏实和低调了。衣食无忧，政治上感到安全，能够安安稳稳地教书并尽可能地搞点研究，家庭和谐，孩子健康成长，这就是我追求的生活状态。我已经达到了这种状态，已经非常满足了。这之后的二三十年，生活水平和事业上的进展更是快速地大幅度地提升。我的工资、津贴、住房等，都是享受学校的最高待遇（至少在文科教师中如此），学校还给我种种荣誉和奖励。家庭的生活可以说是相当富裕了，但我们仍然过得很节俭，因为这已经成为我们习惯的生活方式。小平也仍很辛苦，只是再没有忧愁了。

但是，从20世纪80年代以后，我们的健康状况开始走下坡路了，尤其是小平。我是因为以前身体过度透支，长时期营养入不敷出，造成严重的脑供血不足，从1982年开始犯眩晕。

最突出的表现是阅读能力持续下降。20 世纪 80 年代末期以后越来越严重。以前可以连续看书三四个小时，现在是一路下滑，由两小时、一小时、半小时、二十分钟、十分钟到看字就晕。有时走路跟跟跄跄，踩不准点。看过几次大夫，也做过脑部 CT 检查，都说不清有什么病，只是开点尼莫地平之类的减轻症状的药，同没有治疗一样。到 1994 年前后，症状急剧恶化，先后四次犯过大眩晕，三次是早晨醒来，一次是午睡醒来，稍一翻身就天旋地转。第一次犯时，我以为自己要完了，要去见马克思了。令人尴尬的是，表面上却看不出来像有什么病，从眼神、说话、办事都看不出来。我又不愿意向人们（包括我的学生）宣告自己病了，快成废人了，因为我们这个学科的发展也正处在关键时候，不愿意有人因此而对这个学科失去信心。这时候，我手头还有太多的任务。每年的博士答辩，都是像过大关一样。几篇博士论文，好几十万字，而且常常是临答辩之前一两个月才送来。我每天的有效工作时间最多只能是两个小时，却要分成无数个时段，看十来分钟就被迫停下来，等头不太晕了再接着看，真是痛苦不堪。后来看到刘泽华先生的一篇文章，说他在脑缺血时不得不靠着倒立一会儿，给脑部增加点供血后再继续工作。这多么危险！我感动得直流泪。我们这一代知识分子为何会搞得这么苦！非常幸运的是，1996 年遇到了一位神医，我得救了。我的两位在天津市委党校工作的老同学郝骥如、黄蔼明夫妇告诉我，党校请了静海中医院的赵院长每周二在那里门诊，说这位大夫特别擅长心脑血管病的诊治，许多外地患者都慕名而来。赵大夫给我号脉后说："我直言相告，你病势已成了。"他开的方子下药很猛，剂量很大，以至南开校医院的中医大夫不敢抄方子（因为只有校医开方才能去南开大学的公费医疗指定药房抓药，所以要请校医抄方）。这药非常灵验，当天晚上服下，第二天早晨起来像换了个脑袋似的，十分清爽。这期间，我还向刘泽华、俞辛焞两位先生推荐了赵大夫。他们治疗了两三周就不再继续了，而我是从3月中旬到6月上旬，连续服药11周，77天，一天不断。最后赵大夫号脉说："你的病已经消除了，这是我治疗成功的一个典型病例。"我和大夫都非常高兴。从那以后，再没有犯过眩晕，脑力逐渐得到恢复，当然效率是大不如从前了。这又凑凑合合地工作了二十来年。对于我这种极其严重的脑病患者来说，竟能枯木逢春，赵大夫真是恩同再造，我感激万分，同时也感谢我的老同学骥如和蔼明。

1982年时的"全家福"

　　小平却不像我这么幸运。她年轻时非常健壮，上中学时在盐场劳动，能和他人一起抬 100 公斤重的盐筐。不论在家里还是在外头，无论干什么活，都从不吝惜自己的体力。恐怕正是这种超出限度的劳累，再加上生活条件太差，使她落下了一身的病。40 多岁的时候就患肠胃疾病，特别是患萎缩性胃炎。50 多岁以后，关节炎、骨质疏松加重，常年腰腿疼痛，严重时寸步难行。60 岁以后，心脏又有了毛病。2000 年 10 月 15 日，她的母亲（养母）咽气那一刻，因悲痛和紧张突发房颤，从此落下了这病，至今未愈。她的这种健康状况，使得我们之间在家庭生活中的角色位置不得不做些调整。前大半辈子都是她侍候我，现在是我侍候她了。进入 21 世纪后，我也开始进入厨房。买菜、做饭都由我充当主力。做点家常便饭不难，稍微讲究点的菜就照着菜谱书上写的去做。现在我居然也能端出几道"拿手菜"了，还时不时请几个学生来品尝，他们赞不绝口（不知是真话还是假话），我也大有成就感。开始，熟人在菜市上见到我时都表示惊讶："你怎么也亲自买菜来了？"我说："这首先是因为我要亲自吃菜！"逗得卖菜的小贩都在旁边哈哈大笑。本来可以请个保姆代劳，但一方面现在请到称心的保姆太难，请过几个都是干不多久就不得不辞退了；二是我觉得干点家务对我来说也不只是"负担"，还能够从中得到难得的快乐和安慰。能亲自给老伴做点让她可口的饭菜，亲自给她端茶倒水，帮她穿穿鞋子，这也是对她的一种回报，可以借此表达心存多年的歉意。有一天，童坦师兄遇到我拎着一兜蔬菜回家时，他感慨地说："这是赎罪。""赎罪"这个词儿用得太重了，说"补过"应是恰当的。

二

许多亲戚和朋友说起小平对我事业上的支持，都是说的她承担了几乎全部的家务。他们的这种理解还是相当狭隘的。事实上，与此同样重要的，且在关键时候显得更加重要的，是精神上的支持，是几十年如一日的信任和鼓励。这使我能够在思想上、情感上得到一种强有力的支持和依托。这几十年里，在我们的生活道路上遇到那么多的磕磕绊绊、坎坎坷坷，她从来都是鼓励我去面对，并且总是充满信心，相信我一定能把事情摆平。

当然，所谓信任和鼓励，不是表现为无原则的吹捧，更不会是护短。对于我的缺点，小平经常是直率地批评。我和什么人发生了摩擦，她不会只是说别人的不是，更不会做火上浇油的事，和我一起去痛骂对方。即使在"文化大革命"中分明是有人整我的情况下，也总是提醒我是不是有什么小辫子抓在人家手里了。有时，看我怒不可遏的样子，她就在一旁敲打："你看，湖南人的蛮劲又上来了吧？"许多事情，我能够控制自己的情绪，实行"冷处理"，多与她的开导、劝阻分不开。和她一起生活几十年，我的性格被改变了许多。她经常说："你把脸一拉，样子很难看。你什么话都不说人家还怕着你，你要是一拉脸、一发火，谁能受得了！"我这模样长得是不怎么慈眉善目。在挨整的时候，凶一点或许还有点好作用，在正常情况下就只能招人厌恶了。尤其是做了系主任以后，我想一定要把这张脸变过来，所以这二三十年来从未对任何人发过火。想来，这还真是不易，真是应该感谢老伴的帮助和监督。

每当我要对一些政策性问题发表意见时，小平总是要给我讲讲她的感受，讲讲像她这样水平一般却兢兢业业工作的一些人希望得到什么样的对待。这能使我避免一些片面性。她绝对没有那种势利眼，对那些不是处在高端的老师们更是亲切和友善，这在客观上也大有助于增强我本人在哲学系教工队伍中的亲和力。尤其让我感动的是，她对我的学生们非常关心、非常亲切，对于生活上有困难的学生尽可能地提供一些帮助，对于在完成学业上有些畏难情绪的学生给予热情的鼓励，要他们别怕麻烦老师，随时可以来家里和老师讨论。她特别注意我和学生说话的态度和方式，生怕伤害了学生。那一年，我的博士生刘永富来谈论文。那次谈话，永富确实显得不太礼貌，嗓门也大，老伴在旁边房间里听着一直替我捏把汗。永富走了后，她说：你今天的表现真是了不起，永富这么说话你都没有发火。我说，想发来着，但最后还是把自己按住了。永富人品很好，就是这山东人的性格有点倔。据说他在复旦读硕士的时候就曾同他的导师闹翻了。我要是一发火，就没有任何回旋余地，谁也下不来台了。后来，永富的论文《论真假》做得很好，出版后还获得了第九届中国图书奖。我七十岁生日时，永富重病在身未能来津，写了一封热情洋溢的信，特别称赞了我对各类各样的学生都能宽容和尊重。这封信让我极为感动。这时，我又想起当年谈论文时的情景，也想起我的老伴，想起这位名副其实的"贤内助"。杨岚在她的博士论文《人类情感论》的后记里写道，特别感谢师母鄂老师，"她的柔情恰到好处地中和了陈老师的锋芒，她的适时鼓励使我能更有信心继续走下去"。在众多博士论文的致谢辞里，这是最能打动我心灵深处的一句话。

我们两人性格迥异，几乎在一切方面都正相反对，总体形象是我颇为强势，小平却比较柔弱。我们结婚后不久，一位老兄说："你们俩搞到一起真是不可想象。"他以为我们会成天吵架，以为我总会欺负她。我心想，那不是不可想象，而是他不会想象。让这位老兄绝对想象不到的是，这几十年里我们从来没有真正吵过架。她性子急，容易生气，但只要她一生气，我就赶紧认错，不论有理无理都先把责任全部担了下来，她的气也很快就消了。小平说，这是我玩的策略。我说，这不是策略，而是战略，从战略上说，高质量的家庭生活就应当无条件地排除这种无谓的争吵。夫妻之间争吵的都是家务琐事。在这类事情上，把一辈子犯的"错误"摆在一起也构不成一个正式的错误，非要同自己的老婆争出个是非高下有什么意义？

与夫人在南开大学附近的水上公园散步

小平这一辈子对我有爱有恩，她为我付出的是那么多，而我给她回报的却是那么少。每每想起这些，我都只有愧疚和不安。她年轻时也是朝气蓬勃、上进心很强的，中学时就入了党，还做过中学的学生会主席，上大学时也一直是学生干部，她也有自己的人生理想，有事业上的追求。但后来，年轻时的锐气和朝气都基本被"磨"光了，在事业上业绩平平，自认为早已沦为"家庭妇女"。这中间有多种的、复杂的原因，而家务之累则不能说不是最重要的原因。她也是南开大学的哲学教师，我们搞的是同一个学科，但我对她的帮助实在是太少了。她不止一次地说，我这位"导师"对她的指导比对我的任何一个学生都要少。这话一点儿都没有夸张。我太缺乏责任心，对她事业上的关心太欠缺了。

有人跟小平说，你的职称问题最好解决，在你们老陈的文章和书里挂个名不就有成果了嘛。她觉得这真是一种奇谈怪论。甭说真的去那么做，就是沾上那种嫌疑都是不能忍受的。1987年，我和封毓昌共同负责承担了一个天津市社科规划的课题"社会意识论研究"，我是第一主持人，主要由我和老封共同指导的研究生去做。1988年戴修殿去英国留学，攻读经济学博士学位，不便再继续这个项目的研究，小平便提出她是否可以参加课题组接替戴修殿的工作。我觉得这个要求没有什么不合理的，便同老封商量后把小平吸收到课题组，但我同时提出，我必须退出课题组，由老封一个人主持。所以，这个课题的最终成果《社会意识论导论》就是由封毓昌主编，由天津人民出版社出版的。这样做，就是为了不沾嫌疑。1983年前后，我做中央电大哲学课的主讲时，好几家电大刊物请我为他们推荐作者，我推荐了哲学系和马列教学部的许多人，就是不让小平参与，这也还是为了避嫌。在20世纪80年代，这类文章作为科研成果，对于公共政治课教师的晋升来说还是管用的。后来想起这些事，觉得自己恐怕是做得过分了一些。

1998年，小平59岁那一年，她申报教授职称。当时南开大学为照顾即将退休的老教师，已有副教授职称的人在他们59岁那一年可以申请获得教授职称，分成两类指标，一类是所谓"周转指标"，同待遇挂钩，但年满60岁即退休；一类是不占指标，只认定教授资格，不同待遇挂钩。申报人向校职称评审委员会述职，由评审委员会投票决定。我还是校职称评审委员会的副主任，但我在会上会下都没有向任何一个评委打招呼，请求他们照顾。小平述职时，我按规定回避，离开会场。结果，她以一票之差未能获得"周转指标"，而只是认定教授资格。如果我在会前向评委们打打招呼，拉过来一两票是不难的。如果会后我向校领导提出要求，增加个把"周转指标"恐怕也是可以做到的。但是，我连想都没有想过要这样做。为我的学生或者同事，我做过不少这样的事，但是为我自己和我的家人是不去做的。这是两种不同性质的行为。古人所谓"工于谋人，拙于谋己"，说的是为他人谋可以有百计、有千方，为自己谋却显得很是笨拙。这是文人的一种修养，一种讲究。散会后回到家里，小平心态非常平静地说："这个结果也许更好一些。"因为和她同时申报的有本教学部的王玉敬，他们的年资、业绩和水平都难以分出高下，如果只是自己上去了，那将如何面对他？不仅他本人，其他的人说不定也会认为这不过因为我是评委。沾上这种嫌疑是十分遭人憎恶的，是十分被人看不起的。所以，她对我的做法没有任何埋怨，而是表示完全的理解和认可。我呢，是真的觉得对不起她，但不是在于关键时刻没有为她去"跑关系"，而是在于平日对她业务上的帮助和关心太少了。

尽享天伦之乐（摄于 2004 年）

　　小平曾不止一次地对孩子们说，不要求我们这个家庭成为多么富裕或者多么显赫的家庭，但一定要是一个受人尊敬的家庭。她是这样想这样说的，也是这样做的。她最不能容忍的是有人在背后戳我们的脊梁骨，所以她从来不要求、不怂恿我去做不可做、不宜做的事情。

三

　　我们从小生活在贫困之中，深深感受到父母的艰辛，总是希望尽快改变这种状况，使自己的父母日子过得好一些。1967年小平第一次领到工资 45 元，立即给她父母寄去了 30 元。我也是，1977 年第一次得到稿费 30 元，立即给我的母亲寄去 15元。即使在我们手头拮据乃至债台高筑的时候，对双方父母的赡养都还是尽力而为的。我和小平之间，从来没有在给各方父母提供经济支持上发生过任何分歧。更加难得的是，给我的湖南老家的支持都是她安排的，什么时候该寄钱寄物了，多数情况下都是她在催促的。1986年我的母亲去世后，给湖南老家的支持并没有减少。我的姐姐终身未嫁，孤身一人，近二十年来，她基本失去了劳动能力以后，也是全部由我们负担她的生活费用，按月寄钱。按当地政府的政策，她属于"五保户"（这是几十年前的叫法，现在叫什么不大清楚了），可以按月得到生活补贴，但姐姐不接受，说"我的弟弟是大学教授，他管得了我"。其实，姐姐大可不必这样，但小平却认为姐姐做得好，对我说："她这是在维护你的面子！"其他的人，我的哥哥和妹妹乃至他们的孩子，谁有病有灾，遇到了什么困难，我们也都是尽量给予帮助。相比之下，我们对小平父母的支持却显得少了一些，而二位老人对我们的帮助反倒更多一些。我们的两个孩子都是靠着二位老人的帮助才拉扯大的，他们在学龄前的几年都在乐亭的农村老家生活过。1980年我的岳父得了癌症后，为便于治疗和照顾他们的生活，也把他们的户口迁到了天津。岳父没有同任何人商量，便自作主张把老家的住房作价三千元卖了，带到天津来治病。他这是怕给我们增添负担。老人对晚辈的一片爱心让我们极为感动，但对他老人家的这种做法，我们是绝难接受的。

　　岳父去世后，岳母和我们一起生活了整整二十年，一家老少三代相处非常融洽。有些同事赞叹，一个当教授的女婿，同一身土气的岳母（况且是夫人的养母）竟一起生活二十年相安无事，也是觉得"不可想象"。这是因为他们不十分了解我们这个家是在什么样的困境中走过来的。岳母是几位老人中最后走的一个，到现在也是十多年了。即使到了现在，我们还在为过去有些事情做得不周到，没能让老人满意而感到愧悔。小平心细，她的这种心情更重一些。

岳母肖像

对两个孩子，我们是教重于养，始终把他们的健康成长放在第一位。对于孩子的管教，小平做得很细，但凡作为一个母亲该做和能做的事她都做了，从饮食起居、行为举止、如何说话、如何做事，到如何对待长辈、对待老师，如何与同学或小朋友交往，处处留心观察和指教，可谓无微不至。相比之下，我却做得较"粗"。常常有人问我是怎样教育孩子的，我说管得不多，只管住两条，一是观察他们和什么样的孩子交往，二是有没有说谎话。孩子未成年时自律、自制能力较差，如果结交了他称心的伙伴，有了他心中的偶像，这伙伴的吸引力是无比强大的，伙伴邀他去做什么事，几乎是任何力量也阻拦不住的，家长的教导，学校的纪律，乃至板子、棍子都无济于事。这里面，也包含了我自己的极为深刻的"成长经验"。对于成长中的孩子来说，说谎话不是一般性的错误，而是基础性的错误，可以说是许多错误之源。因此，我们总是对孩子说，别的错误都可以原谅，唯独说谎这种错误决不原谅。做了错事不要紧，只要知道错了，改了就好。但如果做了错事，为逃避父母的"惩罚"而编出一些谎话来掩饰，那就十分可怕了。如果说谎成了习惯，陷得深了，是会造成人格分裂的。这样的孩子无可救药。我从不打骂孩子，从未对他们动过一下指头，也没有恶语相加骂过他们。这固然是因为打骂这种行为同我的"教育"理念格格不入，而更加切实的原因，就是我害怕打出个"两面派"来。

孩子教育的重中之重，是培养他们自强、自立的精神，而自强自立的前提是自尊和自信。我们在保护孩子的自尊心、鼓励孩子的自信心方面，是非常注意、非常用心的。次子湘晖在南开中学读高二那一年，成绩略有下降。读高一时住校，曾在前几名之列；读高二时住在家里就有些懒散了，放学回家撂下书包就摆围棋，自己跟自己下，瘾头很大，期末考试成绩落到了班上第 14 名。小平一看成绩单，气得发抖。我赶紧把她拽进旁边的房间，对她说："你知道这种行为的严重后果吗？你这样会伤害孩子的心灵的！"并且以我自己儿时的经历和感受告诉她，母亲的眼泪比父亲的板子不知要厉害多少倍！第 14 名仍在前百分之三十以内，对于南开中学的学生来说这根本就不是问题，下个学期一住校，问题就可以解决了，动那么大的气毫无道理，有害无益。

　　培养孩子的自强自立精神，关键是消除他们对于父母、家庭的依赖心。一般说来，家庭处于比较困难的境况时，不仅不大可能发生这类问题，往往反而有利于孩子自立精神的培养，他们有可能懂得要通过自己的努力去改变家庭的境况。恰好在我们的两个孩子刚刚成年或即将成年的时候，我们这个家庭的境况发生了明显的变化，这就需要特别警惕了。我常常给他们讲讲我们的过去，是要让他们知道，他们的父母都是依靠党和人民的培养，依靠自己的努力奋斗才走到现在这一步的；现在也仍是普普通通的教书匠，无权无势；而且即便是有权，也不能为他们所用。湘阳 1986 年高考的成绩超出南开大学文科在天津的录取线 25 分，几乎可以填报南开文科的任何专业，但他却执意填报当时已跌入冷门的中国史专业。我二话不说，完全尊重他的选择。1990 年本科毕业后免试推荐为硕士研究生。1993年毕业时，有人建议他留校，他却执意要去深圳闯荡，并且说："如果留在南开，我就永远只是陈晏清的儿子。"这话表达的正是我所希望的自立精神，因此又百分之百地支持了他的选择。在深圳干了 20 年之后，因为我们已经年老，为照顾我们，他又自动请求调回了天津，还是同在深圳一样做新闻工作。湘晖 1990 年以天津市理科第三名的优异成绩考取清华大学的自动控制专业，1995 年本科毕业时免试推荐为博士研究生（直攻博），2000 年获博士学位。博士毕业时，他的一位舅舅已经是国务院某部的副部长（后升任国务院某办主任），但他不去求他的舅舅，而是自己去挤人才市场，并且很快就在清华校办的一家公司谋得一个职位。在这家公司干不多久，他的同学从美国回来创业，他们合作办了一家汽车电子技术公司，经过几次重组，这家公司已经有了一定的规模和基础，他担任了这家公司的总经理。有趣的是，后来湘晖的媳妇李悦在一家公司合同期满后，由我的学生天智介绍到另一家公司任职。这家公司做的主要项目恰巧就是湘晖的舅舅所在的那个部的项目，而且恰恰就是他的舅舅主管的项目。我们一再叮嘱天智不要向公司透露这件事情。李悦在这家公司干得很好，凭自己的劳动获得她应得的东西。其实湘晖的舅舅是很关心他们的，但我和小平一再跟孩子们说，你们的这位舅舅是一位对自己、对家人、对亲属都有严格约束的人，不要去给他添麻烦。

2000 年，湘晖在清华大学博士毕业典礼后与父母亲留影

　　我们的这两个孩子上学、就业、工作都是他们自己做主，自己拼搏。他们目前在事业上还谈不上有多大成就，但在自己的人生道路上走得很踏实，步伐很稳重。这也是在我的一生中让自己倍感欣慰的事。

2007 年时的"全家福"

2016 年时的"全家福"

附录一：陈晏清指导的研究生名录

博士生名录（56名）

入学年份	姓名	学位论文题目	毕业后工作岗位
1986	王南湜	人类活动论导引——马克思哲学的现代探讨	南开大学哲学院教授，博士生导师
	李淑梅	工具在认识中的意义	南开大学哲学院教授，博士生导师
1987	漆　玲	论主体的具体性	中共天津市委党校教授
	刘永富	论真假	西安交通大学教授，博士生导师
1988	郭天海	论认识与文化——对于认识社会本质的文化透视	西安外国语大学教授
	黄龙保	主客体原始形态研究	中国人民解放军国防大学教授，少将，科研部副主任
1989	阎孟伟	论社会有机体的基本性质、结构和动态	南开大学哲学院教授，博士生导师

入学年份	姓名	学位论文题目	毕业后工作岗位
1990	张金钟	对人与自然关系的思考	天津中医药大学党委书记，教授，博士生导师
1993	郝永平	进步观念的当代重建	中共中央党校教授，博士生导师，图书馆馆长
	杨桂华	转型社会的控制	南开大学教授，博士生导师，天津日报社党委书记、社长
1994	林建成	论知识的社会性本质	北京交通大学教授，博士生导师
	吴秀生	文化转型与社会转型	全国政协副局级秘书
	李　钢	社会转型代价论	北京邮电大学教授，博士生导师
1995	沈亚平	社会秩序及其转型研究	南开大学教授，博士生导师
	李旭炎	重建哲学的人文维度	天津科技大学党委书记，教授
	荆学民	当代中国社会转型期信仰的危机与重建	中国传媒大学教授，博士生导师
	晏　辉	论市场经济的伦理基础及其实现方式	北京师范大学教授、博士生导师

续表

入学年份	姓名	学位论文题目	毕业后工作岗位
1996	常　健	市场经济与权利规范	南开大学教授，博士生导师
	蔡　拓	可持续发展的哲学意蕴	中国政法大学教授，博士生导师
	杨　岚	人类情感论——高科技时代情感世界重建的理论基础	南开大学教授，博士生导师
	史瑞杰	社会哲学视野中的效率和公平	天津社会科学院院长，教授，博士生导师
1997	邢元敏	走向知识经济时代的教育	中共天津市委副书记，天津市政协主席
	肖士英	合理性的追求——现代性文化出路的反思与开拓	陕西师范大学教授
	连　洁	社会转型与知识分子问题的转化	天津工业大学党委书记
1998	王新生	市民社会论	南开大学哲学院教授，博士生导师
	荣新海	公共政策和公共理性——现代公共政策理性基础的建构	天津市新闻出版局局长
	付　洪	知识的进步与人的全面发展	南开大学教授，博士生导师

续表

入学年份	姓名	学位论文题目	毕业后工作岗位
1999	杨克欣	社会转型期大众文化研究	南开大学党委副书记、副校长，教授
	李佑新	走出现代性道德困境	湘潭大学教授，博士生导师
2000	杨　谦	中国哲学的现代追寻——马克思主义中国化的过程与机制	南开大学教授，博士生导师
	王桂艳	制度正义研究	天津师范大学教授，博士生导师
	申延平	中国农村社会转型论	中共河南省委农村工作办公室常务副主任
2001	余晓菊	论实践的合理性——关于现代人类生存困境的哲学思考	湖南师范大学副教授
	孙兰英	论当代政治文化的演变及其意义	天津大学教授，博士生导师
	朱爱军	审美范式的转换与社会转型期文化精神的建构	沈阳师范大学教授
	马铁军	哲学的实践转向和方法论意义的凸显	武警指挥学院教授

续表

入学 年份	姓名	学位论文题目	毕业后工作岗位
2002	杨仁忠	公共领域论	天津师范大学教授，博士生导师
	陈映霞	公共理性——论协商民主的合法性基础	天津商业大学讲师
	刘　娟	马克思主义平等理论初探	南开大学教授，博士生导师
2003	赵前苗	后形而上学语境中的当代政治哲学	中共天津市委研究室
	马晓燕	女性主义对自由主义正义论的批判	北京科技大学教授
	房德玖	公共利益问题探究——从公共理性的视角看	曲阜师范大学教授
2004	张卫明	罗尔斯正义论方法论研究	湖南人文科技学院教授
	郑　桦	论政治合法性的道德根据	湖南怀化学院讲师
2005	孟锐锋	马克思政治哲学对自由主义的超越——对建构现实性马克思主义政治哲学的一种思考	南开大学副教授

续表

入学年份	姓名	学位论文题目	毕业后工作岗位
2005	李　琳	政治哲学视域中的中产阶层	湖南省民政厅
	王永光	布坎南公共选择理论的政治哲学研究	天津商业大学教授
2006	吴天智	中国传统文化视域中的和谐观念及其当代转换	武警交通指挥部副政委，少将
	赵亚琼	罗尔斯政治哲学中的理性（Reasonableness）观念研究	南开大学哲学院副教授
2007	刘自学	论政治哲学范式的演进	贵州黔南民族学院副教授
	刘　宇	从臣民到公民——个人自由与权利生长历程的逻辑性考察	三峡大学教授
2008	孟庆龙	哈耶克自发社会秩序理论评析	南开大学办公室干部
	杨　军	西方政治哲学视野中的公共性问题	保定学院讲师
2009	何元元	论蒲鲁东小资产阶级社会主义	天津体育学院讲师
2010	蒋戈利	医学思维观念的变革与人文整体医学模式的建构	中国人民解放军464医院主任医师，教授
2011	骆　夷	赖特阶级理论的当代建构	北京大学哲学系博士后

硕士生名录（17 名）

入学年份	姓名	学位论文题目	毕业后工作岗位
1980	李淑梅	马克思主义关于"自由王国"的理论	南开大学哲学院教授，博士生导师
	郭天海	马克思《资本论》中的系统思想	西安外国语大学教授
1982	许瑞祥	《资本论》的矛盾学说	南开大学哲学院副教授
	朱光泽	论主体结构及其在认识中的作用	国防大学教授
	李　锦	《资本论》对唯物史观的证实和发展	加拿大百年理工学院国际教育部
1983	沈亚平	论"一"和"多"	南开大学教授，博士生导师
	刘鸿鹤	论个体主动性	大连理工大学教授，博士生导师
1985	戴修殿	论社会意识和个体意识	英国赫尔大学政治、哲学与国际研究院高级讲师

以下研究生由陈晏清与封毓昌合作指导，而以封毓昌教授为主

入学年份	姓名	学位论文题目	毕业后工作岗位
1986	翟媛丽	思维方式浅论	北京交通大学
	康健	论人类精神的能动创造本质	中共中央办公厅
1987	王新生	一元与多元	南开大学哲学院教授，博士生导师
	余晓菊	价值与真理	湖南师范大学副教授
	王金宝	"个体主义"思潮研究	天津师范大学副教授
	李光先	社会思想的意识形态性和非意识形态性	广东开放大学
1988	李文阁	论理性与非理性之统一	《求是》杂志社编审
	李远杰	论反映与创造	四川广播电视台
	傅国强	主体性与客观性	内蒙古农牧大学教授

附录二：陈晏清年谱

6 岁　1944 年

2 月　　　进入孟公市陈氏小学。

7 岁　1945 年

4 月　　　日军入侵新化县境，为躲避战祸，随祖父居
　　　　　住山区姑母家，因此休学。

8 岁　1946 年

2 月　　　在陈氏小学复学，重读二年级。

9 岁　1947 年

9 月　　　由三年一期班直接升入四年二期班。

12 月　　于陈氏小学毕业。

10 岁　1948 年

2 月　　　进入孟公市广益高级小学。

11 岁　1949 年

8 月　　　新化县和平解放。

12 月　　于广益高级小学毕业。

12 岁　1950 年

 2 月   进入维新中学（现名新化县第二中学）。

 8 月   祖父陈历发逝世，享年 80 岁。

13 岁　1951 年

 7—8 月 参加县团委举办的"青年学园"学习。

14 岁　1952 年

 4 月   因病休学。

 9 月   转入新化县复初中学。

15 岁　1953 年

 7 月   于复初中学毕业。

 9 月   考入湖南省邵阳市第一中学（原名湖南省立
      第六中学）。

16 岁　1954 年

 4 月   加入中国新民主主义青年团。

18 岁　1956 年

 5 月   加入中国共产党。

 7 月   于邵阳市第一中学毕业。

 8 月   保送考入北京俄语学院留苏预备部。

19 岁　1957 年

 6 月   于北京俄语学院留苏预备部结业。

 9 月   转入中国人民大学哲学系。

22 岁　1960 年

　　6 月　　　　父亲陈伯昆逝世，享年 58 岁。

24 岁　1962 年

　　7 月　　　　于中国人民大学毕业。

　　10 月　　　分配至南开大学哲学系任教。

25 岁　1963 年

　　5 月　　　　首次登上大学讲台，为哲学系 62 级讲授辩
　　　　　　　证唯物主义。

26 岁　1964 年

　　3—5 月　　率哲学系师生十余人，赴河北省安次县万庄
　　　　　　　公社大五龙三队参加"四清"运动，任工作
　　　　　　　队副队长。

　　8—10 月　参加河北省委组织的写作组，撰写"反修"
　　　　　　　文章《无产阶级知识分子成长的道路》。

27 岁　1965 年

　　8 月　　　　率哲学系师生十余人，赴天津市冶金实验厂
　　　　　　　参加"四清"运动，任工作队党支部副书
　　　　　　　记。

28 岁　1966 年

　　5 月　　　　从"四清"工作队返校，参加"文化大革
　　　　　　　命"。

30 岁 1968 年
　　1 月 12 日　与鄂小平结婚。
　　11 月 25 日 长子陈湘阳出生。

33 岁 1971 年　任哲学系教改组副组长，负责教学准备工
　　　　　　　作，迎接第一届工农兵大学生入校。

34 岁 1972 年
　　2 月 21 日　次子陈湘晖出生。
　　2—6 月　　作为主要任课教师，赴河北省完县（今顺平
　　　　　　　县）的南开大学腰山教学基地，为哲学系 71
　　　　　　　级讲授辩证唯物主义。

35 岁 1973 年
　　3 月　　　任南开大学哲学系哲学教研室主任。

38 岁 1976 年
　　10 月　　　粉碎"四人帮"。

39 岁 1977 年
　　10 月　　　第一篇以自己真实姓名署名的文章《历史地
　　　　　　　辩证地看待资产阶级法权》，于 17 日的《光
　　　　　　　明日报》发表。

41 岁 1979 年
　　1 月　　　第一部哲学著作《"四人帮"哲学批判》由
　　　　　　　人民出版社出版。
　　12 月　　　应教育部统编教材《辩证唯物主义原理》主
　　　　　　　编肖前邀请，参加该教材的编写。

42 岁　1980 年

9 月　　　　首届硕士研究生李淑梅、郭天海入学。

43 岁　1981 年

3 月　　　　晋升为副教授。

4 月　　　　应聘为华中工学院（现华中科技大学）兼职
副教授。

5 月　　　　肖前等主编的《辩证唯物主义原理》由人民
出版社出版，为该书撰写"对立统一规律"
一章。

7 月　　　　在全国高校哲学专业教师讲习班上做关于
"对立统一规律"讲授意见的报告。

44 岁　1982 年

6 月　　　　在中国辩证唯物主义研究会成立大会上当
选为研究会理事（1986 年以后改任常务理
事）。

　　　　　应聘为中央广播电视大学首任哲学主讲教师。

12 月　　　参加教育部组织的《辩证唯物主义与历史唯
物主义教学大纲》编写。

45 岁　1983 年

2 月　　　　《马克思主义哲学纲要》由中央广播电视大
学出版社、天津人民出版社出版，该书是为
中央广播电视大学编写的教科书，也为部分
全日制高校选用，先后印刷约 20 次，发行
二百余万册。

3 月	参加《中国大百科全书》哲学卷编委会成立大会，被聘为撰稿人，撰写"对立统一规律""矛盾""矛盾的斗争性""矛盾的同一性""意识的能动性"等词条释文。
7 月	《论自觉的能动性》由上海人民出版社出版。《马克思主义哲学纲要》获全国通俗政治理论读物评选二等奖。

46 岁　1984 年

3 月	作为主要成员，应邀参加李秀林主持的国家哲学社会科学规划重点项目"马克思主义哲学和中国社会主义现代化建设"的研究工作。
5 月	《马克思主义哲学纲要》获天津市哲学社会科学优秀成果二等奖。
9 月	当选天津市辩证唯物主义和历史唯物主义研究会理事长。

47 岁　1985 年

2 月	任南开大学哲学系主任。
9 月	应聘为陕西师范大学兼职教授。获南开大学教学质量优秀奖。
12 月	晋升为教授。作为主要成员参加国家教委设立的重点课题（翌年又被提升为国家社科规划重点课题）"马克思主义哲学原理体系改革"的研究，该课题由全国高校马克思主义哲学专业

博士点共同承担，课题组由肖前、黄枬森主
持，由十余位博士生导师和著名教授组成。

48 岁　1986 年

1 月　　　参加经国家教委批准组建的中国哲学家考
察团赴珠江三角洲地区（含香港、澳门）进
行社会考察和学术交流。考察团由"马克思
主义哲学原理体系改革"课题组的主要成员
十人组成，由肖前任团长、黄枬森任副团长。

3 月　　　母亲肖实姣逝世，享年 86 岁。
《论自觉的能动性》获天津市优秀社科成果
二等奖。

7 月　　　经国务院学位委员会批准为博士研究生导
师，同时南开大学的马克思主义哲学学科获
准建立博士学位授权点。

9 月　　　首届博士研究生李淑梅、王南湜入学。

12 月　　当选第四届天津市社会科学界联合会常委。

49 岁　1987 年

5 月　　　随中国哲学家考察团赴长江三角洲地区进
行社会考察和学术交流。
作为主持人承担国家教委社科规划项目"中
国社会主义现代化的哲学思考"。

50 岁　1988 年

1 月　　　负责承办"马克思主义哲学原理体系改
革"课题组扩大会议（天津会议），并邀请

李瑞环同志做题为"改革需要哲学，哲学需要改革"的重要讲话。

3月　　陈晏清、李淑梅的论文《应着重从社会历史角度理解马克思主义关于"自由王国"的理论》获天津市哲学社会科学优秀成果二等奖。

7月　　随中国哲学家考察团赴四川省进行社会考察和学术交流。

9月　　《马克思主义哲学纲要》修订本由天津人民出版社出版。

12月　　出席时任天津市委书记李瑞环召开的理论工作者座谈会，并做题为"理论应以理论的方式为改革服务"的发言。

参加由中共中央宣传部、中共中央党校、中国社会科学院联合主办的全国纪念党的十一届三中全会十周年理论讨论会，《中国社会大变动的哲学思考》一文（即《当代中国社会哲学》导言）获入选论文奖。

51岁　1989年

5月　　应聘为中共天津市委研究室特约研究员。

9月　　《更新教学内容，提高教学质量》获南开大学教学成果优秀奖。

10月　　出席中国哲学家与苏联哲学家关于当代哲学问题的研讨会。

52岁　1990年

3月　　《理论应以理论的方式为改革服务》一文获

	天津市首届优秀调研成果评选二等奖。
6 月	《中国现代化之哲学探讨》（陈晏清为主编之一）由人民出版社出版。
9 月	陈晏清主编的《当代中国社会哲学》由天津人民出版社出版。
11 月	作为主持人承担国家教委博士点基金项目"社会哲学研究"。

54 岁　1991 年

| 12 月 | 恢复天津市哲学学会，当选为会长。 |

54 岁　1992 年

6 月	作为主持人承担国家社会科学规划重点项目"社会客观规律与人的自觉活动"。
10 月	享受国务院颁发的政府特殊津贴。
10—11 月	随中国哲学家考察团赴湖北省进行社会考察和学术交流，同时参加在武汉大学举行的"马克思主义哲学原理体系改革"课题的最终成果《马克思主义哲学原理》的审稿会。
12 月	应聘为中共天津市委党校兼职教授。

55 岁　1993 年

| 4 月 | 承担国家教委专项任务"哲学学科研究现状和发展趋势研究"。 |
| 6 月 | 南开大学马克思主义哲学学科被批准为天津市重点学科，陈晏清为该重点学科带头人。 |

9 月　　　获南开大学优秀教学成果二等奖。

10 月　　《当代中国社会哲学》获天津市社会科学优
　　　　　秀成果一等奖。

56 岁　1994 年

1 月　　　作为"马克思主义哲学原理体系改革"课
　　　　　题的最终成果，新编哲学教科书《马克思主
　　　　　义哲学原理》由中国人民大学出版社出版。
　　　　　该书由肖前任主编，黄枬森、陈晏清任副主
　　　　　编。
　　　　　陈晏清、许瑞祥主编的《哲学思想宝库经典》
　　　　　由大连出版社出版。

11 月　　当选第五届天津市社会科学界联合会常委。

57 岁　1995 年

2 月　　　任南开大学人文学院院长，仍兼任哲学系主
　　　　　任。人文学院由中文系、历史系、哲学系、
　　　　　东方文化艺术系、信息资源管理系、历史研
　　　　　究所、古籍研究所、拉美研究中心等系所组
　　　　　成。

4 月　　　获天津市劳动模范称号。
　　　　　《马克思恩格斯学说集要》由天津人民出版
　　　　　社出版，陈晏清任全书副主编、哲学卷主编。

6 月　　　承担国家教委专项任务，起草哲学学科"九
　　　　　五"研究课题指南（草案）。

11 月　　应聘为河南师范大学兼职教授。

58 岁 1996 年

    9 月　　　应聘为湘潭大学教授（"双聘"，即与南开大学共聘）。

    10 月　　作为主持人承担国家教委"九五"规划项目"马克思的实践观点与合理形态的辩证法"。

    12 月　　陈晏清、王南湜、李淑梅著《现代唯物主义导引》由南开大学出版社出版。

59 岁 1997 年

    1 月　　　应聘为国家教委第一届哲学教学指导委员会委员。

    4 月　　　应聘为湘潭大学哲学研究所所长。

    5 月　　　湘潭大学与中国辩证唯物主义研究会合作举办"21 世纪中国哲学的走向"研讨会暨湘潭大学哲学研究所成立大会。负责筹办会议，并在会上受聘哲学研究所所长之职。
免去南开大学哲学系系主任职务。

    6 月　　　获南开大学华业奖教金一等奖。

    9 月　　　陈晏清、王南湜、阎孟伟的《调整学科方向，提高博士生培养水平》获天津市教学成果二等奖。

    10 月　　应聘为天津大学兼职教授。

    11 月　　经学校批准，南开大学社会哲学研究所成立，陈晏清任所长。

60 岁 1998 年

    5 月　　　举办社会哲学研讨会暨南开大学社会哲学

研究所成立大会。

9 月　　　由陈晏清任主编、王南湜任副主编的"社会哲学研究丛书"第一批四本由山西教育出版社出版。这四本书是《当代中国社会转型论》（陈晏清主编）、《从领域合一到领域分离》（王南湜著）、《转型社会控制论》（杨桂华著）、《社会转型与人的现代重塑》（李淑梅著）。

12 月　　随侯自新校长赴日本为池田大作先生授"南开大学名誉教授"称号，并进行学术访问和交流。天津市哲学学会换届选举，继续当选会长。

61 岁　1999 年

5 月　　　应聘为北方交通大学（现为北京交通大学）兼职教授。

12 月　　赴香港，访问香港中文大学等，并进行学术交流。

《现代唯物主义导引》获天津市社会科学优秀成果一等奖。

"社会哲学研究丛书"第二批六本由山西教育出版社出版。这六本书是《社会转型与信仰重建》（荆学民著）、《社会转型的文化约束》（吴秀生著）、《社会转型代价论》（李钢著）、《市场经济的伦理基础》（晏辉著）、《效率与公平：社会哲学的分析》（史瑞杰著）、《可持续发展——新的文明观》（蔡拓著）。

62 岁　2000 年

　　9 月　　　　南开大学人文学院撤销。

63 岁　2001 年

　　5 月　　　　作为主持人承担国家社会科学基金项目"马
　　　　　　　　克思的市民社会理论及其当代意义"。
　　　　　　　　应聘为洛阳师范学院兼职教授。

　　7 月　　　　被评为南开大学优秀共产党员。

　　12 月　　　 陈晏清、王南湜、李淑梅著《马克思主义哲
　　　　　　　　学高级教程》由南开大学出版社出版。

64 岁　2002 年

　　7 月　　　　获南开大学"敬业"奖教金一等奖。

　　8 月　　　　应聘为中国人学学会顾问。

65 岁　2003 年

　　7 月　　　　经南开大学哲学系马克思主义哲学学科全
　　　　　　　　体人员研究决定，将社会哲学研究的重点转
　　　　　　　　向政治哲学，马克思主义政治哲学被确定为
　　　　　　　　该学科一个时期内的主要研究方向。

66 岁　2004 年

　　6 月　　　　获南开大学"共产党员标兵"称号。

　　12 月　　　 应聘为教育部人文社会科学重点研究基
　　　　　　　　地——吉林大学哲学基础理论研究中心学
　　　　　　　　术委员会主任。

67 岁　2005 年

　7 月　　　应聘为吉林大学"985 工程"二期建设项目"社会发展理论哲学社会科学创新基地"学术委员会主任。

68 岁　2006 年

　1 月　　　应聘为天津社会科学院院外专家。

　9 月　　　获天津市"师德先进个人"称号。

　12 月　　陈晏清、王新生著《政治哲学的当代复兴及其意义》获天津市社会科学优秀成果一等奖。

　　　　　　天津市哲学学会换届选举，继续当选会长。

69 岁　2007 年

　4 月　　　《陈晏清文集》由天津人民出版社出版。

　8 月　　　南开大学马克思主义哲学学科晋升为国家重点学科。

　12 月　　陈晏清、阎孟伟著《辩证的历史决定论》由中国社会科学出版社出版。

71 岁　2009 年

　1 月　　　获南开大学优秀博士学位论文指导教师称号。

73 岁　2011 年

　5 月　　　建立南开大学当代中国问题研究院，陈晏清任研究院学术委员会主任。

　9 月　　　最后招收的一名博士研究生骆夷入学。至

此，已招收和培养马克思主义哲学专业博士
研究生共 56 名。

10 月　　退休。

12 月　　参与筹划、组织"当代中国社会管理问题学
术研讨会暨南开大学当代中国问题研究院
成立大会"。

陈晏清等著《政治哲学的当代复兴》由中国
社会科学出版社出版。

74 岁　2012 年

1 月　　应聘为中国人学学会学术委员会委员。

6 月　　获南开大学"荣誉教授"称号和特别贡献
奖。

75 岁　2013 年

3 月　　受聘为中国社会科学院哲学研究所学术顾
问。

12 月　　天津市哲学学会换届选举，被推选为名誉会
长。

76 岁　2014 年

8 月　　《20 世纪中国知名科学家学术成就概览 · 哲
学卷》由科学出版社出版，被列入"20 世纪
中国知名哲学家"，并于第三分册收录了陈
晏清学术成就介绍。

79 岁　2017 年　陈晏清、王南湜、李淑梅著《现代唯物主义
　　　　　1 月　导引》再版，书名更改为《现代唯物主义引
　　　　　　　　论——马克思哲学的实践论研究》，作为"当
　　　　　　　　代中国马克思主义哲学研究丛书"之一，由
　　　　　　　　北京师范大学出版社出版。

附录三：陈晏清学术成就简介

　　陈晏清（1938—　　），湖南新化人。马克思主义哲学家。1962年于中国人民大学哲学系毕业后即分配至南开大学哲学系任教。1985年晋升为教授，1986年任博士研究生导师。1985—1997年任南开大学哲学系主任，1995—2000年任南开大学人文学院院长，1997年创办南开大学社会哲学研究所并任所长。"文化大革命"结束后，他以巨大的热情投入了哲学理论上拨乱反正、正本清源的工作，撰写了系统批判林彪、"四人帮"哲学以及清理新中国成立以来主要哲学思潮（唯意志论和"斗争哲学"）的系列论著。20世纪80年代初期以后，他作为主要成员参与和推动了我国马克思主义哲学体系改革的研究，主张建构一个将实践观点贯通到底的马克思主义哲学的解释体系，并为此做出了富有成效的努力。20世纪80年代中期，他以哲学的现实关怀为宗旨，率先倡导以中国社会转型过程中的重大问题为基本内容的社会哲学研究，90年代后半期以来又将社会哲学研究的视野聚焦于政治哲学，致力于建构中国马克思主义政治哲学的探索。他的多项研究成果获省部级优秀社科成果一、二等奖。

一、成长经历

陈晏清 1938 年 6 月 16 日出生于湖南省新化县孟公桥一个贫苦的农民家庭。1949 年，他小学毕业时，家乡解放了，又幸好当地的月塘曾家于 1944 年在孟公桥创办了一所私立中学——维新中学，因此，他可以就近上学，省去了许多费用。从 1951 年开始他又有了人民助学金，连吃饭都基本上由国家管了。如果他的家乡不是恰好在这个时候解放，又如果家乡没有这样一所中学，以陈晏清当时的家境来说，是肯定要辍学的。1953 年初中毕业后，他考入了湖南省邵阳市第一中学。这所学校的前身是湖南省立六中。他在这所中学受到了很好的教育。毕业前夕，即 1956 年 5 月，他在这所学校加入了中国共产党。同时，以其品学兼优的条件，被推荐为留苏预备生的人选。1956 年 8 月至 1957 年 6 月，他在北京俄语学院留苏预备部学习了一年俄语，但后来情况发生了变化，国家不再向苏联和东欧国家大规模地派遣留学生，这批预备生留在国内培养，由他们任选学校和专业。陈晏清本来是作为理工类考生考入留苏预备部的，他的许多同伴都去了北京大学和清华大学，而他却选择了中国人民大学的哲学系。其实，他的理科成绩很好，尤其是数学。在读中学时，他觉得功课轻松，所以课外阅读的时间较多，而课外阅读的兴趣却是在政治理论读物上。那时候，国家总有一些新的事情发生，他希望理解这些变化。他由对于一般政治理论的兴趣，逐渐转向了对于哲学的兴趣。当然，在当时一个中学生的视野里，哲学主要是指马克思主义的哲学。因此，陈晏清喜欢哲学，也无疑同他的政治信仰、价值观念有直接的关联。

1988 年，他的母校中国人民大学派出记者对他做过专访，在访谈中，当问到他为什么选择哲学专业时，他是这样说的：新中国建立初期，党风、民风很好，国家一派兴旺景象，充分显示了马克思主义改造社会的威力。他觉得"对于国家民族的振兴，哲学比什么都重要"。但他当时不会想到，哲学的道路竟也是一条荆棘丛生的道路。

在中国人民大学的 5 年，正赶上 1957 年的"反右派斗争"、1958 年的"大跃进"、1959 年的批判右倾机会主义以及从 1959 年到 1962 年的经济困难时期，正常的教学秩序被打乱，几乎一半的时间是在政治运动、生产劳动中度过的。但陈晏清仍然认为，在中国人民大学 5 年的教育，其积极的方面还是主要的，这包括两个方面：一是强调精读马列原著，二是强调哲学的现实关怀。对于前一个方面人们没有争议，都认为这是一种应当提倡的优良学风，而对后一个方面则是褒贬不一。有不少人对于那时的"理论联系实际"是持基本否定的态度的，但陈晏清不这样看。他认为，那个年代国家的政治生活、理论生活多不正常，一些本来符合马克思主义的正确原则在其运用过程中常被扭曲，对于这种情况应当联系其时代背景加以具体分析，而不应当错误地总结历史教训，不能因为理论曾对实际生活做过不正当的干预就否定理论联系实际这个原则本身。他至今认为，让哲学系的学生思考一些现实生活中的问题，适当地参加一些实际工作，这有利于深化、活化对基本理论的理解，培养分析、解决问题的能力，更重要的是有助于树立起一种同马克思主义哲学的实践批判本性相符合的学术观念、学术信念。还是在 1988 年中国人民大学记者对他的访谈中，他说："理论联系实际，哲学为现实实践服务，哲学家要关心民族和人类的命运。这是我的母校的传统学风，是母校给我培育的基本精神。它成了我治学的基本原则。"他始终认为,哲学必须扎根于现实生活,只有现实生活才是哲学这棵大树生长的厚土。因此, 他不喜欢搞"书斋哲学",不写无病呻吟的文章。但是他同时也强调,哲学应当以哲学的方式关注现实, 而反对在为现实服务的旗号下把哲学实证化甚至庸俗化的倾向。哲学具有总体性、反思性,哲学的总体性、反思性靠哲学思维所具有的思辨性才能达到,没有思辨就没有哲学。事实上, 陈晏清也是很喜欢思辨且善于思辨的。

二、主要研究领域和学术成果

陈晏清的真正意义上的学术活动是从"文化大革命"结束以后才开始的。他曾借用新儒家常用的"返本开新"这个词来概括他三十多年来的学术活动历程。所谓"返本"就是恢复马克思主义哲学的真精神,所谓"开新"就是开创马克思主义哲学研究的新局面。这里, 按照"返本开新"这个基本线索, 将他的学术活动及其成就, 顺序概述如下。

1. 对林彪、"四人帮"哲学的系统批判

"返本"的第一步是拨乱反正, 首先是颠倒被"文化大革命"颠倒了的理论是非。"文化大革命"结束不久, 即1977年年初,陈晏清就萌动了对林彪、"四人帮"哲学进行系统批判的念头,认为这是理论工作者义不容辞的历史责任,并很快就着手《"四人帮"哲学批判》一书的写作。

"四人帮"不是什么著作家, 更不是哲学家, 他们的哲学思想是通过一些零散的哲学言论或同哲学相关的言论表达出来的。陈晏清下了很大的气力, 用了近半年的时间, 尽可能详尽地搜集了"四人帮"及其余党的哲学言论，也包括林彪一伙的言论。这些言论有的带点理论色彩，有的则是信口雌黄，直观地看就是一个大杂烩。因此，必须把对他们的哲学言论的分析和对他们的政治实践的分析结合起来，并以政治实践的分析为主。陈晏清在研究中采取这种方法，把握住了"四人帮"哲学的主要内容是唯心论的先验论、斗争哲学和上层建筑决定论，而其整个世界观的核心则是权力意志决定论。应当说，这种把握是相当准确的。在他的这部著作中，除了紧紧抓住这些主要的东西进行深入系统的批判以外，对于作为"四人帮"理论活动的手段并最能表现他们的作风、人品的东西如实用主义、唯我论、诡辩论、流氓史观等，也做了淋漓尽致的揭露和批判，这不仅使批判工作做得更加完整，也大大有助于人们认识"四人帮"的丑恶面目。

《"四人帮"哲学批判》的写作非常艰苦。从 1977 年春开始，到 1978 年 8 月定稿，用了一年半的时间。在书稿写作的关键时段，他几乎每天工作 15 小时以上。1979 年 1 月，该书由人民出版社出版面世。这是我国第一部系统批判林彪、"四人帮"哲学的著作，在理论界和社会上产生了广泛的积极影响。

2. 清理我国 20 世纪 50 年代以来的主要哲学思潮

"文化大革命"的发生不是偶然的，从思想根源来说，它的发生是长时期背离马克思主义的思想路线的结果，林彪、"四人帮"是借势将已经发生的错误推向了极端。因此，陈晏清认为，要真正实现拨乱反正的任务，还必须结合总结中华人民共和国成立以来的理论教训，在理论和学术的深层上推进。

当年毛泽东针对某种现象说过"唯心主义盛行，形而上学猖獗"这样的话。固然毛泽东所指向的和后来人们所观察和体悟到的不完全是一回事，但借他的话作为对于我们国家一个时

期里哲学状况的总体描述是再恰当不过了。"唯心主义盛行"的
突出表现是唯意志论盛行，忽视和蔑视客观规律；"形而上学猖
獗"的最主要的表现是"斗争哲学"的猖獗，即在对立面的斗
争和同一这两个方面中，只讲斗争不讲同一。陈晏清在写完
《"四人帮"哲学批判》之后两三年时间里，对于哲学理论问题
的思考也都是集中在这两个问题上。

（1）清理唯意志论思潮

中华人民共和国成立以后，在一个时期里，"发挥主观能动
性"不只是一种哲学言论，而且成了一个十分响亮的政治性口
号。在"发挥主观能动性"的名义下，不按经济规律办事，不
按阶级斗争的规律办事，不按各个领域自身的运行规律办事，
而是凭人们的主观意志行事，甚至是只凭某一个人或几个人的
意志行事。这种唯意志论的狂热性、盲动性不仅有理论的论证，
而且有反保守、反右倾、反修正主义的政治运动助推，以至在
1958 年的"大跃进"中和 1966 年开始的"文化大革命"中达
到了登峰造极的地步。这股唯意志论思潮是披着马克思主义的
主观能动性理论的外衣出场的。因此，陈晏清决定撰写《论自
觉的能动性》一书，对这种哲学思潮进行系统的清理。

这部著作集中阐述了主观能动性与客观规律性的关系问
题，即人们改造客观世界的活动同客观世界本身固有的规律性
之间的关系问题。针对曾经出现过的对于所谓"条件论"的批
判，该书用较大篇幅阐明了辩证唯物论的条件论。针对那种认
为社会主义时期在一切方面都进入了"自由王国"的论点，还
着重阐述了自由与必然的关系问题。颇具新意的是，陈晏清发
现我们过去关于"自由王国"的概念，包括毛泽东在那段关于
"人类的历史，就是一个不断地从必然王国向自由王国发展的历
史"的著名论述里使用的概念，同马克思的"自由王国"概念

并不是一回事。马克思关于"自由王国"的经典论述是见于《资本论》第 3 卷第 926—927 页里的一段话。马克思讲的"自由王国"的基本内涵是人类能力的发展成为目的本身，是指的一种社会状态。陈晏清认为，在认识论的意义上无所谓"自由王国"。"必然性变成自由时并没有消失"（列宁语），而自由一旦违背必然性却随时可以消失。人们处在自由状态或不自由状态，只是必然制约自由的两种表现形态而已。

把作为认识论范畴的必然与自由，同作为社会历史范畴的必然王国与自由王国加以区分，是陈晏清在写作这部著作时获得的对于马克思主义理论的一个最重要的新理解。这种区分是十分重要的，如将它们混淆，则一方面会造成思想理论上的迷误，另一方面会遮蔽马克思主义关于"自由王国"理论的真实意义。联系到马克思、恩格斯在《共产主义信条草案》《共产主义原理》《共产党宣言》和《资本论》第 1 卷等著作中的一系列相关论述，陈晏清认为，马克思关于"自由王国"的理论，正是他对于共产主义的一种哲学表述，应当对这一理论做专门的深入的研究。

《论自觉的能动性》的写作时间主要是在 1980 年。1981 年 7 月书稿交给上海人民出版社，整整两年之后，即 1983 年 7 月出版面世。这本著作出版之后，也就是 20 世纪 80 年代中期以后，关于社会规律客观性问题的讨论日趋活跃。因此，陈晏清又主持了国家社会科学规划重点课题"社会客观规律与人的自觉活动"的研究。这一课题的最终成果是他和阎孟伟合著的《辩证的历史决定论》。此书曾三易其稿，于 2007 年才由中国社会科学出版社出版。这本著作是《论自觉的能动性》的继续，它将对于这一问题的研究大大地向前推进了。

（2）批判"斗争哲学"

在一个时期里，辩证法被归结为一个"斗"字、一个"分"字。最响亮的口号是"斗则进，不斗则退"，认为只有斗争才是事物前进发展的动力，一切对于斗争的限制都是对于事物发展的限制。只能讲"分"，不能讲"合"。讲"分"是革命辩证法，是马列主义；讲"合"则是矛盾调和论，是修正主义。这种哲学在实践上的表现就是无限制的斗争、不停顿的"革命"。"文化大革命"登峰造极，以至人民四分五裂，国民经济也被"斗争"推向了崩溃的边缘。为了清理这种哲学思潮，陈晏清在写作《论自觉的能动性》的同时，也用了很多的时间和精力去思考和研究辩证法特别是对立统一的学说。

针对这种"斗争哲学"，陈晏清首先思考的是矛盾同一性的作用问题，并在1979年发表了《论矛盾同一性在事物发展中的作用》的论文。他认为，关于矛盾同一性的作用可以列出许多方面，但按照对立统一的观点，同一性的最重要的作用是它对斗争性的制约作用，即矛盾的具体的同一性制约着矛盾斗争的形式和界限。颇具新意的是，他初次阐述了恩格斯关于辩证法也有保守的方面的重要论断。在事物有其存在的历史理由的时候，也就是矛盾双方相互依存的同一性在一定条件下仍然有利于事物的发展、有利于各种积极因素的作用充分发挥的时候，就应当保持矛盾双方的相互依存，使矛盾统一体不破裂，这就是辩证法承认的保守的方面。这也是具体的同一性制约斗争界限的最重要的方面。在"斗争哲学"猖獗多年、辩证法的革命性被片面地膨胀多年之后，从辩证法学说的核心——对立统一规律上阐明辩证法也有它的保守的方面，显然是有重要的拨乱反正的意义的。

为了正确地阐明同一性的作用和整个对立统一规律，陈晏清继而和吴启文合作写了《矛盾同一性的含义及其与矛盾斗争性的关系》和《必须用对立统一的观点理解同一性的含义》等论文，提出重新规定"同一性"的范畴，不赞成多年沿袭的将同一性规定为"矛盾双方相互依存和相互转化"的观点，而主张将其规定为"矛盾双方的相互依存"。他们的基本观点是：不能把对立面的相互转化包括在同一性的含义之内。对于对立面的相互转化与同一性的关系，要区分转化的原因、过程和结果而加以分析。从其原因和结果看，对立面的转化表现着同一性，但它本身并不是同一性，同一性和同一性的表现不是一回事。从对立面相互转化的过程看，在这个过程中矛盾的一方既要排除对方的某种规定性，也要获得对方的某种规定性。获得对方的某种规定性可视为相互依存的同一性的转化形式。因此，对立面转化的过程是一个矛盾双方又斗争又同一的过程。但就其主要倾向来说，它是一个斗争性得以贯彻的过程，因为即使获得对方的某种规定性也是以排除对方的某种规定性为前提的。转化和斗争在基本倾向上是一致的，它们之间没有相互制约的关系，这二者结合在一起，不可能有事物的矛盾运动和正常发展。中国的"文化大革命"就是把斗争和转化紧紧地缚在一起这样一种理论的实践，这正是导致人们重新思考同一性含义的契机之一。

最后，陈晏清还大胆地提出改变以往哲学教科书按照《矛盾论》的框架表述对立统一规律的方式，以便突出对立统一规律本身的内容，展开地阐述矛盾斗争性和同一性的关系。

陈晏清在这个时期对于"斗争哲学"的批判和思考所取得的理论成果，包括关于同一性的作用、同一性的范畴规定以及对立统一规律的重新阐释等，都由他作为撰稿人写进了权威教科书和辞典。肖前等主编的教育部统编教材《辩证唯物主义原理》的"对立统一规律"一章由他执笔，《中国大百科全书·哲学》的"对立统一规律""矛盾""矛盾的斗争性""矛盾的同一性"等词条释文由他撰写。

3. 推进马克思主义哲学解释体系的改革

20世纪80年代中期，哲学体系改革的呼声越来越高。1985年国家教委设立了"马克思主义哲学原理体系改革"的重点课题，翌年又被提升为国家社科规划的重点课题，由肖前、黄枬森主持，由全国高校马克思主义哲学专业博士点共同承担。陈晏清作为南开大学博士点的带头人参加了课题组，并发挥了重要的作用。

哲学体系改革的基本目标，是消除苏联教科书的消极影响。陈晏清认为，改革旧的哲学体系也是一种"返本"的工作，而且是真正意义上的"返本"。返本就是要返回到学说的创始人那里去，返回到原创性学说去，这样才有可能有效地剔除后人附加于它的东西而把它的真精神剥显出来，释放出来，并进而根据变化了的现实生活予以发挥和发展。

这个课题组的活动长达8年之久，在全国哲学体系改革研究中起到了核心的作用。这一课题研究的最终成果是新编哲学教科书《马克思主义哲学原理》（上下册，中国人民大学出版社1994年出版）。该书由肖前任主编，黄枬森和陈晏清任副主编，陈晏清还是全书的主要统稿人。但课题组在许多问题上，乃至在哲学体系改革的基本思路上分歧甚大。陈晏清觉得自己的观点和意图很难在课题的最终成果里充分体现，因而他在积极参加课题组工作的同时，又在南开组织队伍，独立开展研究。他带领他指导的首届博士生王南湜、李淑梅，撰著了《现代唯物主义导引》一书，表达了南开大学学术团队对于马克思主义哲学体系改革的基本观点。其主要之点概述如下。

1）把握马克思主义哲学的实质，首先要理解马克思所实现的哲学变革的实质。马克思的哲学变革的实质是哲学思维方式或哲学范式的变革。古代哲学是本体论的思维范式，近代哲学是认识论的思维范式，马克思开创的是人类活动论（或实践论）的思维范式。"哲学家们只是用不同的方式解释世界，问题在于改变世界。"（马克思语）这宣示新的哲学思维范式的创立。

2）哲学范式的变更，首先是哲学思维出发点的变更。在人类活动论的哲学范式中，出发点既不是抽象的自然，也不是抽象的精神，而是现实的人。现实的人是从事现实活动的人，是对象性的存在物。哲学从现实的人出发，它所关注的便是人的对象世界，即同人发生对象性关系的世界。

3）哲学思考指向现实的人，也就是指向人的现实活动，它是对于人类自身活动的反思。必然和自由的关系构成了人类活动的本原性矛盾，它与人类共存亡。因此，必然与自由的关系便是理解和解释全部哲学特别是马克思主义哲学的基本线索。思维与存在的关系是自由与必然的关系的最抽象的表达，也是解决自由与必然之关系问题的理论前提。

4）必然与自由的矛盾是人类生活所独具的，它只有在人类实践活动中才能发生，也只有在人类实践活动中才能解决。因此，实践的观点是理解必然与自由之关系的基本观点，也是进而理解和解释马克思主义哲学体系的基本观点。

5）人类活动论（或实践论）的哲学思维方式，就是把对象、现实、感性"当作人的感性活动，当作实践去理解"（马克思语）。这样，就可以建立起实践论的自然观念、社会观念、历史观念、知识观念及作为这全部观念之综合的自由观念，将实践的观点贯通于马克思主义哲学的整个体系。

《现代唯物主义导引》一书，立足于实践的观点，对马克思主义哲学的基本特征、基本形态（包括其唯物主义的形态和辩证法的形态）以及马克思哲学的一系列"大观念"，都做出了不同于以往教科书的新解释，并较为全面地涉及了自然哲学、社会理论、认识论、伦理学、美学、辩证逻辑、西方哲学等各分支学科的基础理论问题。此书后来又改编为教科书《马克思主义哲学高级教程》（普通高等教育"九五"国家教委重点教材，供研究生用），于2001年出版，颇受读者的欢迎。

4. 率先倡导社会哲学的研究

哲学体系改革的研究于20世纪90年代初告一段落，也就是陈晏清所说的"返本"工作告一段落。返本和开新不是截然分开的。"告一段落"不是已经到头，同时，返本中也包含了开新。返本不是目的，返本是为了开新。陈晏清认为，"开新"应是一种原创性的研究，它包括新的研究领域的开拓，包括马克思主义哲学某些理论原理的更新甚至是理论形态的更新。这就必须探寻哲学的新的生长点。这个生长点不在任何别的地方，而只能存在于我们时代的现实生活的土壤中。因此，哲学的创新，其基础性和前提性的工作是寻找哲学走向现实生活的通道。他认为，社会哲学就是哲学与现实社会生活会通的最佳渠道之一。

早在20世纪80年代中期，陈晏清就开始了社会哲学的研究，并于1990年出版了由他主编的《当代中国社会哲学》一书。但那时，这只是为了探索理论联系实际的途径，即作为哲学改革的任务提出来的，而没有从学科角度去关注它。90年代初期以后，他开始从学科角度去关注社会哲学，并将其纳入教学科研体制。社会哲学被确定为南开大学马克思主义哲学专业的博士研究方向，1997年建立了由他任所长的南开大学社会哲学研究所。此期间他和他领导的学术团队的社会哲学研究所取得的成果主要在以下几个方面。

第一，初步形成了马克思主义社会哲学的学科观念，这主要是明确了马克思主义的社会历史理论中历史哲学与社会哲学两个维度的关系。历史哲学的维度即一般历史观的维度，它研究人类历史的客观的、辩证的本性及历史发展的一般规律。唯物史观即是历史哲学的维度。社会哲学的维度则是直接关注现实社会生活的维度，它从具体社会形态的社会结构切入研究人们的现实社会生活过程。这两个哲学维度的关系，实质上是唯物史观与现实历史的关系。明确了这两个哲学维度的区分和联系，就既为马克思主义社会哲学的建立找到了基本的理论依据，又有助于理解唯物史观的真正的理论价值所在，防止将马克思主义的社会历史理论抽象化。

第二，找到了社会哲学研究的切入点，这实际上是研究对象的具体化。社会哲学作为一种哲学形式固然也是对于社会生活的总体性把握，但社会生活总体是有着多种可能的存在样态的，即是说，社会哲学面对的是一个庞大的包含着多方面的研究对象，因此，必须选定合适的切入点。而理论研究的切入点归根结底是由研究者生活于其中的社会实践背景所限定的。当代中国社会正在发生的巨变，既要求从哲学层面上提供一种总体性的观念，以实现对于这种巨变的观念引导，又为这种研究提供了最丰富、最直接的鲜活素材。所以，当代中国社会哲学的研究，最为适宜的切入点就应是当代中国社会结构的转型。

第三，确立了以问题为中心的研究方法。这就是以当代中国社会转型过程中提出的重大问题为中心，反对体系先行，反对从概念、原理出发。按照这种方法，陈晏清和他领导的学术团队，对当前中国社会转型的若干重大问题展开了系统的研究，发表了一系列有理论深度的论文，并于 1998 年、1999 年出版了由他主编的"社会哲学研究丛书"，含《当代中国社会转型论》

《从领域合一到领域分离》《社会转型控制论》《社会转型与信仰重建》《社会转型的文化约束》《社会转型代价论》《市场经济的伦理基础》《效率与公平：社会哲学的分析》《可持续发展——新的文明观》以及《社会转型与人的现代重塑》等共十种。其中，《当代中国社会转型论》作为丛书的总论，由陈晏清直接主持撰写。在这些论文和著作中，提出和论证了一系列对于理解当代中国的社会转型具有重要意义的新观念，例如关于社会转型过程中社会结构变化的基本趋势的观念，关于社会转型过程中两种类型的代价的观念，关于文化的层面性结构的观念，关于市场经济条件下公平和效率之间具有三重关系的观念以及关于现代市民社会的观念，等等。

5. 致力于构建马克思主义政治哲学的探索

广义的社会哲学就包含了政治哲学。事实上，陈晏清和他领导的学术群体早已在社会哲学的框架下研究了若干属于政治哲学的问题。将研究精力更加集中于政治哲学，是在1996年年底他参加总结天津市和平区社区文明建设经验的理论研讨会之后。他在研讨会上提出，真正意义上的城市社区的形成、社区功能的强化，是同市民社会的兴起密切相关的。在市场经济条件下市民社会的兴起，使国家和社会的关系发生了重大的变化，即由计划经济体制下国家与社会一体转变到国家与社会相对分离。这正是社会结构的一种转型，它将广泛而深刻地影响社会的政治生活。正是对于天津市和平区社区文明建设的思考，引起了他对市民社会理论的关注，并进而促进了他对于政治哲学的关注和研究。

自罗尔斯的《正义论》问世之后，政治哲学在西方日渐复兴。受其影响，我国学界也有越来越多的人给予关注，近几年已成热点。但陈晏清认为，国内出现的政治哲学热还基本上是一种西方哲学热，而我们的责任则是研究和构建马克思主义的政治哲学。当然，他也认为，在一个时期里把精力放在对于当代西方政治哲学的思考和研究上是完全必要的。一方面，西方政治哲学研究的积极成果应当借鉴；另一方面，中国马克思主义政治哲学的研究也不可脱离政治哲学在世界范围内复兴的学术背景。因此，他在重点转向政治哲学研究的前期发表的论文也多是涉及这些方面的问题，如关于市民社会理论的当代形态，关于政治哲学在当代复兴的背景、原因和意义，关于当代政治思维方式的特点及其同哲学思维方式变化的关系等。但他把这些工作都视为建构马克思主义政治哲学的准备性工作。

政治哲学不同于政治科学，它探寻政治事物的内在本性，关注政治事物的价值指向和政治活动的应然规范，是一种关于人类应当怎样生活的智慧，着重于政治事物的价值论研究。当然，任何一种政治哲学都是要求在理论上达成价值性与事实性的统一的，但就其知识形式来说，无疑是属于规范理论。以往的研究者们，由于排除了唯物史观的价值论维度，因而或者认为马克思主义没有政治哲学，即没有作为规范理论的政治哲学，或者认为马克思主义有政治哲学，那就是把作为认知理论的政治理论视为政治哲学，只不过它的普遍性程度比之一般政治理论更高一些罢了。这样，在涉及公平、正义、平等、自由等基本社会价值的地道的政治哲学问题时，几乎由自由主义独占了话语权，马克思主义哲学却长时期处于一种失语状态。陈晏清认为，这个带有根本性质的问题亟须澄清，亟须依据政治哲学的学术传统，对于马克思主义的政治哲学予以重新解释和建构。

陈晏清认为，马克思创立了自己的政治哲学，这是毫无疑问的。马克思看到工业革命后，资本主义在促进生产力高度发展的基础上开放了一种人类解放的可能性。这是一种代表历史发展趋势的事实性，是一种有着现实根据的理想的事实性。马克思正是据此创立了以人类解放为价值目标的政治哲学。因为它是建立在这种理想的事实性与价值性之统一的基础上的，所以是一种理想性的政治哲学。只是一百多年来，历史事实发生了巨大的变化。特别是在 20 世纪末期，这种理想的事实性与价值性的统一受到了严峻的挑战。因此，当代的马克思主义者应当在承续理想性政治哲学的同时，致力于建构一种基于现实的事实性与价值性之统一的政治哲学。这种现实性的马克思主义政治哲学，应以全球化背景下和社会主义市场经济条件下社会秩序的政治建构为主题。对于构建现实性马克思主义政治哲学的探索，陈晏清和他领导的学术群体正在积极推进之中。

　　陈晏清也是一位颇有影响的哲学教育家。半个世纪以来，他一直没有离开哲学教育第一线。他的哲学研究工作有两个明显的特点：一是密切相关于现实生活，二是密切相关于哲学教育。他善于将研究成果转化为教学内容，他在研究中获得的对于马克思主义哲学的新理解，许多都被稳妥地纳入了由他主持或参与编写的几部重要的有影响的哲学教科书。陈晏清从 1986 年开始指导博士生，迄今已培养五十余名博士生。他培养的博士生已有近 30 人成为教授、博士生导师，有的成为优秀的学术带头人，还有不少人担任了党政军和文化教育部门的重要领导职务。20 世纪 80 年代，他曾受聘为中央广播电视大学的首任哲学主讲，他编写的教科书《马克思主义哲学纲要》及其修订本印刷约 20 次，发行 200 余万册，为普及马克思主义哲学的基本理论和基本知识，推进马克思主义哲学的大众化做出了贡献。

　　撰稿人：王新生（1962—　　），河南新乡人，南开大学哲学院院长，教授，博士生导师，曾师从陈晏清攻读硕士学位和博士学位。本文原载《20世纪中国知名科学家学术成就概览·哲学卷》第三分册，科学出版社2014年版，收入文集时略去了"陈晏清主要论著"一目。

2012 年南开大学授予陈晏清"荣誉教授"称号和"特别贡献奖"

后　记

在哲学院和南开大学出版社的共同努力下,《陈晏清哲学文集》(以下简称《文集》)终于完成编辑工作即将付梓。这套《文集》既是陈晏清先生个人学术成就的一个总结,也是对南开大学哲学院马克思主义哲学学科发展历程的一个回顾。

自 20 世纪 70 年代末始,陈晏清先生即致力于哲学拨乱反正的工作,出版了《"四人帮"哲学批判》《论自觉的能动性》等著作。为了建构新时期的马克思主义哲学教材体系,他与肖前、黄枬森先生共同主编了《马克思主义哲学原理》,独立编写了《马克思主义哲学纲要》,主持编写了《马克思主义哲学高级教程》等教材。此后,他带领南开马克思主义哲学团队致力于社会哲学的研究,主编了《当代中国社会哲学》及"社会哲学研究丛书"。与此同时,为了使社会哲学的研究获得正确而坚实的理论基础,还对马克思主义的历史哲学进行了系统的研究,出版了《辩证的历史决定论》一书。21 世纪初,他又带领学术团队集中于政治哲学的研究,并主持了南开大学当代中国问题研究院的研究工作,合作编写出版了《政治哲学的当代复兴》,由他主持编写的"协商民主研究丛书"也即将完成。这些成果有些收入了《文集》,有些未能收入《文集》,它们实际上构成了 40 年来南开大学马克思主义哲学学科发展的主线,并逐渐形成了马克思主义哲学学科建设的南开特色。

　　《文集》所收入的书稿和文章时间跨度大，仅录入和校对就是一件非常繁重的工作。在《文集》的前期整理和校对过程中，哲学院的阎孟伟教授、李淑梅教授、张晓芒教授、齐艳红副教授、于涛讲师和研究生杨植迪、左培培、张欢、赵栋、陈颖、王宇明、李金辉付出了辛勤的劳动。为了保证《文集》高质量出版，南开大学出版社总编刘运峰教授组织了优秀的工作团队，对《文集》进行了精心的设计。综合编辑室主任田睿女士及各位编校人员接到任务后，以高度负责的精神和态度投入工作，在做好勘校文稿的同时对文稿修改提出了许多宝贵意见。对于大家所付出的努力，我们在此一并表示衷心的感谢。

南开大学哲学院